高等职业院校新形态通识教育系列教材

大学生 心理健康教育

微课版 第2版

邹亚超 主审

蒋传发 张建萍 主编

杨妩霞 王京军 郭爽 邹金霞 副主编

曾玉衡 肖丹儿 何晓薇 李玫珊 毋海亮

李忠芳 黄惠金 郑光明 姚元湾

参编

人民邮电出版社

北京

图书在版编目（CIP）数据

大学生心理健康教育 : 微课版 / 蒋传发, 张建萍主编. -- 2版. -- 北京 : 人民邮电出版社, 2022.9(2023.9重印)
高等职业院校新形态通识教育系列教材
ISBN 978-7-115-59901-8

Ⅰ. ①大… Ⅱ. ①蒋… ②张… Ⅲ. ①大学生－心理健康－健康教育－高等职业教育－教材 Ⅳ. ①G444

中国版本图书馆CIP数据核字(2022)第150591号

内 容 提 要

本书以《高等学校学生心理健康教育指导纲要》和《普通高等学校学生心理健康教育课程教学基本要求》为指导，结合当前大学生的心理健康状况、身心发展特点编写，简要介绍了大学生的心理健康理论知识，并具体针对大学生在认知、情绪、意志、行为等过程心理和人格、能力等个性心理中表现出来的发展特点进行了分析。本书对大学生在适应能力培养、自我意识发展、人格发展、学习心理培养、创造力培养、情绪管理、人际交往、恋爱心理培养、压力管理与挫折应对、网络依赖问题应对、心理危机预防、职业生涯规划等方面遇到的问题进行了解答。书中既有理论方面的阐述，又有拓展性的案例，还有心理测试与心理训练，具有较强的可操作性和自我指导意义。本书不仅能帮助大学生解决学习生活中遇到的心理困惑，而且有益于促进大学生的健康成长和全面发展。

本书不仅适合作为职业院校大学生心理健康教育与辅导方面的教材，而且可以作为教育工作者了解大学生心理及广大青少年提高自身心理素质的参考书。

◆ 主　　编　蒋传发　张建萍
副 主 编　杨妩霞　王京军　郭　爽　邹金霞
主　　审　邹亚超
责任编辑　楼雪樵
责任印制　王　郁　彭志环

◆ 人民邮电出版社出版发行　北京市丰台区成寿寺路 11 号
邮编　100164　电子邮件　315@ptpress.com.cn
网址　https://www.ptpress.com.cn
涿州市般润文化传播有限公司印刷

◆ 开本：787×1092　1/16
印张：13　2022 年 9 月第 2 版
字数：310 千字　2023 年 9 月河北第 3 次印刷

定价：49.80 元

读者服务热线：(010)81055256　印装质量热线：(010)81055316
反盗版热线：(010)81055315
广告经营许可证：京东市监广登字 20170147 号

前　言

当代社会是一个高速发展的社会，急需各种高素质人才。大学生作为当代社会发展的生力军，承担着家长、老师和社会的期望，他们成才的愿望非常强烈，然而，大学生的心理与成才的愿望和能力之间，还存在需要发展与磨炼的空间。

大学生正处在从青春期向成人期过渡的阶段，很容易因为校园内部的竞争、对校园生活的不适应、社会发展变化等因素产生各种各样的心理困惑。当前高度发展的物质文明、社会多元文化和价值取向带来的冲击，更是给大学生的心理健康发展带来挑战。这些挑战不仅会影响大学生自身的发展，还关系到国民素质的提升及社会人才的培养。

大学生的心理健康问题必须引起全社会的高度重视。高校作为人才培养的主阵地，更要做好大学生的教育引导、心理疾病预防和心理疏导等工作。做好大学生心理健康教育工作，不仅是贯彻落实教育部和其他有关部门关于加强大学生心理健康教育的文件精神，也是全面落实教育规划纲要，促进大学生健康成长、成才的必要举措，同时对高校贯彻落实以人为本的科学发展观，推进素质教育，促进大学生个性的健全发展，为建设和谐社会培养身心健康的人才具有重要意义。

为了充分落实大学生心理健康教育的各项工作，发挥课堂教育教学活动在大学生心理健康教育工作中的重要作用，教育部党组印发了《高等学校学生心理健康教育指导纲要》，教育部办公厅印发了《普通高等学校学生心理健康教育课程教学基本要求》，用于规范高校心理健康教育课程的基本内容，使大学生心理健康教育更贴近实际，为大学生服务。本书立足于此，根据相关要求与规定，结合大学生的成长阶段性特点及大学生普遍存在的心理健康问题与困惑，对大学生如何保持心理健康做了多角度、全方位的介绍，以帮助大学生解决自我冲突的“内忧”和社会适应的“外患”，成长为心理健康、品德高尚、人格健全、符合社会需要的人才。

本书的特点如下。

- **满足高校教学需求。**本书知识结构主要依据《高等学校学生心理健康教育指导纲要》和《普通高等学校学生心理健康教育课程教学基本要求》确定，能够满足广大学校的教学需求。

- **内容全面，适用性强。**本书内容涵盖从开学之初的适应能力培养到毕业之前的职业生涯规划，跨越了整个大学阶段，并结合大学生学习生活中的实际情况与心理发展特点做了针对性的阐述，让大学生能全面意识到在整个大学生活中自己可能存在的心理健康隐患，树立心理健康意识，并掌握与之对应的心理调适方法，关注自己的心理健康状况。
- **板块丰富，可读性强。**本书每章内容基本按“导入+目标+理论+阅读材料+小结+思考与收获+心理测试+心理训练”的结构展开，板块十分丰富。这些板块一方面可以指出每章的学习目标和重点，便于大学生更有效地学习理论知识，另一方面也能帮助大学生对知识进行练习和巩固。书中还穿插了二维码链接，用以拓展正文内容。此外，书中插入的许多心理健康相关阅读材料，内容贴近大学生生活，可以进一步加深大学生对心理健康内容的认识，让大学生可以更全面地掌握所学知识。
- **注重实践，操作性强。**本书的每一章都提供了心理测试，可供大学生进行自我检测，评估自身心理健康状况。此外，书中还设计了心理训练的环节，大学生可以通过心理训练进行体验和探索，完成从“知”到“行”的过程，从而提高自身的心理素质与水平。

本书在编写过程中参考和借鉴了一些资料，在此谨向这些资料的作者致以诚挚的谢意。尽管我们已尽量使本书完善，但由于水平有限，书中难免有疏漏与不足之处，敬请广大读者批评指正。

编　者

2022年6月

目 录

第1章

大学生心理健康导论——做一个心理健康的大学生

拥有健康并不等于拥有一切，但是失去健康却等于失去一切。

——马勒

健康是人类赖以生存的基本保障，常被人形容为“无价之宝”。提起健康，许多人都会想到身体健康，却忽视了心理健康。事实上，心理健康的重要性并不亚于身体健康。大学生正处于人生的关键阶段，除了锻炼身体，保持身体健康，还应重视心理健康，保持身心健康发展，这样才能以更好的状态迎接未来的挑战。

知识目标：了解大学生心理健康的概念、状态与标准；认识大学生心理发展的特点和常见心理问题；了解影响大学生心理健康的因素；掌握大学生心理保健的方法。

素养目标：深入理解心理健康的重要性，树立身心一体的健康观，主动关注和维护自身的心理健康，同时也能关心他人的心理健康。

1.1 心理健康概述

图1-1是一个状态栏，请你根据今天的身心状态，标出自己在状态栏的位置，然后与身边的同学

比较一下，看看有什么不同。

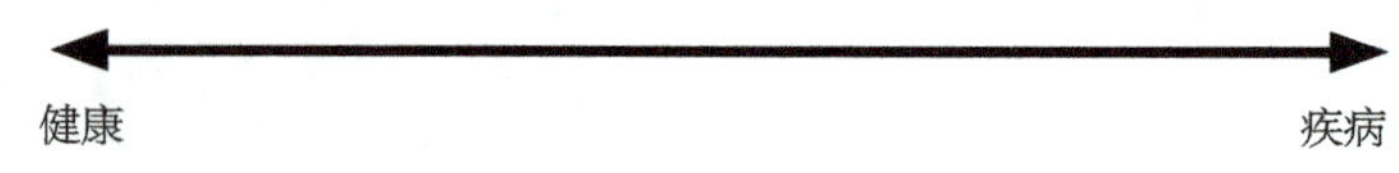

图1-1 状态栏

与同学的状态相比，你的状态是更偏向于健康状态还是疾病状态呢？事实上，我们每天的身体状态总处在动态变化之中：如果今天头很痛，还有些咳嗽，那今天的状态就偏差；而如果感觉精力充沛、情绪高昂，那今天的状态就偏好。由此可以发现，健康不仅包括身体层面，还包括心理层面。世界卫生组织提出，健康不仅是没有疾病，还包括心理健康、社会适应良好和道德健康，这四者缺一不可。由此可以看出，要想达到真正的健康，心理健康不可或缺。尤其是对于部分身体健康的人或面临压力、挑战的人而言，心理健康是其健康的核心部分，因为心理健康较难维护，且会影响人的身体状态。因此，保持对心理健康的关注非常重要。

1.1.1 心理健康的概念

心理健康的定义

国内外学者曾从不同的角度阐述过心理健康的定义和内涵。第三届国际心理卫生大会（1946年）对心理健康的定义是这样的："所谓心理健康，是指在身体、智力及情感上与他人的心理健康不相矛盾的范围内，将个人的心境发展成最佳状态。"正确理解心理健康的概念要关注以下3点。

1. 心理健康是多方面健康的统一体

心理健康包括健康的身体、正常的智力和良好的情绪状态。缺失任何一方面，都不能说达到了心理健康。同时，这三者是相互影响、相互依存的关系，是相互作用的统一体。

2. 自身的心理健康状态不能与他人的健康相矛盾

我们不能以损害他人的健康作为成就自身心理健康的前提。心理健康的目标是追求自身与他人和谐共处的双赢状态。

3. 心理健康是指个体所能达到的最佳状态，而并非完美的境界

判断心理是否健康要基于自身的条件，以自身作为参照系；同时，我们也不可以苛求完美，否则就是与健康背道而驰。

1.1.2 心理健康的状态

在图1-1的状态栏中，左右两侧的状态前可以同时加上"心理"二字，即除了身体状态会呈现从健康到疾病的动态变化外，人的心理状态也会呈现从健康到疾病的动态变化。

例如，有的同学一进考场就会出现头晕、出汗、频繁地去卫生间的现象，而且答题时甚至出现"思维狭窄"的现象，什么也想不起来了，严重的还伴有腹泻；而一旦出了考场，这些症状就都不治而愈。

尽管出现了一些身体上的症状，但上述现象用"考试焦虑"描述要比用"病态"描述更为准确。

【阅读材料】

心理健康常识

判断一个人的心理是否健康，应以其是否具有良好的生活适应能力作为标准，这种标准也非常重视个人的心理感受。可以说，这种标准顺应现代社会的发展趋势，不仅为众多专家学者所倡导，而且越来越为大众所接受。

长期以来，对于人的精神是否正常，人们习惯以非白即黑的标准判断：要么是个正常的人，无论其思想和行为有多大的变化和异常；要么是个精神病患者，无论其所患疾病有多大程度的好转。这种非白即黑的判断未免太简单化。学者张小乔提出了心理健康“灰色理论”概念，如图1-2和表1-1所示，即人的精神正常与否没有明显的界限，而是一个连续变化的过程。具体来说，如果将人的心理正常比作白色，心理不正常比作黑色，那么在白色区域与黑色区域之间存在着一个巨大的缓冲区域——灰色区域。灰色区域又可分为浅灰色区域与深灰色区域。处于浅灰色区域的人只存在心理冲突而不存在人格的变态，其凸出表现为由失恋、丧亲、工作学习不顺心、人际关系不和谐等生活矛盾带来的心理不平衡与精神压抑。处于深灰色区域的人则患有某种异常人格障碍和神经症。一般而言，浅灰色区域与深灰色区域之间无明确界限，后者往往包含前者。

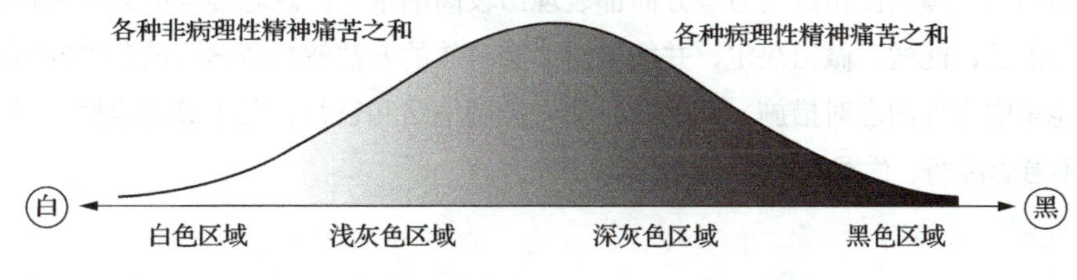

图 1-2 心理健康“灰色理论”概念图

表 1-1 心理健康“灰色理论”概念表

	白色区域	浅灰色区域	深灰色区域	黑色区域
人员状态	健康人格、自信心强、适应力强	存在由生活、人际关系压力等引起的心理冲突	出现变态人格与异常人格、人格障碍	精神病患者
求助对象	无须求助	心理咨询员、社会工作者	心理医师、心理门诊大夫	精神病医生
治疗模式	无须治疗	咨询心理学模式	临床心理学模式	医学模式

1.1.3 大学生心理健康的标准

个体的心理怎样才算是健康的？这是一个复杂的问题，因为心理健康与否没有一个绝对的界限，判断一个人心理是否健康是相当困难的。根据我国大学生的年龄特征、心理特征和社会角色特征，心理健康的基本标准可归纳为以下8个方面。

1. 智力正常

智力正常是大学生学习与生活的最基本的心理条件，是大学生胜任学习任务、适应周围环境变化所必备的心理特征，也是衡量大学生心理健康的首要标准。一般来说，能通过高考的选拔足以表明大学生的智力是正常的。

衡量大学生的智力，关键在于看大学生的智力是否正常、是否充分地发挥了效能，判定的标准是：有强烈的求知欲和浓厚的探索兴趣；智力结构中各要素在其认识和实践活动中都能协调地参与，并能积极地发挥作用；乐于学习。

2. 情绪健康

情绪健康的标志是情绪稳定和心情愉快。情绪健康包含以下内容：愉快情绪多于负面情绪，乐观开朗，富有朝气，对生活充满希望；情绪较稳定，善于控制与调节自己的情绪，既能克制又能合理宣泄自己的情绪；情绪的表达既符合社会的要求又符合自身的需要，在不同的时间和场合有恰如其分的情绪表达；情绪反应的强度与引起这种情绪的情境相符合。当一个人心理十分健康时，他的情绪表达会恰如其分。

3. 意志健全

意志是人在完成一种有目标的活动时，进行选择、决定与执行的心理过程。意志健全者在行动的自觉性、果断性、顽强性和自制力等方面都表现出较高的水平。意志健全的大学生在各种活动中都有自觉的目的性，能适时做出决定，并能运用切实有效的方法解决所遇到的各种问题；在困难和挫折面前，能采取合理的应对措施，并能在行动中控制情绪和言行，既不顽固执拗、轻率鲁莽、言行冲动，也不意志薄弱、优柔寡断、害怕困难。

4. 自我评价正确

《道德经》有言："知人者智，自知者明。"大学生有正确的自我概念，能客观地进行自我评价，是大学生心理健康的重要标准。大学生是在与现实环境、与他人的相互关系及自己的实践活动中不断认识自己的。

一个心理健康的大学生对自己的评价应比较接近实际，应有自知之明，能恰如其分地认识自己，摆正自己的位置，既不以自己在某些方面高于别人而自傲，又不以在某些方面低于别人而自卑；面对挫折与困境，能够自我悦纳，喜欢自己，接受自己，自尊、自强、自立、自律，正视现实，积极进取。大学生只有了解自己的长处，才会清楚自己的发展方向；了解自己的缺陷，才会少犯错误，避免去做自己力所不能及的事。大学生应对自己的优点感到欣慰，但又不狂妄自大；对自己的弱点既不回避，也不自暴自弃，做到善于接纳自我。

5. 人格完整

人格指人的整体精神面貌。大学生人格完整的主要标准是：人格结构的各要素完整统一，具有正确的自我意识，不产生自我同一性的混乱，能以积极进取的人生观作为人格的核心，并以此为中心把自己的需要、愿望、目标和行为统一起来。因此，心理健康的人的人格是健全统一的，其行为表现出一贯性和同一性；反之，其人格缺乏同一性，行为就会表现出不连贯，变化无常，如双重人格或多重人格等。

6. 有和谐的人际关系

人总是处于一定的社会关系中，和谐的人际关系既是大学生心理健康的标准，也是大学生获得心理健康的重要途径。和谐的人际关系具体表现为：交往动机端正，乐于与人交往，在交往中具有稳定而广泛的人际关系；在与同学的交往中能保持独立的人格，有自知之明，不卑不亢；能客观地评价他人和自己，善于取人之长，补己之短，并且宽以待人、乐于助人。良好而深厚的人际关系是事业成功与生活幸福的前提。

7. 心理行为符合大学生的年龄特征

人的心理行为是与人的年龄特征相适应的，不同年龄阶段的人往往具有不同的心理行为。对于心理健康的人而言，其认知、情感、言行、举止应与所处的年龄阶段相符合。如果一个人的心理行为经常严重偏离自己的年龄特征，则意味着可能心理有问题。心理健康的大学生应是精力充沛、勤学好问、反应敏捷、喜欢探索的，过于幼稚、过于依赖等都是心理不健康的表现。

8. 社会适应能力强

不少心理问题的诱因就在于个体无法自如地处理自身与周围现实环境的关系，对环境缺乏全面客观的认识。人生活在社会中，就像鱼生活在水中一样，如果无法适应环境，不能处理好人与社会、与环境的关系，就无法生存。

较强的社会适应能力是心理健康的重要标准。个体应与客观现实环境保持良好的关系，既要进行客观观察以取得正确认识，以有效的办法应对环境中的各种困难，又要根据环境的特点和自我意识的情况努力进行协调，或改变环境以适应个体需要，或改造自我以适应环境。心理健康的大学生能与社会保持良好的接触，对社会现状和未来有较清晰、正确的认识，思想和行动都能跟上时代的发展步伐，符合社会的要求。这里所讲的适应，不是一味地迎合，而是在认清社会发展趋势的基础上，不逃避现实，努力提升自己，主动适应社会发展的要求。

1.2 大学生心理发展

大学生所处的年龄、环境，使其在心理发展方面表现出一定的特点。大学生了解自身的心理发展情况，有利于大学生更全面地认识自我、了解自我，健全自己的心理。

【阅读材料】

小李的苦恼

读大一的小李向心理辅导老师倾诉自己的苦恼："马上就到假期了，我与几位好朋友商量好了，在这两个多月里寻找一些有意义的兼职工作来增加自己的社会实践经验。可是，爸妈听了以后却不同意，说家里不缺钱，把重点放在学习上才是最重要的。我怎么也说服不了他们。我很烦恼，因为我已经和朋友说定了……"

大学里有不少像小李一样的大学生，他们自我意识强，追求独立，渴望走入社会，体会自我价值，获得自我存在感；有的大学生还根据时代发展确定了自己的职业规划。这些都是大学生心理发展的表现。

1.2.1 大学生心理发展的特点

微课

青少年心理的发展

心理发展是指个体在从出生到成熟、衰老，直至死亡的整个生命进程中所发生的一系列积极的心理变化。目前，大学生入学的平均年龄在18 ~ 20岁，他们的心理发展主要表现出以下特点。

（1）大学生认知活动的发展，主要表现在注意力、观察力、记忆力、想象力和思维能力的发展等方面。大学生的注意力稳定，能较好地完成注意力的分配和转移；观察范围进一步扩大，但容易忽略细节；意义记忆（理解式记忆）、逻辑记忆成为主要记忆方式，并且已经达到高峰；想象力更加丰富，不仅表现在学习上，而且对自己的未来生活、工作、事业和家庭都有较全面的考虑；思维能力得到进一步发展，创造能力有所提升，分析问题和解决问题的能力进一步增强；等等。

（2）大学生情感活动的发展，主要表现为情感发展逐渐成熟，情感与理智之间的关系开始趋于平衡，如大学生珍视友谊、向往美好的爱情；道德观和理智感的外化特征明显且整体趋于理性、成熟；等等。但整体而言，大学生的价值观还未完全定型，对事物的认识和态度容易发生变化，从而导致情感摇摆不定。

（3）大学生意志品质的发展，主要表现为能够主动地制定目标，自觉地完成计划，对事物能够独立做出判断，并能较好地坚持完成任务。但他们对意志的控制力还没有完全发展成熟，如对待不同的行为、习惯时，意志力呈现不同的水准。不同个体的意志品质也有不平衡、不稳定的特点，个体差异较为明显。

（4）大学生自我意识的发展，主要表现为自我意识逐渐分化，但大学生往往分不清理想的"我"和现实的"我"，容易形成矛盾而不能达到统一性。他们自我意识的要求与能力显著增强，但自我意识尚未完全成熟，可能会表现出自卑、自负、逆反、封闭和依赖等心理。

（5）大学生的个性逐步形成，表现为性格不断完善和成熟，动机和需要逐渐稳定，兴趣广泛而稳定，并且随着知识的丰富和阅历的增加，世界观、人生观、价值观也逐步确立。

（6）大学生的理想明确而富有社会意义，大学生开始以成人的角度和思维去思考、适应社会，并对自己的社会角色和要承担的社会责任有所认知，自我教育能力增强，对未来出路的寻觅也在进行中。同时他们也对未来抱有期待，并在自己的理想中融入更多的现实因素，以便理想能更好地落地。这也正体现了大学生心理上成熟主导的一面，展现了其心理发展过程中的时代特征。

1.2.2 大学生常见心理问题

大学生自主独立、思想活跃、求真务实、目标明确、渴望平等。但受市场化、网络化、信息化和全球化的影响，一些大学生的心理发展也会存在一些问题。下面介绍几种大学生常见的心理问题。

1. 怯懦

怯懦的具体表现包括胆小怕事，遇事好退缩，容易屈从他人甚至逆来顺受，无反抗精神；进取心差，意志薄弱，害怕困难；感情脆弱，经不住挫折与失败。大学生一旦形成怯懦性格，就容易从怀疑自己的能力发展到不能表现自己的能力，从怯于与人交往发展到自我封闭，从而形成不良的人际关系，而不良的人际关系反过来又会加深怯懦。

2. 自卑

自卑的具体表现包括对个体的能力和品质做出偏低的评价，常伴有一些特殊的情绪体验，如害羞、不安、内疚、忧伤、失望等。自卑感强的大学生，会处处感到自己不如别人、无所作为、悲观失望，甚至对那些稍加努力就可以完成的任务，也往往因自叹无能而轻易放弃。

3. 狭隘

狭隘的具体表现包括受一点委屈或因为很小的得失就斤斤计较、耿耿于怀；极易受外界信息影响而引发心理冲突，特别是那些与自己有关的信息；感情脆弱、意志薄弱、办事刻板、谨小慎微。

4. 嫉妒

嫉妒是指看到别人在某些方面（如才华、成就、品质、相貌等）优于自己而产生的一种羡慕，又因自己无条件赶上别人而产生的恼怒情感及相应行为。

5. 敌对

敌对是指遇到挫折引起强烈不满时表现出来的一种反抗态度。在这样的态度驱使下，大学生往往会误解或曲解老师和同学的批评、帮助，认为周围的人都在轻视自己、伤害自己，因此极为不满。

6. 猜疑

猜疑的具体表现包括极度的神经敏感，遇事好疑神疑鬼，整天提心吊胆地生活，自己也感到痛苦万分。例如，看到其他同学背着自己讲话，就疑心他们在说自己的坏话；老师偶尔对自己态度冷淡，就认为老师对自己有负面看法了等。

【阅读材料】

猜疑的苦恼

钱某是某工学院二年级的学生，入学已经一年半，但钱某和同学关系较差，尤其是和同宿舍的同学。近期因怀疑前男友是受到室友挑拨才与自己分手的，钱某便对室友指桑骂槐，致使同学关系进一步恶化。

“我总觉得她们5个在合伙孤立我。有一次，她们几个在宿舍，我在外面听到她们谈得很热闹，但我一进门，她们马上就停止了。她们肯定是在议论我，还有她们干什么都不叫我。仅仅是宿舍的人这样对我还好，不知从什么时候开始，我们班的同学好像都不喜欢我、讨厌我了。有的人看见我就掉头走开，像躲瘟疫一样。他们为什么都和我作对？”

心理医生了解了钱某的成长经历后发现，钱某父母性格懦弱，常受邻居欺负而不敢据理力争，只是忍气吞声。她自己则有在高中被人冤枉偷钱，因不善言辞而辩解无能的不愉快经历，这导致她与人交往时总是怀有戒备之心，在别人看起来，她好像在拒人于千里之外。

经心理医生分析，这是一个由心理创伤引发的猜疑性社交心理障碍的案例。钱某产生该心理问题有以下两个方面的原因。一是受父母及家庭氛围的影响。她从小常常感到紧张和不安，这极易使个体对自我价值产生怀疑，从而变得敏感和多疑。再加上青春期是一个自我意识强烈、特别关注自我评价的时期，这种低自我价值感就更增强了她个性中的不确定和猜疑的特征。二是创伤事件带来的心理影响。别人对她的误解和猜疑使她产生了错误的认知——人是不可信的。因不被人信而不信人，但人际交往中若没有真诚信任，交往肯定会出问题。

为帮助钱某摆脱苦恼，心理医生提出了以下指导建议。

（1）认清症状来源，消除错误认知。钱某应充分认识到：环境虽然可能对人产生影响，但真正起决定作用的是自己的认识方式及思想基础。钱某要从深层次认识到自己的责任和力量，学会通过改变认知、调整状态来树立摆脱猜疑的苦恼的信心。

（2）正确看待问题，冷静分析原因。认为自己不受关注或被孤立，可能是自己敏感多疑所致，钱某要消除这种猜疑和偏见，同时要明白，一切结论应建立在调研的基础上，自己没有充足的证据，绝不做消极的推论或疑神疑鬼。即便自己确定不受待见，钱某也不要紧张和焦虑，应该冷静地从自己的为人态度、性格特征、思想和方法方面找原因，寻找缓和方法。

（3）加强沟通。猜疑容易导致误解，钱某应主动与同学加强沟通，交流双方的看法，消除误解。

（4）培养健康的生活情趣。钱某可以发展读书、看展、听音乐、参与社会公益活动、进行体育锻炼等爱好，形成良好的身心素质，减少无谓的猜忌与多思。

7. 抑郁

抑郁的具体表现包括：寡言少语、孤独沉默、郁郁寡欢、闷闷不乐，对一切事物都缺乏兴趣，对未来失去信心；细小的过失或缺点也会带来无尽的懊悔，遇事总往坏处想，自怨自艾，认为自己是不幸的人或被遗弃的人。

8. 人际交往障碍

随着自我意识的增强，大学生不愿再依赖家长和老师，希望用自己的眼光去观察社会，用自己喜欢的方式去结交朋友；但由于心理的成熟度有限、适应能力不够强，在人际交往中可能出现一些异常心理，造成人际交往障碍。

微课

自我中心的表现

（1）以自我为中心。人际交往是双方的，只有双方在交往过程中都能获得一定的满足，才有可能维持和发展交往。如果只想自己从交往中获得好处，而不顾及对方的意愿和利益，这种交往必定会失败。以自我为中心的交往主要表现为：强调评价标准的自我性，即自己认为是什么就应该是什么；注重自己目的的实现，即自己想获得什么利益就要获得什么利益。

（2）心理不相容。心理不相容即在人际交往中因为他人与自己的观点不一致，自己不能获得他人的认同而苦恼焦虑。此类人群总是将自我束缚在一个狭小的交往范围之内，对他人的一些个性特点往往“看不惯”，因而懒得交往。

拓展阅读

了解心理咨询

有人际交往障碍的人在与人交往的过程中，也常会因为一些在旁人看来微不足道的小事而挑起争端。更严重者，当意见发生冲突时，容易将事情引向极端，做出对人对己都十分不利的事。

以上这些心理问题的产生可能是受到多方面因素的影响，如果对心理问题放任不管，将严重影响大学生的心理健康状况。大学生应当重视自己的心理问题，既可以寻求心理咨询，也可以主动溯源，积极寻找调适心理问题或进行心理保健的方法，改善自己的心理健康状况。

1.3 影响大学生心理健康的因素及大学生心理保健

心理问题通常是多方面因素共同作用所致，人的心理健康状态处于相对独立又极为复杂的动态变化中，所以制约心理健康、造成心理偏差的因素也复杂多样。大学生应当充分了解影响大学生心理健康的因素，寻找提高心理健康水平的有效途径。

1.3.1 影响大学生心理健康的因素

名言警句

保持健康是做人的责任。

——巴鲁赫·斯宾诺莎

一般而言，影响心理健康的因素可以分为生物遗传因素、环境因素和个体内在因素3个方面。

1. 生物遗传因素

遗传论方面的学者大多肯定了遗传对人心理发展的作用，人的形态、感官、神经系统的特点都是遗传而来的，甚至人的性格、情绪等在一定程度上也会受到遗传的气质类型因素的影响。

人的心理发展与生物遗传因素有着密切的关系，个体的躯体、气质、智力、神经过程的活动特点，尤其是某些精神疾病，受生物遗传因素的影响尤为明显。临床观察及调查表明，许多精神疾病的发病原因与生物遗传因素有关，具有家族史的个体对某些精神疾病的易感性更是不容忽视的。

但需要注意的是，生物遗传因素并不能完全决定大学生的心理状况和具体精神状态，一方面因为大多数神经方面的疾病绝对遗传的概率不大，另一方面则因为环境、生活经历和大学生个人的心理素质等因素也会对心理的健康发展产生重大影响。

2. 环境因素

环境因素包括家庭环境、学校环境和社会环境等方面。

（1）家庭环境。家庭是每个人成长的第一环境，父母往往是大学生的第一任老师。父母的文化程度、职业特点、性格特征、价值观、人生观及教养态度、教养方式，对大学生的性格塑造、个性形成，以及世界观、人生观、价值观的形成有着重要影响。通常，父母的心理健康状况会直接影响子女的心理健康状况。父母关系不良或家庭气氛紧张，往往会使孩子形成不良的性格特征，如冷漠、孤僻、自卑、多疑等。这些不良性格特征会慢慢发展成人际交往方面的障碍，大多表现为缺乏生活热情、缺乏爱心、人际关系淡漠、羞怯、恐惧等。

（2）学校环境。学校是大学生生活、学习的主要场所，对大学生的身心健康会产生直接的影响。例如，在课业繁重、学习压力大、学习氛围异常紧绷的学校环境中，大学生很容易觉得枯燥、乏味，从而产生压抑、烦躁等不良心理倾向；而如果学校营造的学习氛围浓厚，但又让大学生觉得宽松有趣，课程相对轻松，大学生与同学、老师之间人际关系和谐，则会对大学生产生正面影响，帮助其发展健康的人格。

（3）社会环境。影响大学生心理健康的社会环境因素包括社会风气、社会文化、外部刺激性事件和生活环境等，这些都可能会对大学生的世界观、人生观、价值观造成影响，影响他们的情绪、心理活动和行为。

3. 个体内在因素

大学生自身的性格、气质、能力、智力、自我意识、经历等都会对大学生的内心世界产生刺激和影响。例如，天性悲观敏感又对自身评价缺乏客观性和正确性（自我意识发展不完善）的大学生，在遇到挫折后，会在内部因素和外部因素的消极叠加下，表现出身心的不适和挫败感，长期放任这种状态，会对躯体和心理健康造成不利影响。

其实，大学生完全可以利用多种渠道进行自我调控，将自己的心理往积极健康的方向引导。例如，面对挫折、失意时，观察身边积极、阳光的同学是如何处理的，观察身边自主意识较强的同学是怎样“屏蔽”外界影响的，或者从图书、网络等渠道的励志故事中学习别人是如何面对困难，破茧而出的。

做最好的自己

——道格拉斯·马罗奇

如果你不能成为山顶的一棵松
就做一丛小树生长在山谷中
但须是溪边最好的一小丛
如果你不能成为一棵大树，就做一丛灌木
如果你不能成为一丛灌木，就做一片绿草
让公路也有几分欢愉
如果你不能成为一只麝香鹿，就做一条鲈鱼
但须做湖里最好的一条鲈鱼
我们不能都做船长，我们得做海员
世上的事情，多得做不完
工作有大的，也有小的
我们该做的工作，就在你的手边
如果你不能做一条公路，就做一条小径
如果你不能做太阳，就做一颗星星
不能凭大小来断定你的输赢
不论你做什么都要做到最好一名

1.3.2 大学生心理保健

当代大学生代表着新一代年轻人的精神风貌，也与国家未来的发展息息相关。在大学校园里，大学生接受着高等教育，大多具备开阔的视野和积极的思维。与此同时，大学生也应当积极关注自己的心理健康，掌握心理保健的方法。

1. 树立科学的健康观

身体健康固然重要，而心理健康也应被关注。为了身体的健康，大学生要锻炼身体，预防疾病；为了心理健康，大学生应当关心自我，锻炼自我的心理承受能力，提高“心理免疫力”。

（1）正确认识自我。大学生心态失衡可能是因为缺乏对自己的正确认识，因此大学生应该正确认识自我，培养悦纳自我的态度，扬长避短，这样才能保持健康心态，不断完善自己。

（2）直面挫折，在风雨中变得坚强。正确应对挫折，不断增强挫折承受能力，能减少负面情绪的产生，而挫折承受能力与个体的思想境界、对挫折的主观判断、挫折体验等有关。想要增强挫折承受能力，大学生应努力提高自身的思想境界，建立对挫折的正确认识，理性看待挫折。此外，大学生要采取理智的应对方法，尽力化消极因素为积极因素。

（3）养成科学的生活方式。生活方式会对心理健康产生影响已为科学研究所证明。健康的生活方式指生活有规律、劳逸结合、科学用脑、坚持体育锻炼、少饮酒、不吸烟、讲究卫生等。大学生的学习负担较重，心理压力较大，为了长期保持较高的学习效率，大学生必须科学地安排每天的学习、锻炼与休息时间，使生活有规律。

2. 掌握自我调节的秘诀

自我调节的核心内容包括调整认知结构、情绪状态，锻炼意志品质，改善适应能力等。大学生要正视现实，学会自我调节，保持与现实的良好接触。自我调节的秘诀包括以下几个方面。

（1）保持浓厚的学习兴趣和求知欲望，愿意主动学习与心理健康相关的知识与技能。

（2）保持乐观的情绪和良好的心境，学会利用倾诉、跑步等合理途径宣泄情绪或转化负面情绪。

（3）保持和谐的人际关系，通过发展社会交往锻炼自己的意志品质，促进人格完善。

（4）保持良好的环境适应能力，逐步调节自己因不适应而产生的心理问题。

3. 主动寻求专业心理咨询人员的帮助

专业心理咨询人员具备较深厚的理论功底和丰富的生活实践经验，针对大学生所面临的心理问题具备良好的解答方式和处理技巧。大学生在必要时应求助于经验丰富的心理咨询医生或长期从事心理咨询的专业人员、心理老师等。

心理咨询兼具心理预防和心理治疗的功能，专业的心理咨询可以为大学生创设良好的社会心理环境和条件，提高大学生的精神生活质量和心理效能水平，以实现减少心理障碍、防止精神疾病、保障心理健康的目的。

4. 积极参加业余活动和发展社会交往

丰富多彩的业余活动不仅丰富了大学生的生活，而且为大学生的健康发展提供了课堂以外的活动机会。大学生应培养多种兴趣，发展业余爱好，通过参加各种业余活动，发挥潜能、振奋精神、缓解紧张，维护身心健康。大学生通过社会交往才能实现思想交流和信息资源共享，发展社会交往可以不断地丰富和激活大学生的内心世界，有利于心理保健。

小结

（1）心理健康是指在身体、智力以及情感上与他人的心理健康不相矛盾的范围内，将个体的心境发展成最佳状态。

（2）大学生心理健康的标准可归纳为8个方面：智力正常、情绪健康、意志健全、自我评价正确、人格完整、有和谐的人际关系、心理行为符合大学生的年龄特征、社会适应能力强。

（3）大学生的心理发展总体呈现以下特点：认知发展水平较高；情感与理智逐渐成熟、平衡，但不够稳定；意志品质发展较好；自我意识逐渐分化，不能达到同一性；个性逐渐形成；理想明确而富有社会意义等。

（4）在大学阶段，由于大学生自身发展的特殊性和大学环境及社会生活的种种作用，大学生可能会由于矛盾与困惑产生一些心理问题，如狭隘、嫉妒、猜疑等。大学生心理问题与障碍的产生主要受生物遗传因素、环境因素、个体内在因素的影响。

（5）为了更好地应对心理问题与障碍，大学生要树立科学的健康观，掌握自我调节的秘诀，主动寻求专业心理咨询人员的帮助，积极参加业余活动和发展社会交往。

2016年，中共中央、国务院印发《“健康中国2030”规划纲要》，提出了健康中国建设的目标和任务，以推进健康中国建设，提高人民健康水平。2021年，《国民经济和社会发展第十四个五年规划和2035年远景目标纲要》指出，把保障人民健康放在优先发展的战略位置，坚持预防为主的方针，深入实施健康中国行动，完善国民健康促进政策，织牢国家公共卫生防护网，为人民提供全方位全生命期健康服务。健康不仅包含身体健康，还包含心理健康。目前，全民健身已上升为国家战略，心理健康也受到广泛关注，不少学校建立教育教学、实践活动、咨询服务、预防干预“四位一体”防御体系维护学生心理健康，利用“互联网+”打造心理健康宣传教育平台，让网络成为心理教育教学的积极推手，方便学生在网络平台学习相关内容，进行个体性测试与互动。需注意，健康是发展之根本，大学生要注意从身体和心理两方面进行自我保健和自我关爱，关注自己的健康状况。

思考与收获

通过对本章的学习，我的思考是____。

我的收获是____。

心理测试

症状自评量表SCL-90

症状自评量表SCL-90是世界上使用较为广泛的精神障碍和心理疾病门诊检查量表，协助人们从10个方面测试自己的心理健康程度。这个量表有90个项目，包括感觉、情感、思维、意识、行为、人际关系、饮食睡眠等方面。

表1-2中列出了一些人可能存在的问题，请你仔细阅读每一条，然后根据最近一周的状况，在最符合你实际感受的选项下打“√”。请不受他人影响地完成自我评定。

表1-2　评价表

项目	没有0	很轻1	中等2	偏重3	严重4
1. 头痛	□	□	□	□	□
2. 神经过敏，心中不踏实	□	□	□	□	□
3. 头脑中有不必要的想法或字句盘旋	□	□	□	□	□
4. 头昏或晕倒	□	□	□	□	□

续表

项目	没有 0	很轻 1	中等 2	偏重 3	严重 4
5. 对异性的兴趣减退	□	□	□	□	□
6. 对旁人责备求全	□	□	□	□	□
7. 感到别人能控制你的思想	□	□	□	□	□
8. 责怪别人制造麻烦	□	□	□	□	□
9. 忘性大	□	□	□	□	□
10. 担心自己的衣饰是否整齐或仪态是否端庄	□	□	□	□	□
11. 容易烦恼和激动	□	□	□	□	□
12. 胸痛	□	□	□	□	□
13. 害怕空旷的场所和街道	□	□	□	□	□
14. 感到自己精力下降、活动减慢	□	□	□	□	□
15. 想结束自己的生命	□	□	□	□	□
16. 听到旁人听不到的声音	□	□	□	□	□
17. 发抖	□	□	□	□	□
18. 感到大多数人都不可信	□	□	□	□	□
19. 胃口不好	□	□	□	□	□
20. 容易哭泣	□	□	□	□	□
21. 同异性相处时感到害羞、不自在	□	□	□	□	□
22. 感到受骗、中了圈套或有人想抓自己	□	□	□	□	□
23. 无缘无故地感到害怕	□	□	□	□	□
24. 自己不能控制地大发脾气	□	□	□	□	□
25. 怕单独出门	□	□	□	□	□
26. 经常责怪自己	□	□	□	□	□
27. 腰痛	□	□	□	□	□
28. 感到难以完成任务	□	□	□	□	□
29. 感到孤独	□	□	□	□	□
30. 感到苦闷	□	□	□	□	□
31. 过分担忧	□	□	□	□	□
32. 对事物不感兴趣	□	□	□	□	□

续表

项目	没有 0	很轻 1	中等 2	偏重 3	严重 4
33. 感到害怕	□	□	□	□	□
34. 感情容易受到伤害	□	□	□	□	□
35. 认为旁人能知道自己私下的想法	□	□	□	□	□
36. 感到别人不理解自己，不同情自己	□	□	□	□	□
37. 感到人们对自己不友好，不喜欢自己	□	□	□	□	□
38. 做事必须做得很慢以保证做得正确	□	□	□	□	□
39. 心跳得很厉害	□	□	□	□	□
40. 恶心或胃不舒服	□	□	□	□	□
41. 感到比不上他人	□	□	□	□	□
42. 肌肉酸痛	□	□	□	□	□
43. 感到有人在监视自己、谈论自己	□	□	□	□	□
44. 难以入睡	□	□	□	□	□
45. 做事必须反复检查	□	□	□	□	□
46. 难以做出决定	□	□	□	□	□
47. 怕坐电车、公共汽车、地铁或火车	□	□	□	□	□
48. 呼吸有困难	□	□	□	□	□
49. 一阵阵发冷或发热	□	□	□	□	□
50. 因为害怕而躲避某些地方、场合或活动	□	□	□	□	□
51. 脑子变空了	□	□	□	□	□
52. 身体发麻或有刺痛感	□	□	□	□	□
53. 喉咙有梗塞感	□	□	□	□	□
54. 感到前途没有希望	□	□	□	□	□
55. 不能集中注意力	□	□	□	□	□
56. 感到身体的某一部分软弱无力	□	□	□	□	□
57. 容易感到紧张	□	□	□	□	□
58. 感到手或脚发重	□	□	□	□	□
59. 想到死亡的事	□	□	□	□	□
60. 吃得太多	□	□	□	□	□

续表

项目	没有0	很轻1	中等2	偏重3	严重4
61．当别人看着自己或谈论自己时感到不自在	□	□	□	□	□
62．会产生一些原本不属于自己的想法	□	□	□	□	□
63．有想打人或伤害他人的冲动	□	□	□	□	□
64．醒得太早	□	□	□	□	□
65．必须反复洗手或清点数目	□	□	□	□	□
66．睡得不稳、不深	□	□	□	□	□
67．有想破坏东西的冲动	□	□	□	□	□
68．有一些别人没有的想法	□	□	□	□	□
69．感到对别人神经过敏	□	□	□	□	□
70．在商场等人多的地方感到不自在	□	□	□	□	□
71．感到做任何事情都有困难	□	□	□	□	□
72．感到一阵阵恐惧或惊恐	□	□	□	□	□
73．感觉在公共场合吃东西不舒服	□	□	□	□	□
74．经常与人争论	□	□	□	□	□
75．单独一人时神经紧张	□	□	□	□	□
76．认为别人对自己的成绩没有做出正确的评价	□	□	□	□	□
77．即使和别人在一起也感到孤独	□	□	□	□	□
78．感到坐立不安、心神不定	□	□	□	□	□
79．感到自己没有价值	□	□	□	□	□
80．感到熟悉的东西变得陌生、不真实	□	□	□	□	□
81．大叫或摔东西	□	□	□	□	□
82．害怕会在公共场合昏倒	□	□	□	□	□
83．感到别人想占自己的便宜	□	□	□	□	□
84．为一些有关性的问题而苦恼	□	□	□	□	□
85．认为应该为自己的过错而受罚	□	□	□	□	□
86．感到要赶快把事情做完	□	□	□	□	□
87．感到自己的身体有严重的问题	□	□	□	□	□
88．从未感到和他人很亲近	□	□	□	□	□
89．感到自己有罪	□	□	□	□	□
90．感到自己的脑子有毛病	□	□	□	□	

一、总分

（1）总分是指90个项目所得分数之和，能反映问题的严重程度。

（2）总症状指数又称总均分，是将总分除以90后得到的分数。

二、因子分

SCL-90包括10个因子，每个因子反映了被试在某方面面临的痛苦情况，因而因子分可以反映症状的分布特点。

因子分＝组成某一因子的各项目总分/组成某一因子的项目数

下面是各因子名称及其所包含的项目。

（1）躯体化：1，4，12，27，40，42，48，49，52，53，56，58，共12项，主要反映主观的不适感。

（2）强迫症状：3，9，10，28，38，45，46，51，55，65，共10项，主要反映临床上的强迫症状群。

（3）人际关系敏感：6，21，34，36，37，41，61，69，73，共9项，主要指个人不自在感和自卑感，尤其是在与其他人相比较时更突出。

（4）抑郁：5，14，15，20，22，26，29，30，31，32，54，71，79，共13项，主要反映与临床上抑郁症状群相联系的广泛的概念。

（5）焦虑：2，17，23，33，39，57，72，78，80，86，共10项，该因子指在临床上明显与焦虑症状群相联系的精神病症及体验。

（6）敌对：11，24，63，67，74，81，共6项，主要从思维、情感和行为3个方面来反映病人的敌对表现。

（7）恐怖：13，25，47，50，70，75，82，共7项，涉及广场恐怖和社交恐怖等。

（8）偏执：8，18，43，68，76，83，共6项，主要指猜疑和关系妄想等。

（9）精神病性：7，16，35，62，77，84，85，87，88，90，共10项，反映各式各样的急性症状行为，即限定不严的精神病性过程的症状展现。

（10）其他：19，44，59，60，64，66，89，共7项，主要反映睡眠及饮食情况。

三、常模

被试如果要进一步了解测验结果的意义，就必须将测验分数与常模相对照，以发现自己在各分量表（见表1-3）的得分与一般水平的差异有多大，这样才能准确地确定测验结果的意义。对于本量表来说，各分量表的分数的分级原则为：①分数在平均值上或下一个标准差以内的为“中等水平的症状表现”；②分数在平均值上或下两个标准差以内的为“较高或较低水平的症状表现”；③分数在平均值上或下超过两个标准差的为“高或低的症状表现”。因此，仅从表面上看得分高低是不够的，还要看得分在同一群体中所处的水平，这样才能确定症状表现的真实程度。比如在某些分量表上被试的得分虽然比较高，但如果在常模中该分量表的平均分也比较高，计算后发现被试的得分没有超过标准差，那么就表明该被试在该方面的症状表现也只是在中等水平而已，不必过于担心，具体测试结果可以咨询专业人员。

表 1–3　分量表

项目	平均数 ± 标准差	项目	平均数 ± 标准差	项目	平均数 ± 标准差
总分	129.96 ± 38.76	人际关系敏感	1.56 ± 0.51	敌对	1.48 ± 0.56
总均分	1.44 ± 0.43			恐怖	1.23 ± 0.41
躯体化	1.37 ± 0.48	抑郁	1.50 ± 0.59	偏执	1.43 ± 0.57
强迫症状	1.26 ± 0.58	焦虑	1.39 ± 0.43	精神病性	1.29 ± 0.42

心理训练

探讨心理健康的标准

目的

根据心理健康的小案例，判断大学生心理健康状况，引导大学生辩证理解心理健康的标准。

操作

（1）阅读下面的案例，然后根据心理健康标准，判断小艾心理是否健康，并给出判断理由。

案例：小艾是一名大一新生，身体健康，很少生病，但性格孤僻，不合群，喜欢独来独往，经常因为小事和同学闹矛盾，至今无法很好地适应大学集体生活。

（2）谈谈你对心理健康标准的理解。

（3）与同学分享交流自己是否符合心理健康的标准。

第2章 大学生适应能力培养——新生活 新起点

最高明的处世术不是妥协，而是适应。

——吉姆梅尔

进入大学，意味着进入了一个新环境。融入大学这个新环境难免需要一个适应的过程，但有的大学生能很快适应，有的大学生却因各种各样的问题久久无法融入大学生活，甚至产生心理问题，这就体现了大学生适应能力的差异性。在大学阶段，大学生要保持良好的心理健康水平，就应当有良好的适应能力，能尽快适应大学生活，完成从“旧状态”向“新状态”的转变。

知识目标： 掌握从不同方面适应大学环境的方法，更好地适应大学生活。

素养目标： 充分发挥主观能动性，主动交友，主动融入集体，以积极的适应态度去面对新环境。

2.1 我的大学我的家

名言警句

一个人追求的目标越高，他进步得越快，对社会越有益。

——高尔基

大学阶段是人生的重要时期，大学一年级是整个大学生活的起步阶段。在这一阶段，大学生要学会转变、适应和成长。

2.1.1 由个人成长到共同生活——集体生活的适应

大学的集体生活是很多大学生迈出的人生独立生活的第一步。在大学，一个彼此关心、相互谅解的集体，会给每个大学生带来开朗的心境和愉快的气氛，而一个人心离散、感情淡漠的集体，就会使人觉得压抑、难受，也会让人变得自私。生活在一个温暖的班集体、宿舍集体中，是每个大学生的愿望，也需要大家共同努力来实现。

1. 尽快提升集体凝聚力

从群体的角度来说，建设良好的班集体和宿舍集体，有利于增加群体的凝聚力。大学生刚入校时，相互没有成见，对一切充满新鲜感，老师和同学都要借此时机树立良好的班风和宿舍风气，共同建设团结互助、积极向上的新集体。大学生应积极参加集体活动，树立主人翁意识；主动帮助同学排忧解难，培养集体荣誉感。

2. 形成集体生活意识

大学生从一开始就要养成符合大学集体生活特点的有规律的良好生活习惯，逐渐形成集体生活意识。

（1）要有遵守集体作息制度的观念。大学的作息制度是根据大学生的心理年龄特点和学校多年教学活动的规律制定的，需要大家遵守。如果不能合理安排学习和休息的时间，大学生要想取得好的成绩是比较困难的。从学校的教学秩序上看，没有统一的作息制度，学校也无法高效运转。因此，每个大学生都应自觉遵守集体作息制度。

（2）要有集体生活的观念。集体生活是由无数烦琐的生活小事组成的，从统一的作息时间到轮流值日，从保持室内清洁到保证开水供应；从个人衣物的放置到室内空间的整洁优雅，从大家言谈笑语中的互相尊重与礼让到不同个性的互相包容……这些看起来十分平凡的小事，却处处体现着大学生待人处世的方式及品德修养的水平。

（3）要学会换位思考。由于大学是集体生活，大学生饮食起居、学习娱乐都在一起，因此，自己的一言一行、一举一动都要为别人想一想，要以尊重换取尊重，以关怀赢得关怀，以快乐收获快乐。创造温暖的集体不应等待别人的努力，每个人都应从自己做起，学会关心集体、严于律己、宽以待人。

2.1.2 由严格监管到自主自律——管理方式的适应

管理方式的适应主要体现在大学生对大学管理制度和自我管理方式的适应上。与中学管理制度相比，大学管理制度的变化主要体现在教学管理、公寓管理与学生管理方面。

（1）从教学管理上看，许多大学基本实行学分制，学分是衡量大学生是否完成教学要求的标准。大学生不受学习时间的限制，根据自己的实际情况，可提前修满学分、提前毕业，也可以延迟毕业时间。

（2）从公寓管理上看，大学更强调大学生的自我管理、自我教育、自我服务与自我约束。

（3）从学生管理上看，大学的管理属于多方位的管理，各个职能部门都直接参与学生管理，如思想教育管理、学籍管理、宿舍管理、课外活动管理、学生组织和社团管理等。

相比而言，大学的管理较为宽松，鼓励大学生的个性发展；大学生在学习科目、时间支配、生活安排等方面的自由空间相对较多，这也对大学生的自主自立提出了挑战。

大学生活要求大学生加强自我管理的能力，安排好包括生活、学习在内的方方面面。绝大多数大学生都是远离亲人，孤身一人到异地求学的，这意味着大学生要有生活自理的能力，能尽快进入角色，学会独立自主地管理自己的日常生活，例如，学会有计划地分配自己的消费支出，随着季节的变化适时增减衣物，积极适应在集体中的生活等，并尝试用更高的要求来约束自己。

2.1.3 由应试教育到专业教育——学习模式的适应

微课

大学里学习什么

大学教育是专业教育和通才教育的结合：一方面，课程门类多，内容深入，教学节奏快，自学时间多；另一方面，在一个班级授课的教师较多，但与学生在课后的沟通较少，学习效果及知识的巩固全靠自觉。

大学生要尽快适应从被动的“要我学”向主动的“我要学”的学习模式转变。大学教师不可能像中学教师那样对大学生的学习过程监管得那么具体、细致。在学习时间的支配上、学习计划的安排上、学习潜能的发挥上，大学生都有了更加广阔的天地。因此，大学生应该增强学习的自觉性，充分发挥学习的主观能动性，做学习生活的真正主人。

大学的学习内容具有较强的专业性、职业定向性和实践性，这要求大学生不仅要掌握本专业各学科的基础知识，还要有较强的实际应用能力。因此，大学生必须调整自己对大学学习的认识，尽快适应学习内容上的改变。

在学习方法上，大学生应以自主学习为主，增强学习的独立性、批判性和自觉性。此外，大学生还要学会把课内的知识与课外的实践相结合，注重知识的应用，这对大学生未来的职业生涯具有重要的意义。大学生要尽快调整学习方法，注意培养自学能力，学会制定学习目标，合理安排时间，学会查阅各种专业资料，学会记笔记、写摘要、做综述，学会独立自主地获取知识；不盲目崇拜学术权威，要相信自己通过独立思考和探索得出的结论。

大学生还要注重实践环节，积极参加一些学生组织和社团的工作，争取一些假期实践的机会，通过各种途径培养自己独立学习和工作的能力，从实践中获得知识与技能。

2.1.4 由简单单调到丰富多彩——课余生活的适应

进入大学后，大学生接触的社会面加宽，精神领域扩大，既没有了高考的压力，又有较为充裕的可支配时间去发展自己的兴趣爱好。相对于中学生活，大学生活是丰富多彩的，大学生可凭自己的兴趣与能力参加各种文艺、体育、社交等活动，如社团活动、朋友聚餐、周边户外游、学习乐器等。

进入大学后，部分大学生确实在思想、精神及行为上会有所放松，有的大学生甚至还抱有“中学用了功，大学松一松”“中学吃了苦，大学补一补”的思想，主要表现为学习上有不同程度的懈怠，思想上放松了对自己的要求，将更多的精力投入学习之外的其他活动。事实上，大学仍然充满竞争，学习仍是大学生的主要任务。学习、生活及其他精神文化领域都需要大学生去适应。面对大学生活的多样选项，大学生应学会根据自己的性格特点和需要做出正确的选择。

【阅读材料】

适应中的迷茫

小李最近会突然感到迷茫，做什么事都提不起精神，没有头绪；整天昏昏沉沉、无精打采，脑子里走马灯一样出现许多画面，甚至还有些稀奇古怪的念头闪过，晚上也睡不好觉，做噩梦，有时失眠。小李的自控能力一向很强，这种状态以前并不常有，即使有也一会就消失了，但最近小李却心烦意乱。进入大学半年来，他遇到了许多令他感到迷茫的问题，不知道怎么跟老师沟通，不知道怎么获得同学的信任，他既想好好表现，又怕抢了其他同学的风头，惹得同学都疏远他这个刚上任的班长。

小李这样的状况在大学一年级新生中有所存在：大学生刚进入大学校园时，找不到奋斗的目标，不知道该重视什么、学习什么，不知道如何与室友相处、如何与老师交流谈心。出现这种状况就需要大学生提升自己的适应能力，调整自己的心态，从生活、学习的各个方面调适自己，如建立学习目标、寻求老师和心理医生的帮助、寻找自己感兴趣的事情等，主动积极地融入集体环境和校园生活。

2.2 适应新环境 迎接新挑战

大学新生对大学生活的适应，包括生理适应、心理适应、社会适应等几个方面。对大学新生进行适应教育，既是时代发展的需要，也是大学教育改革的需要，更是大学生素质提升和可持续发展的需要。大学新生适应不良主要表现为产生不同程度的失落感、迷茫感、孤独感和边缘感等。通过正确定位、确定目标、主动交往、融入集体，这些问题都会得到缓解，直至最终适应大学生活。

当我们不再反抗那些不可避免的事实之后，我们就会节省下精力，创造一个更丰富的新生活。

——戴尔·卡耐基

2.2.1 失落感——正确定位

“多年寒窗苦读，终于考上了大学，现在可以松口气了”，这是一些大学新生的心态。但进入新环境产生的失落感，往往是大学新生最先面对的。尤其是高考取得高分的大学新生，因填报志愿等原因而被录取到自己并不满意的学校，容易心灰意冷、意志消沉，产生对立情绪。此外，还有一些大学新生发现现实中的大学生活与自己期待已久、梦寐以求的大学生活有一定差距，由此产生强烈的失落感。例如，在中学学习领先、受老师重视的学生在人才荟萃的大学中却显得平平无奇，有的大学新生被调剂到不感兴趣的专业，有的大学新生发现自己喜欢的专业并不如自己所想的那样，等等。这些情况都可能导致大学新生产生较大的心理落差，对现状不满，长此以往会使大学新生陷入悲观、失望、压抑、消沉的心境中。

大学新生之所以会产生这种失落感，很多时候是因为自己不能接受现实、正视现实，对自己不能进行正确定位。进入一个新环境，还留恋于过去；遭遇了挫折，总沉浸在失败之中，这是毫无意义的。大学新生应当学会忘掉过去的辉煌，接受现实，平心静气地分析环境，客观地审视自己，进行自我定位，从新环境中找到自己的成长点，渐渐适应大学生活和发展自己。

2.2.2 迷茫感——确定目标

目标是一个人前进的方向、奋斗的动力、生活的支柱。没有目标时，人就会感到迷茫和空虚。大学新生如果希望自己能更好地发展，就必须为自己确立一个合乎实际的目标。很多大学新生的适应困难来自个人目标确定不当，大学新生可以根据以下几个方面来确定自己的目标，减弱因迷茫感产生的不适应性。

（1）大学新生对目标的确立，应当从自身的实际和客观的实际出发，结合自身的个性特点、能力及客观条件进行。一味盲目地追随别人或社会潮流，不但不会获得成功，还会影响心理的平衡。

（2）目标需难度适中。通常目标过低时，人会缺乏动力；但若目标过高，人又常因为达不到目标而失落。因此大学新生要确定一个难度适中的目标，激发自己的动力。

（3）远期目标应当符合国家、社会发展的需要和自身发展的需要，它是人生所要实现的主要理想。大学新生还要将远期目标细化，制定近期目标，即短期内要完成的事。如果只有远期目标，没有近期目标，人生理想就会成为空中楼阁，时间一久，就会消失。反之，只有近期目标，没有远期目标，人生理想就不能保持一种永恒的动力。

（4）目标不是一成不变的，应该根据情况的变化及时做出调整，以免因为目标脱离实际而无法实现。只有确立一个合适的目标，大学新生才能拥有行动的方向和动力，就会充满信心与活力。

【阅读材料】

给自己一个合适的目标

小文是某外国语学院的大学新生。进入大学后，许多同学都沉浸在大学多姿多彩的生活当中，参加社团、学校组织的校园活动等，每天忙碌且充实。小文却觉得自己无所事事，每天上完课，就只回宿舍待着，玩游戏打发时间。他也曾经试过参加社团活动，让自己充实起来，但没多久就觉得没意思放弃了，因为这些事都不是他真正感兴趣的。大学难道就这么过吗？他不禁感到迷茫。

一次偶然的机会，小文发现自己认识的学长打算毕业后到基层支教，由此，小文了解到了"三支一扶"计划。所谓"三支一扶"，是指大学生在毕业后到基层从事支教、支农、支医和帮扶乡村振兴等工作。在学长的帮助下，小文了解到现在有一些高校大学生毕业后都选择到基层工作或助力乡村建设等。后来，学长还向小文介绍了自己的支教经验及在支教时的所见所闻，这让小文对支教产生了兴趣。

扶贫纪录片《无穷之路》里面的干部、乡民等为促进乡村振兴做出的努力让人动容，这越发坚定了小文投身乡村教育事业的决心。由于小文学的是英语专业，且口语能力很强，在学长的建议下，小文计划加入学校组织的寒暑期支教队伍，并担任英语教师，然后在毕业时考取教师资格证。为了确保这些目标的实现，小文开始有意识地发展自己的专业能力，利用网络丰富英语知识和掌握教师说课技巧，同时在网络上搜索报考教师资格证的相关条件，为考取证书做准备。这些事让小文觉得非常充实，也对接下来的大学生活充满了期待。

2.2.3 孤独感——主动交往

名言警句

人创造环境，同样环境也创造人。

——马克思

初次离开父母和熟悉的成长环境，面对饮食、风俗、语言、独立生活等多方面的不适应，大学新生常常会感到孤单、茫然与困惑。而这时，大学新生总是会渴望与身边同龄的人建立友情，拥有良好的人际关系，所以交友成为大学新生一个突出的心理需求。然而，在渴望交友的同时，大学新生又有自我封闭的倾向。一方面，有些大学新生不愿轻易与人交心；另一方面，有些大学新生因缺乏与人交往、沟通的技巧而不敢与人交往，因此感到孤独、烦闷。

良好的同学关系对大学新生的适应有积极的影响，并且主动建立良好同学关系的过程也是积极适应的过程。要克服孤独感，大学新生可以尝试主动与同学交往。在交往时，大学新生可以尝试做到以下几点。

1. 要给人以良好的第一印象

刚到一个宿舍或开第一次班会时，某个同学的表情、姿态、仪表、口音等，总是会给大家留下比较深刻的印象，这种第一印象将会影响大学新生的交友心理。人们总是会对那些举止文明或表现出独特才艺的人产生深刻的印象并怀有好感。因此大学新生可以尝试通过得体的仪表、谦和的态度和恰当的微笑给他人留下良好的第一印象，为人际交往打下良好的基础。

2. 要学会与同学友好相处

大学新生还要掌握与同学友好相处的方法，以维持良好的人际关系。

（1）遇事能从别人的角度去看问题，设身处地替对方考虑，本着关心人、理解人的态度，尽量避免与同学进行无价值、无意义的争论，学会尊重他人意见，避免直接指责。

（2）不要过高地要求别人，要学会宽容待人。天空之所以广阔无边，是因为它收容每一片云彩，不论其美丑；高山之所以雄壮无比，是因为它收容每一块岩石，不论其大小；大海之所以浩瀚，是因为它收容每一朵浪花，无论其清浊。

（3）自己有错误时要勇于承认，这样非常有利于人际关系的改善。

3. 要做到真诚相待

大学新生在与同学日常相处时要做到真诚、尊重，如当别人在宿舍休息或专心学习时，动作尽量要轻；当别人的亲友远道来访时，要热情接待；等等。其实，设身处地为他人考虑，也是为自己考虑。在这个世界上，人都不能不依赖他人而独立存在，不懂得为他人考虑的人也得不到他人的尊重、理解、爱戴。

总之，大学新生只要能敞开胸怀，积极主动地与同学沟通和交流，增强团结意识，正确认识自己，充分发挥主观能动性，就能与同学建立良好的关系。

【阅读材料】

饱受孤独感折磨的于某

于某是某院校的大学新生。由于在家时，家务都是由家人来做，自己除了学习什么都不用操心，加上没有集体生活的经验，因此上大学后的于某觉得非常不适应。在班级中，她发现许多同学都比自己优秀，会玩、会学、会生活，自己在学习和生活方面都不如人；在宿舍里，室友都是本地人，她不会说本地方言，也很难与她们自如沟通，时常插不上话，因此，她觉得自己非常孤独、寂寞。其他宿舍的同学大多都和自己的室友在一起，于某也融不进去，这让她更加不爱说话，内心充满了孤独与无助，感觉万分痛苦。于某说："我感到非常痛苦，看不进去书，听不懂老师讲课的内容，快要坚持不下去了""只有我一个人，孤零零的，似乎被整个世界遗忘了，我害怕，害怕自己会疯掉"。

于某的心理问题外在表现为适应不良，本质却是爱和被爱的需要，是期望自己和他人都觉得自己有价值的需要不能满足造成的，她渴望与他人进行正常的交往，融入大学生活。她的问题若不及时加以矫正，可能会导致焦虑症、恐惧症等神经症。心理辅导老师认为，应当用现实疗法对于某进行帮助，具体思路和原则是：强调当事人的责任和力量；重视当事人当前的行为，协助当事人拟定明确的行为改变计划并切实执行；以关怀和尊重为基础建立彼此的信任关系；强调当事人自身的优点和潜能，帮助她发展成功认同经验等。

经过心理辅导老师的帮助，于某感觉"我不再无聊孤独了""我和宿舍的同学、班上的同学逐渐熟悉起来了，也非常高兴能参与其中了""我开始自信了，听课、学习的质量提高了”“我能够接受我的缺点了”。辅导员也说她“好像变了个人，整个人都精神了、活泼了”“开始踊跃参与集体活动”“与同学交往也多了”。于某最终适应了大学生活。

2.2.4 边缘感——融入集体

进入大学后，因为不能很快与他人建立熟悉感、感觉自己平平无奇等，在陌生的环境下，一些大学生会产生孤身一人的感觉，认为“我是边缘人物”。

1. 大学边缘化群体的形成原因

这里的边缘化是指在高校里与大多数大学生相比，部分大学生因某些原因而远离社交中心地带，往往容易被人遗忘。大学生中的边缘化群体往往是有自卑心理的或者经济不富裕的大学生，他们常常采取逃避的方式，远离集体，很难融入群体。

（1）生活习惯的差异和环境适应造成的交往障碍有时会使大学生产生边缘感。有的大学生“背井离乡”，从气候比较干燥的西北地区来到气候比较潮湿的南方，有可能出现水土不服的现象，出现肠胃功能失调、皮肤过敏等情况。另外，全国各地的风俗民情和语言也有差异，如有的大学生地方口音较重，在与别人的沟通中遇到困难，也可能造成边缘感。

（2）家庭经济状况不佳、生活困难、日常生活缺乏经济保障的大学生也容易产生边缘感。经济上的差距也会影响一些大学生，使其怀有一种强烈的落差感。部分家庭经济条件相对不富裕的大学生由于长期游离于学生组织之外，也可能成为边缘化群体。

（3）因心理落差产生边缘感。大学中人才荟萃，优秀者众多，有些中学时表现优异的人在大学中可能就表现得平平无奇，优秀感、自豪感消失，就容易产生自卑心理；有的人甚至因觉得自己样样不如人而逃避交往，成为群体中的“透明人”，产生边缘感。此外，有些大学生因找不到对班级、学校的归属感，成就动机降低，并对人生产生消极、悲观的认识，也容易发展成班级中的“边缘人物”。一些因沉溺网络游戏，在社交上退避或尽量不社交的大学生也容易成为“边缘群体”。

2. 克服边缘感需要大学生主动适应环境

大学生为了克服边缘感，要积极主动适应环境，适应不同的生活习惯，同时接纳自己的客观条件，相信目前的困难是暂时的，通过自己的努力，情况一定会得到改善。大学生要从以下3个方面主动适应环境。

（1）正确、客观地认识自我。正确、客观地认识自我在人的心理健康中起着很重要的作用，而不能正确、客观地认识自我也是边缘化大学生的思想、心理症结所在，它制约着健康人格的形成与发展，在人格的实现中不能发挥强大的动力作用。因而，正确、客观地认识自我是促进大学生心理健康和改善边缘感的有效途径。

（2）培养良好的人际关系。人际关系良好的人，往往更能融入与参与集体活动，在活动中放平心态，更好地接纳自己，还能降低沉迷于网络的风险。

（3）激活自身的精神动力。大学生要想走出边缘感的困境，最根本的是要激活自身的精神动力，使外部的支持和帮助与自身的努力结合起来，发挥自我的主观能动性。

进入大学后，各种各样的不适应可能会使大学生在人生的新阶段感到困惑和迷茫。但是不要担心，这个过程就是个人心灵成长的过程，感受越深刻，成长就越多。这就如同还在茧中的虫蛹，只要耐心地感受自我成长，积极地推动自我成长，很快就会冲破黑暗，变成美丽的蝴蝶，在资源丰富的大学中自由而多彩地生活。

【阅读材料】

“边缘化”的李明

经过刻苦努力，李明考上了自己心仪的大学。他原本对大学生活非常期待，然而进入大学不久，他就渐渐变得悲观起来。原来，他与其他同学相比，在许多方面相差悬殊。例如，有的同学英语基础很好，口语非常流利，而他的口语和听力都很差，学得十分吃力；有的同学善于交际，与许多人都能成为朋友，而他的交际方式单一，很少与别人交往，因而感到孤独；有的同学多才多艺，打球、唱歌、跳舞样样精通，而他接受这些就要慢得多。此外，他觉得自己的经济条件和生活质量也比不上大部分同学。由于对自己的各方面条件都不满意，李明认定无论自己怎样努力也难以获得成功，渐渐地，李明失去了以往的自信，不再主动融入集体，自愿当个“独行侠”。

这是一个比较典型的新生适应不良的案例。在大学学习的李明本来有着光明的未来，却因当前暂时的困境而轻率地全面否定了自己，丧失了自信，并放弃融入集体，成为边缘人物，使得本该朝气蓬勃的人生陷入一片昏暗。他如果不能尽早从这种错误的认知中走出来，就很难适应大学生活。

小结

（1）初入大学，大学新生要完成以下几个方面的适应任务：集体生活的适应，管理方式的适应，学习模式的适应，课余生活的适应。

（2）大学新生常见的适应不良主要表现为产生不同程度的失落感、迷茫感、孤独感和边缘感。大学生可以通过正确定位、确定目标、主动交往、融入集体，缓解这些问题。

在适应大学生活的过程中，主动的态度至关重要。大学新生主动的态度不应只体现在交友、学习上，还应体现在实践、思考、生活等多个方面。以一种积极的态度去适应新环境，是大学新生应培养的能力。大学新生不管是适应校园，还是适应社会，都要充分发挥自己的主观能动性，主动制订未来发展计划，主动与人交往，主动融入集体，这样才能在新环境中得心应手，更好地迎接新环境带来的危机与挑战，抓住成功的机遇。

思考与收获

通过对本章的学习，我的思考是____

____

____

____。

我的收获是____
____
____
____。

心理测试

大学生心理适应能力自测问卷

下面的问卷能帮助测试者进行心理适应能力的自我判别，请认真阅读每个问题，并根据自己的实际情况，从3个备选答案中选出最适合的选项。

1. 我最怕转学或转班级，每到一个新环境，我总要经过很长一段时间才能适应。
   A. 是　　B. 无法肯定　　C. 不是
2. 每到一个新的地方，我很容易同别人接近。
   A. 是　　B. 无法肯定　　C. 不是
3. 在陌生人面前，我常无话可说，以致感到尴尬。
   A. 是　　B. 无法肯定　　C. 不是
4. 我最喜欢学习新知识或新学科，它给我一种新鲜感，能调动我的积极性。
   A. 是　　B. 无法肯定　　C. 不是
5. 每到一个新地方，我第一天总是睡不好；就是在家里，只要换了一张床，有时也会失眠。
   A. 是　　B. 无法肯定　　C. 不是
6. 不管生活条件有多大的变化，我也能很快习惯。
   A. 是　　B. 无法肯定　　C. 不是
7. 越是人多的地方，我越感到紧张。
   A. 是　　B. 无法肯定　　C. 不是
8. 我的期末考试成绩多半不会比平时练习时差。
   A. 是　　B. 无法肯定　　C. 不是
9. 全班同学都看着我时，我的心都快跳出来了。
   A. 是　　B. 无法肯定　　C. 不是
10. 即使对他有看法，我也能同他交往。
    A. 是　　B. 无法肯定　　C. 不是
11. 我做事时总有些不自在。
    A. 是　　B. 无法肯定　　C. 不是
12. 我很少固执己见，常常乐于采纳别人的观点。
    A. 是　　B. 无法肯定　　C. 不是
13. 同别人争论时，我常常感到语塞，事后才想起该怎样反驳对方，可惜已经太迟了。
    A. 是　　B. 无法肯定　　C. 不是

14. 我对生活条件要求不高，即使生活条件很艰苦，我也能过得很愉快。

A. 是　　B. 无法肯定　　C. 不是

15. 有时我明明把课文背得滚瓜烂熟，可在课堂上背的时候，还是会出差错。

A. 是　　B. 无法肯定　　C. 不是

16. 在决定胜负成败的关键时刻，我虽然很紧张，但总能很快地使自己镇定下来。

A. 是　　B. 无法肯定　　C. 不是

17. 我不喜欢的东西，不管怎么学也学不会。

A. 是　　B. 无法肯定　　C. 不是

18. 在嘈杂混乱的环境里，我仍能集中精力学习，并且效率较高。

A. 是　　B. 无法肯定　　C. 不是

19. 我不喜欢陌生人来家里做客，每逢这种情况，我就有意回避。

A. 是　　B. 无法肯定　　C. 不是

20. 我很喜欢参加社交活动，我感到这是交朋友的好机会。

A. 是　　B. 无法肯定　　C. 不是

① 凡是单数号题（1，3，5，7，…，19），选A得−2分，选B得0分，选C得2分。

② 凡是双数号题（2，4，6，8，…，20），选A得2分，选B得0分，选C得−2分。

③ 将各题分数相加，即可得到总分。

35 ~ 40分：你的心理适应能力很强，能很快地适应新的学习、生活环境；你与人交往轻松大方，给人的印象极好，无论进入什么样的环境，都能应付自如。

29 ~ 34分：你的心理适应能力良好。

17 ~ 28分：你的心理适应能力一般，当你进入一个新的环境，经过一段时间的努力，基本上能适应。

6 ~ 16分：你的心理适应能力较差，你依赖于较好的学习、生活环境，一旦遇到困难，容易怨天尤人，甚至消沉。

6分以下：你的心理适应能力很差，你在各种新环境中，即使经过相当长一段时间的努力，也不一定能够适应；常常感到困惑，常常因与他人格格不入而十分苦恼；在与他人的交往中，总是显得拘谨、羞怯、手足无措。

如果你在这个测试中得分较高，说明你的心理适应能力较强。如果你得分较低，也不必忧心忡忡，因为一个人的心理适应能力是随着年龄的增长、知识的丰富而不断增强的。只要刻苦学习、虚心求教、加强锻炼，你的心理适应能力一定会提升。

心理训练

从不适应到主动适应

目的

同学们通过探讨入学以来的感受，增强自我觉察与适应能力，从而掌握尽快适应大学生活的方法。

操作

亲爱的同学，想必你进入大学之前，对大学生活已有各种美好的期待。有期待就难免会有落差，有落差就要去改进或适应。正式进入大学之后，在学习、生活等方面，有哪些事是你不适应的？请回顾你的大学生活，想想你有哪些不适应的事，并思考你能做些什么去调整和改变，并将下面的句子补充完整。

（1）大学的____让我不太适应，
我可以试试____去做些改变。

（2）大学的____让我不太适应，
我可以试试____去做些改变。

（3）大学的____让我不太适应，
我可以试试____去做些改变。

（4）大学的____让我不太适应，
我可以试试____去做些改变。

（5）大学的____让我不太适应，
我可以试试____去做些改变。

第3章 大学生自我意识及其培养——认识自己

人之难知，江海不足喻其深，山谷不足配其险，浮云不足比其变。

——苏东坡

中国有句古训："人贵有自知之明。"自知作为一种智慧、美德，要求人们认识自我、审视自我、了解自我。而处于自我意识迅猛发展与整合阶段的大学生，也常常自问"我是一个什么样的人""我怎么改变目前不佳的状态"，这些都是大学生自我意识的体现。自我意识的培养作为大学生心理健康的重要方面，对大学生自我提升、实现人生理想等具有重要意义，大学生可以通过认识自我，去不断发展、培养与完善自我。

知识目标：了解自我意识和自我意识的偏差，掌握调节自我意识的方法。

素养目标：能够多角度客观地认识自我、接纳自我，认可自我价值，最终树立合理的理想自我。

3.1 自我意识概述

青少年时期，每个人可能都会不由自主地想到许多关于自我的问题。例如，我是谁？我是一个怎样的人？我为什么是这样一个人？我是否接受自己？我如何改变自己？为什么人会为将来而迷惑？为什么人与人之间会有很大的不同……

对处于青少年后期的大学生来说，“自我”是他们积极关注的课题，大学生自我意识的发展，直接影响着他们的社会适应能力和心理健康。如果一个人能认识自己并接纳自己，对自己有合理的期望值，并且知道自己为什么而活，善于利用成长机会改进自己、完善自己，那么他的一生就会充满快乐并富有价值。

自我意识作为个性的重要组成部分，是指个体对自己的身心状况与特征，自己与他人、周围世界的关系的认识、体验和愿望。自我意识是人格结构的核心，是人的意识的本质特征，是一种多维度、多层次的心理系统，包括知、情、意3个方面。

（1）“知”指自我认识，包括自我概念、自我感觉等，主要解决“我是一个怎样的人”的问题，需要大学生分析自我，并用批判的眼光审视自我。

（2）“情”指自我体验，包括自尊、自我感受等，主要解决“我怎么看待自己”“我对自己感觉如何”等问题，反映了主观自我（我认为的我）和客观自我（他人眼中的我）之间的关系，如果客观自我满足主观自我的要求，“我”会产生自我满足感和自我价值感，反之则会产生诸如自卑等消极的自我体验。

拓展阅读

从自我观念看自我意识

（3）“意”指自我调控，包括自我检查、自我调节、自我控制和自我教育等，主要解决“我该如何改变现状”“我该如何有效地进行自我调控”等问题。自我控制主要表现在个体能对自己的行为、思想、语言、时间、精力等加以控制，以实现自己的目标。

【阅读材料】

作为大学生的我应该做些什么

（1）在精神上和经济上从依赖父母走向独立。

（2）理解和适应身体的发育，特别是因性成熟引起的诸多变化。

（3）逐渐完善自身作为男性或女性的性别角色。

（4）适应新的人际关系，特别是异性关系。

（5）正确认识自己的社会角色，主动参加各种社会活动提升自我。

（6）树立作为一名合格社会成员所必备的世界观、人生观和价值观。

（7）掌握作为一名合格社会成员所必备的知识和技能并付诸实践。

（8）完成学业并选择合适的职业。

（9）适应职业需要。

（10）逐步成熟及实现自我。

微课

大学生自我意识发展的特点

3.1.1 大学生自我认知的特点

大学生自我认知的过程就是自我意识形成并完善的过程，此过程能明确回答大学生的“我是谁？”这个问题。大学生的自我认知具有以下4个特点。

1. 深刻性

大学生在描述自我时，会深入自己的内心世界，描述情绪体验、思想动机、意志特征与理想愿望等，并能够使用分析性的语言表达，如用“我追寻的是一种充满恐惧的爱，这是我从滑板这项爱好中体会到的”来描述自己，展示其自我认知的深刻性。

2. 社会性

大学生自我评价的能力与中学生相比明显提升，变得较全面、客观和主动，例如，“我在与陌生人接触时，显得有点局促，但是第二次见面时就会显得比较自然，表现得十分热情、友好”。大学生更多地从思想、动机、理想、品德方面，从与他人的比较中观察自己、分析自己，这表明大学生自我认知的社会性已经增强。

3. 概括性

大学生的自我认知已从外部、具体、偶然的特征，发展到综合自己经常出现的心理特点，用概括的词语或方式来描述，如用“富有个性”“具备创新精神”等来形容自我。这说明大学生自我认知的概括水平明显提高。

4. 结构性

大学生能够将个人与他人对自己的观点分离，即个体的自我描述并非与其他人对自己的看法完全一致。例如，“有些人认为我是非常热情的，但我也是个爱憎分明的人，我见到自己不喜欢的人时，会表现得比较疏离”。

【阅读材料】

一位大二学生的自我描述

下面是一位大二学生的自我描述。

整体而言，我是一个坚强、内向、上进、懂事、好学、自信、有理想、乐于助人、疾恶如仇、渴望成功、争强好胜、妒忌心强、自制力弱、有一点自私的男生。

在父母眼中，我是一个懂事、不用父母操心、不乱花钱、上进、有些害羞、懒惰的大男孩。

在妹妹眼中，我是一个可以依靠和信赖的大哥哥，是一个诚实守信、爱护妹妹的好哥哥。

在同学眼中，我是一个大方、助人为乐、受人喜爱、人缘好、追求自由、有些懒散的同学。

在老师眼中，我是一个成绩优异、品学兼优、自律、默默无闻的学生。

在恋人眼中，我是一个懂得爱、有责任感、有幽默感、守时守信、坚强的好恋人。

这是一位大二学生的自我描述，属于自我认知的一部分。我们可以从中看出自我评价中主观自我和客观自我的异同。大学生可以通过自我描述及与家人、同学、朋友、恋人进行沟通交流，不断深化自我认知，更客观全面地认识自己。

3.1.2 大学生自我体验的特点

在自我认知的基础上所表现出来的自我体验，既可以是正面的，如接纳、自尊、优越等；也可以是负面的，如不满意、否定、自卑等。这个体验可以使大学生了解客观自我是否让主观自我感到满意，或者感觉自己怎么样。大学生自我体验主要有以下3个特点。

1. 丰富性

大学生自我体验比较丰富，他们可以说是各种社会群体中相对“善感”的一个群体。他们既有肯定和否定的自我体验（喜欢自己还是讨厌自己，满意自己还是不满意自己等），也有积极和消极的自我体验（喜悦还是忧愁，趣味无穷还是乏味无聊等），还有紧张和轻松、敏感和迟钝的自我体验等。一般来说，大学生自我体验的基调是积极的、健康的。

2. 波动性

大学生自我体验具有一定程度的波动性，主要表现为：当事情进展顺利时，会产生积极、肯定的自我体验，甚至得意扬扬、忘乎所以；当遇到挫折时，就会产生消极、否定的自我体验，甚至自暴自弃、悲观失望。

3. 敏感性

大学生对涉及“我”及与“我”相联系的一切事物都非常敏感，特别是在与异性的接触中更是常常产生情绪波动。他们在行为与自我形象的塑造上往往触景生情，通过想象抒发自己的灵感或生活的体验，因而在思维中经常流露出一些感慨、遐想等，这通过大学生在社交平台上发的内容很容易感受到。

3.1.3 大学生自我调控的特点

自我调控是自我心理层面中的意志方面，表现为个体对自我的认知、情绪、动机和行为有一定的调控能力，通过使用各种手段和方法来克服外部障碍和内部阻力，比如自我监督、自我塑造和自我克制等，使之有利于目标的实现。大学生的自我调控主要有以下2个特点。

1. 自觉性

大学生自我调控的自觉性体现在，随着知识的积累、生活阅历的增加，大学生能够根据别人的评价和自己的行动结果进行自我反省，及时调整自己的行为以适应目标的要求。大学生自我评价的自觉性来源于社会责任感、成就目标、生活的价值定向及意志的努力与锻炼，而外部直接诱因的作用则相对减少了。这说明大学生行为的自觉性和自我调控能力明显增强，而盲目性和冲动性则逐渐减少。

2. 独立性

大学生自我调控的独立性增强。在他们心目中，“我”的形象已经改变，不再是“中学时期的孩子”，而是一个有一定知识才能和人格的大学生，成年感特别强烈。因而，在自我意识的发展中，他们强烈要求独立和自主，希望摆脱依赖和管束。

【阅读材料】

自我同一性的 4 种状态

自我同一性是一个与自我、人格发展密切相关的概念，指个体把自我的需求、情感、能力、目标、价值观等特质整合为统一的人格框架，让自己从内到外保持一致的情感、目标等，拥有自我认同感。确定了自我同一性，意味着个体对自身有了充分的了解，能够将自我的过去、现在和将来组合成一个有机的整体，确立自己的理想与价值观念，并对未来自我的发展做出自己的思考。埃里克森认为，青少年在成长过程中面对的最大困难就是建立自我同一性。有些大学生正处于青少年后期，如果不能达到自我同一性，则可能产生角色混乱。

美国心理学家玛西亚根据青少年遇到的冲突及他们解决冲突的方式，划分出自我同一性的4种主要状态：同一性获得（Identity Achievement）、过早自认（Identity Foreclosure）、同一性延缓（Identity Moratorium）和同一性扩散（Identity Diffusion）。这4种自我同一性的状态来源于对“个体积极参与寻找自我同一性的活动吗？”“个体已经确定自己的选择了吗（例如，对价值观、学校、职业生涯，对他要成为一个什么样的人及对自我同一性的其他方面的选择）？”两个问题做“是或否”回答的结合，由此得出了表3-1所示的结果。

表 3-1 自我同一性的 4 种状态

个体积极参与寻找自我同一性的活动吗?	个体已经确定自己的选择了吗?	
	是	否
是	同一性获得 自我坚定感和安全感； 确定了职业、信仰、性别角色的观念等； 充分考虑别人的看法、信仰和价值观，但自己的决定是自己做出的	同一性延缓 正在经历自我同一性危机或正处在转折点上； 对于社会没有清晰的目标； 没有清晰的自我认同感； 正在积极地争取获得自我同一性
否	过早自认 对于自己的职业和各种理念已经有所定位； 缺乏自我建构的过程，不加怀疑地接纳他人的价值体系； 在获得自我同一性的过程中过早做出决定	同一性扩散 缺乏方向； 对政治、道德或职业问题不关心； 做事情不问为什么； 对其他人为什么要做那些事不关心

本书根据我国当代大学生成长的环境与条件，并参照玛西亚关于青少年自我同一性的4种状态的论述，将我国大学生的自我同一性归纳为以下4种类型。

1. 达成型

达成型（Achievement）大学生独立性较强，平时勤于并善于思考，有较健全的人格。他们通过对自我的认真思考，认定了自我的特点与发展方向，认为所学专业既符合自己的兴趣，又能发挥自己的特长与潜能，找到了理想自我与现实自我的最佳结合点，即自我同一性已达成。这类大学生为数不多，因为大多数大学生的自我同一性都尚在发展之中。

2. 早定型

早定型（Foreclosure）大学生自小就是在家听话的“乖孩子”，在学校听从老师教诲的好学生。他们对自己的志趣、能力等身心特点的认识来自师长对他们的评价，他们对自己人生目标的确定、未来发展的设计来自师长对他们的期望。这类大学生基本上没有经历过什么困惑就认定了自己的特点和发展方向，免除了自我确认中的痛苦思考。其实，对一个人的成长来说，这种“早定”并非一定是好事。由于缺乏独立思考和自主性，这类听话式的早定型大学生往往是较脆弱的。他们走向竞争激烈的多元化社会时，往往难以驾驭自己。一旦理想自我与现实自我不能统一，他们便会变得束手无策、不知所措，甚至陷入迷惘之中。正如鲁迅先生在《上海的儿童》中描述教出所谓“听话”的孩子时曾说：“自以为是教育的成功，等到放他们到外面来，则如暂出樊笼的小禽，它决不会飞鸣，也不会跳跃。”因此，早定型大学生应加强自主性，在对自我的不断怀疑、探索中求得真正的自我同一性。

3. 延缓型

延缓型（Moratorium）大学生在中学时代对自我思考较少，埋头读书，一心想考上大学，对于其他问题考虑较少，因此他们的自我烦恼与自我冲突较少，很少思考自我及自己与周围环境的关系，在高考的压力下延缓了自我同一性的发展。进入大学后，他们发现周围“高手”云集，在竞争激烈的新集体中，平静的自我开始有了烦恼：考试不能名列前茅，在社团活动中缺乏才华，与同学相处不能潇洒自如。这类大学生会重新审视与评价自己。其中，一些大学生经过对自我的认真思考，逐步认定了自己的特点和发展方向，较好地找到了理想自我与现实自我的最佳结合点，满怀信心地奔向未来。另一些大学生由于仍旧处于自我确认的困惑中，尚未全面认识自我，延缓了理想自我与现实自我的统一。由于大学生自我意识发展的种种矛盾，这种自我同一性的延缓现象是不可避免的。延缓型大学生尽管经受着自我确认的煎熬，但没有放弃对自我的思考，相信他们在徘徊后，一定会逐步达成自我同一性。

4. 迷惘型

迷惘型（Diffusion）大学生由于对现实自我不满，又认为理想自我难以实现，而完全陷入了对自我确认的困惑中，甚至不愿思考自我，不愿与他人交换自己的想法，不愿也不敢面对复杂社会的挑战。这类大学生极少。其实，他们内心深处并没有完全放弃自我，只是在自我的浑噩世界中难以自拔。师长和同学应加倍关心他们，引导他们正确认识自我和欣然接受自我。这类大学生自己亦应努力从自我迷惘中走出来，必要时可以咨询心理工作者。

举例说明如下。

当被询问："如果你觉得现在的岗位不适合你，准备找工作时，你在现岗位的情况有所好转，你会不会不再努力获取这个求职机会？"

达成型："我可能会，但是也不一定。我不知道'情况好转'指的是什么？"

早定型："不会，这是我一直希望出现的情况，人们都会这样想的，我也一样。"

延缓型："当然，如果情况好转，我会根据环境情况的变化而做出改变。"

迷惘型："呃，不知道……"

青少年自我同一性的确定是不断丧失和获得的过程，自我同一性问题的解决不是一劳永逸的，在人的一生中，尤其是在青少年期和成年初期会反复出现，个体会从一种状态转化为另一种状态。

在青少年时期，处于自我同一性达成型的人的数量会随着年龄增长不断增多，处于自我同一性迷惘型的人的数量则会不断减少。

大学生自我同一性的类型与每个大学生成长的环境和条件有关，也与大学生本人的需要及其身心特点有关。无论目前处于哪一种类型，大学生都有可能找到理想自我与现实自我的最佳结合点，其实现的关键在于本人的努力及家长、学校和社会的积极影响。

3.2 自我意识的偏差

大学生自我意识的发展是在主观与客观、内在与外在的相互作用下形成的。如果大学生在复杂的社会环境和心理发展的过程中缺乏正向的引导，其自我意识就可能产生一些发展偏差，例如，过于自卑、过于自傲、自暴自弃、自相矛盾、自我要求过高等，这会严重影响他们的身心健康。大学生应对常见的自我意识的偏差有所认识。

3.2.1 自我否定型

自我否定型大学生对现实自我评价过低，其原因包括：理想自我远远高于现实自我，经过努力仍无法拉近距离；虽然理想自我与现实自我距离不大，但缺乏驾驭自我的能力，不能通过坚韧不拔、不屈不挠的意志去实现理想自我等。自我否定型大学生一遇到困难和挫折就灰心丧气、悲观失望，往往会通过放弃理想自我、迁就现实自我以求得自我意识的统一，结果更加缺乏自信，更加自卑。

【阅读材料】

失败的刘某

刘某是某大学新生，由于家庭经济较为困难，因此读书时申请了国家生源地信用助学贷款。进入大学后，刘某发现许多同学家境都挺不错，消费能力都比自己强，自己却过得尤为拮据，他认为这对于自己与同学打成一片非常不利，并且他也不希望因为自己的不富裕而引来他人异样的眼光。因此，刘某妄图以借钱的方式来掩饰自己的不富裕，再通过打工来补贴自己的生活。然而他却发觉事实并不如自己预期，自己发展人际交往也没有预想的那么顺利，当然，他也曾想过一些措施来提升自己的素质，但因为丧失自信，大多半途而废。

刘某实际上是过分夸大了经济上的差距，认为同学会因自己经济状况不好看低自己，其实在人际交往中，人们主要看重人品。刘某理想自我的难以实现导致其产生严重的挫败感，意志力下降，自卑感越来越强。

3.2.2 自我扩张型

与自我否定型相反，自我扩张型大学生高估了现实自我，以致形成虚妄的判断，建立了一个不切实际的甚至错误的理想自我，并认为实现理想自我轻而易举。其理想自我与现实自我的统一是虚假的统一。如有的大学生常以幻想的自我替代真实的自我，自认为与众不同，不肯面对现实的自我；有的大学生常常自吹自擂、目中无人、盲目自信、爱慕虚荣，在毕业应聘时常常碰钉子。个别大学生还可能用不正当手段去填补个人欲望，用违反社会道德规范甚至违法犯罪的手段来谋求理想自我与现实自我的统一。这些都是大学生需要警惕的。

3.2.3 自我萎缩型

自我萎缩型大学生的自我同一比较困难，表现为理想自我极度缺乏或丧失，对现实自我又深感不满。他们往往认为理想自我难以实现，甚至永远无法实现，要么放弃对理想自我的追求，得过且过；要么玩世不恭，自怨自艾，出现自我拒绝心理。他们表现为自暴自弃、自责自轻等状态，甚至出现理想自我与现实自我的对抗，最终向更严重的心理与行为问题发展，严重者甚至会出现精神分裂症或因绝望而轻生。

3.2.4 自我苛求型

自我苛求型大学生的主要表现是苛求完美，对自我要求过高。这种发展倾向的形成一方面是由于大学生承受他人过高的期望，另一方面则在于大学生过强的自尊心，这些导致其不顾自身状态地要求自己，无法用客观的态度认识和评价自己，进而影响自身的情绪和适应。

▶▶【阅读材料】

严格要求自己的成某

成某是公认的学霸，从小到大成绩一直很好，各方面也都表现优异。进入大学以后，成某也力图保持以往的优势，为此他付出了极大的努力。但在开学初的学生会竞选活动中，他就遭遇了“滑铁卢”——虽然他和室友陆某共同竞选成功，但相比之下，自己的支持率低于对方，这让他极为难受，因为他的目标是尽力做到最好的那一个。然而这只是开始，而后成某发现，不管做什么，陆某似乎都比自己优秀一些，就连他本以为胜券在握的期末考试专业第一，也以几分之差败给了陆某。虽然在其他同学眼里，两人都同样厉害，但成某感到十分不甘，并为这种“失败”的局面感到焦躁，因为他只想做最好的那个。为此他付出了巨大的努力，每天学习都非常用功，对每次的活动都非常投入，在其中投入了许多精力，经常熬夜，在各种活动中连轴转，最终成某因体力不支、营养不足住进了医院。

成某就是因为对自己要求过于严苛才陷入当前的局面。大学生应当对自己有所要求，但也要注意量力而行，给自己适度的空间。

3.2.5 自我矛盾型

微课

“乔哈里资讯窗”理论

自我矛盾型大学生表现为理想自我与现实自我无法协调，无法转变出一个新的自我。其自我意识冲突强度大，持续时间长，新的自我久久不能确立，积极的自我难以产生，表现为内心的矛盾冲突激烈，自我认识、自我体验、自我控制缺乏稳定性和确定性。

【阅读材料】

乔哈里资讯窗口理论

美国心理学家乔恩和哈里提出了关于人自我认识的窗口理论，称为乔哈里资讯窗口理论，如图3-1所示。他们认为人对自己的认识是一个不断探索的过程，每个人的内心都有4块领域。

（1）公开的自我（见图3-1中A区域），也就是透明真实的自我，这部分自己了解，别人也了解。

（2）秘密的自我（见图3-1中B区域），这部分自己了解，别人不了解。

（3）盲目的自我（见图3-1中C区域），这部分别人了解，但自己却不了解。

（4）未知的自我（见图3-1中D区域），即别人不了解，自己也不了解的部分，需要一些契机才可以激发出来。

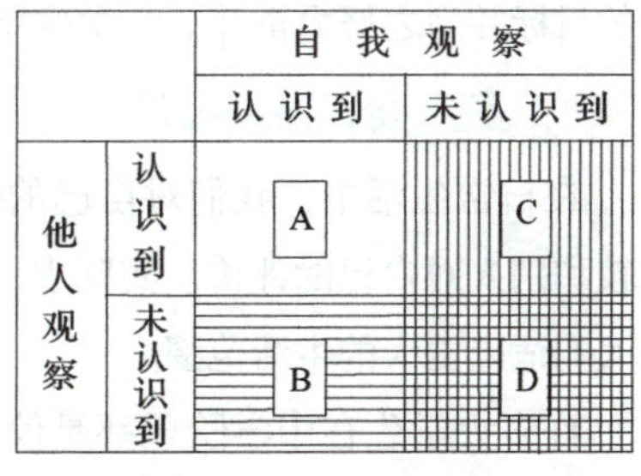

图3-1 乔哈里资讯窗口理论示意图

每个人的自我都由这4部分构成。但每个人每部分的比例是不同的；而且，随着人的成长及生活经历的增加，自我的4个部分的比例会不断发生变化。当一个人公开的自我领域扩大，其生活就会变得更真实，无论是与人交往还是独处，都会感到轻松愉快、充满活力；盲目的自我领域变小，一个人对自我的认识就会更清晰，在生活中更容易扬长避短，发挥自己的潜力。一个人在其成长过程中，可通过自我开放促使公开的自我领域扩大；通过他人的反馈使部分秘密的自我、盲目的自我成为公开的自我。通过与他人分享秘密的自我，并通过他人的反馈减少盲目的自我，人对自己的了解就会更多、更客观。

3.3 自我意识的调控

名言警句

只有那些晓得控制他们的缺点，不让这些缺点控制自己的人才是强者。

——巴尔扎克

3.3.1 正确地认识自我

【阅读材料】

合适的定位

“有些大学生眼高手低，总是希望一毕业就能到公司做管理人员，拿高工资。”针对部分大学生存在的就业错位现象，某实业有限公司董事长曾给大学生讲了一个发生在她身边的故事。她说：“有位大学毕业生，总是频繁更换工作。来到我们公司后，他自视甚高，不愿意穿着雨鞋、雨衣去基层管理苗木，对自己的定位没有正确的认识。他如果连这些基础工作都不懂，如何能结合实际，真正参与企业建设工作？”

大学生在生活中有自信是好事，但不能盲目自信，成为一个自大的人，而是要建立对自我的客观评价。一个人如果对自己有全面、正确的评价，就能够扬长避短，根据自己的实际情况，选择相应的目标并为之努力奋斗。大学生想要正确认识自我，通常可以参考以下方法。

1. 多方面、多途径地了解自我

微课

了解自己的三个信息来源

在日常生活中，我们对自己的判断和理解，往往较多依赖于小范围内的社会比较和别人对自己的评价。实际上，这样形成的自我认识有很大的局限性，它无助于人们适应更大的生活范围。

许多大学生在中学阶段都是佼佼者，可是进入人才荟萃的大学，就很容易淹没在人群中，这时他们常常会迷失自我。因此，大学生要多方面、多途径地了解自己，要通过别人充分了解自己。旁观者清，大学生可以通过他人的眼神、语言、态度了解自己言行的对错和自己的社会处境，从而调整自己的行为表现，以此来完善自我、达到目标。同时，大学生还要从自己的生活经验中了解自己：既要了解别人对自己的评价、自己与别人的差别，也要了解自己周围的事物，把握周围世界的状况；既要了解自己的能力、身体特征，也要了解自己的性格、品德，这样才能对自己形成全面的认识。

2. 客观、真实地面对自我

心理学研究证明，我们对周围世界的信息选择和理解都受需要倾向的制约。在日常生活中，一种途径反馈的真实含义，往往需要从其他途径得到验证。如果我们盲目自信，对他人提出的批评或改进建议置之不理，那么我们的自我认识就会越来越脱离真实自我。大学生应该坦然面对别人对自己的评价，正确客观地看待自我，尽力而为，顺其自然。

3. 寻找正确的参照系

他人是反映自我的镜子，是自我认识重要的参照物，与他人交往是获得自我认识的主要途径。大学生可以通过与同学的比较，找准自己的定位。但是这种比较往往带有浓厚的主观色彩，所以大学生应该采用正确的参照系，比如关注后天主观的努力，看轻不可改变的先天的客观条件，这样才能更好地认识自我。“吾日三省吾身”，以自身为坐标进行自我反省也是认识自我的很好途径。

3.3.2 愉快地接纳自我

个体总是复杂的，既有好的一面，也有不好的一面。一个自我意识同一的人，既能认识自己的长处，也能接纳自己的短处，对自己的一切现实都予以肯定、接受，这样可以帮助我们更好地面对生活，成为更好的自己。

1. 无条件地接纳自我

我们要无条件地接纳自己的一切，包括优点和缺点、成功和失败，要宽容地对待自己。面对缺点和失败，我们首先要对自己不抛弃，不放弃。一个人如果自己都不爱自己，又怎能期望别人来爱自己呢?

微课

悦纳自我的概念

2. 相信瑕不掩瑜

“金无足赤，人无完人”，我们要接纳自己的不完美和失败，这是自信的表现，也是自我完善的起点。我们要努力发现自己的“闪光点”，肯定自己的价值，对自己充满自信心和自豪感，这是悦纳自我的推动力。我们不要时时刻刻抓住曾经不完美、不愉快的事不放，那样自己的心灵会被蒙上阴影，失去对人生美好的憧憬。我们要学会接纳不完美的自我，保持创造完美生活的信心。

3. 运用积极的自我暗示

为了避免自尊心受到伤害，我们不妨运用一些积极的自我暗示。例如，向下比较（比下有余）、选择性遗忘（记住成功的经历，忘记失败的经历）、自我照顾归因（将成功归因于自己的努力和能力，将失败归因于自己的不努力和运气不佳）等。

人生的道路总是崎岖不平的，一次失败并不能代表一个人的全部。大学生应该将不好的事作为遗忘的对象，勇敢地走下去，相信自己能够创造更多的奇迹，迎接崭新的未来。

3.3.3 有效地控制自我

塑造自我、超越自我是一个不断实践的过程，有效地控制自我是塑造自我与超越自我的根本途径，有效控制自我有以下3种方法。

1. 保持镇静

要保持镇静，我们可以尝试记住并实施一个简单的公式：1 + 3 + 10 = 镇静。“1”是指对自己说一句话：“要镇静、放松”；“3”是指深呼吸3次；“10”是指让自己心中默默从1开始，慢慢地数到10。做到这些，你更容易保持镇静并采取负责任的行动。

2. 增强自信心

自信心是个体相信自己能力的自我意识倾向，强大的自信心来自顽强的毅力。自信心可以使人最大限度地发挥聪明才智，激励自己不断奋进。

3. 增强自制力

自制力是一个人自我调控和控制自己行为的能力。自制力强的人能够理智地对待周围发生的事，有意识地调控自己的思想和情绪，约束自己的行为，成为驾驭现实的主人。

3.3.4 不断地超越自我

超越自我是人生的崇高境界。只有超越自我，我们才能找到人生的真正价值。

1. 建立适当的目标与抱负

人都应有一定的抱负，这样才能实现自己的人生价值。大学生应当树立既能适度把握又需要适度冒险的目标。如果不考虑现实，一味冒险，就会经常遇到挫折，既白白耗费精力，又给心理带来消极影响；如果一味求稳而不愿意承担一点风险，就会错过许多发展的机会，使自己总在原有水平上徘徊。另外，适当的抱负水准还能让大学生不盲目与他人攀比、竞争，而使自己不会终日生活在紧张状态中，心理承受过大的压力。

2. 小步子与大飞跃

“不积跬步无以至千里，不积小流无以成江海”，我们可能无法一次达成目标，但可以将目标分解为短期内可以达成的一个个小目标，每达成一个小目标就自我肯定一次。我们应相信自己的无穷潜力，在任何时候都不要说“不会”，要说“我可以”。

小结

（1）自我意识即个体对自己的身心状况与特征，自己与他人、周围世界的关系的认识、体验与愿望。

（2）从知、情、意3个层面分析，自我意识可以分为自我认识、自我体验和自我调控3个层次。三者以自我认识为基础，产生自我体验，进而达到自我调控；同时，个体又在自我体验的推动下加强自我调控，加深自我认识。它们相互联系、有机组合，构成一个人个性中的核心——自我意识。

（3）大学生自我意识的特点表现为自我认识的深刻性、社会性、概括性与结构性，自我体验的丰富性、波动性、敏感性，自我调控的自觉性和独立性。

（4）大学生自我意识的偏差主要分为自我否定型、自我扩张型、自我萎缩型、自我苛求型和自我矛盾型。

（5）大学生想正确进行自我意识的调控，就应正确地认识自我，愉快地接纳自我，有效地控制自我，不断地超越自我。

《新时代的中国青年》白皮书介绍了我国推动青年发展的政策举措，展示了新时代中国青年的事业成就和精神风貌。新时代中国青年生逢盛世，拥有更优越的发展环境、更广阔的发展空间，面临着建功立业的难得人生际遇。因此作为新时代的青年，大学生应树立远大理想，不仅要思考自己想成为一个什么样的人，还应考虑自己可以为国家、社会做些什么，将自己的小我融入国家的大我、人民的大我之中，为理想自我树立恰当的社会标杆，从而更好地实现自我价值。

思考与收获

通过对本章的学习，我的思考是____

____

____。

我的收获是____

____

____

____。

心理测试

自我了解程度测试

本测试用于帮助测试者判断是否了解自己。阅读下列题目，并做出“是”或“否”的回答。

1. 你每天要照3次以上镜子吗？
2. 你一点也不在乎别人对你的看法吗？
3. 你是否感到你其实并不了解自己？

4. 你很留意自己的心情变化吗？
5. 你常把自己与其他人进行比较吗？
6. 你常在晚上反思自己一天的行为吗？
7. 做错一件事后，你常弄不明白当时自己为什么要那样做吗？
8. 你比较注意自己的外表吗？
9. 你做事情的随意性很强吗？
10. 在做出一个决定时，你通常清楚这样做的理由吗？
11. 你总是努力揣摩别人的想法，并按别人的要求与暗示行事吗？
12. 你是否总是穿着比较得体的衣服？
13. 你弄不清自己是属于脾气好的人还是脾气坏的人吗？
14. 你弄不清自己的能力是比其他同学强还是弱吗？
15. 你对自己将成为怎样的一个人没有一点把握吗？
16. 你总担心自己能否给其他同学留下好印象吗？
17. 你对自己的外貌是否有自知之明？
18. 在遭受一次挫折后，你总是要对自己的行为进行反思吗？
19. 你常因控制不住自己而发火吗？
20. 有时，你自己也不知道为什么提不起精神吗？
21. 考试前，你通常不知道自己能否顺利过关吗？
22. 对于不少事情，在开了头以后，你才发现自己没能力完成吗？
23. 当你遇到不快时，你是否总是设法把自己从低沉的情绪中解救出来？
24. 考试完毕，在成绩公布之前，你常弄不清自己是否考得好吗？
25. 大多数情况下，你知道自己行动的动机吗？
26. 你是否觉得自己应该给别人留下好印象？
27. 你常感到莫名的烦躁吗？
28. 你不知道自己与班上哪些同学比较谈得来吗？
29. 你清楚自己的长处和短处吗？
30. 一般而言，你很了解自己吗？

4，5，6，8，10，12，17，18，23，25，26，29，30题答“是”记0分，答“否”记1分。其余各题答“是”记1分，答“否”记0分。各题得分相加，统计总分。

0 ~ 9分：你很了解自我，你对自己的长处和短处有较清晰的认识。

10 ~ 20分：你对自己的了解不够全面；你已经较多地注意到了自己的体验，但为了更好地了解自我，你还需要掌握一些客观认识自我的方法。

21 ~ 30分：你不了解自我，尽管你与自己朝夕相处，但你仍是“当局者迷”。

心理训练

认识自己的20问法

目的

引导大学生形成对自己的全面认识并能够剖析自己，启发大学生思考未来的自己。

操作

（1）问自己20次“我是谁？”并把头脑里浮现出来的答案一一写出来。例如，我是××，我是××学校的学生等。由于这是自我分析材料，可以不给别人看，可以想到什么就写什么，不要有顾虑。回答每次提问的时间为20秒，如果写不出来答案可以略去，进入下一次提问。

（2）对自己的答案进行分析，分析的内容包括以下几个方面。

① 答案的数量，即共写出几个答案，哪些内容多。如果能写出10个以上的答案，则大体上可以认为自己没有特别的障碍。如果回答时会以感到无聊、害羞，以时间不够等为借口，不能回答更多的问题，只能写出7个或更少的答案，则可以认为是过分压抑自己。

② 答案的类型。答案的类型主要有3种：第一，符合客观情况的答案，如“我是二女儿”“我是大学生”等；第二，主观解释的答案，如“我是老实人”“我胆小”等；第三，中性答案，即谁都不能做出判断。如果主观评价和客观评价都有，可以认为取得平衡；如果评价倾向于主观或客观，则不能取得平衡。若涉及主观评价的答案中只提及自己好的一面（令人满意的特征），则会令人觉得你很自满；反之，会令人觉得你没有自信心。

③答案是否涉及自己的未来。哪怕只有一个答案涉及未来（如“我是未来的外科医生”），就说明自己有理想，在现实生活中充满活力；如果没有一个答案涉及未来，则说明自己可能对未来考虑得不多。

第 4 章

大学生人格发展与心理健康——健康人格　成就人生

人格乃我们所有的各种习惯系统的最后产物。

——华生

当我们提起一个熟悉的人时，脑海中就会浮现出这个人的容貌，并能描述出他的样子、脾气、性格，以及有哪些独特的行为表现，由此形成关于这个人的总体印象；而当提及另一个人时，我们也会有关于他的独特的认识。人与人之间为何如此不同？其实这是人格的差异，而且不同个体的人格发展还会影响其日常的行为模式和心理健康等。大学生应当了解人格，并努力塑造健康人格。

知识目标： 了解人格，掌握健全人格的塑造方法。

素养目标： 能从人格的角度认识人、理解人、尊重人，不断健全自身人格发展，提升自己的人格魅力，创造美好人生。

4.1 人格概述

名言警句

影响人格发展的首先是人的个性化程度，其次是环境。

——荣格

4.1.1 人格的概念

从词源上讲，人格一词的英文personality来源于古希腊语persona。古希腊语persona意指戏剧演员戴的面具，它代表了演员在戏剧中所扮演的角色和身份，类似我国京剧表演中因剧情需要所画的不同脸谱。现代心理学沿用其含义，将其转译为人格，它包含两层重要意思：一是指个体在人生舞台上，为遵从社会、文化、习俗的种种要求，扮演不同的社会角色时的言行举止，正如舞台上的角色因不同要求而戴的各种面具，反映出个体人格的外在表现；二是指个体由于某种原因不愿展现的人格成分，即面具后的真实自我，体现人格的内在特征。

从人格的定义上看，《中国大百科全书·心理学卷》将人格定义为“个体内在的在行为上的倾向性，它表现一个人在不断变化中的全体和综合，是具有动力一致性和连续性的持久自我，是个体在社会化过程中给人以特色的身心组织”；《简明大不列颠百科全书》将人格定义为，“人格有一个共同的核心意义，即指个体独具各种特质或特点的总体”；美国心理学家普汶在其著作《人格心理学》中指出：“人格是个体在对情境做反应时，自身所表现出的结构性质和动态性质，即人格代表一种使个体有别于他人的持久特性。”可以说，人格是个体特有的特质、模式及行为倾向的统一体。

同时，在心理学中，人们经常将“个性”与“人格”等同，《中国大百科全书·心理学卷》中就有“人格即个性”的说法。

4.1.2 人格的构成

弗洛伊德认为人格是由本我、自我和超我3个部分构成的。

（1）本我处于潜意识层面，是个体最原始、最隐私的成分，如饥饿、渴、冷、热等。要使本我得到满足所遵循的原则，我们称为快乐原则。

（2）自我代表人格结构的现实部分，是个体为了实现本我满足而和社会进行的交往活动。要使自我得到满足所遵循的原则我们称为现实原则。现实原则要求首先寻找满足本我的对象，使能量的释放得以延迟。

（3）超我作为人格结构的中上层部分，对本我起到约束作用，是个体道德的核心。要使超我得到满足所遵循的原则我们称为至善原则。其目的在于通过控制和引导本能的冲动，使自我力求完美，成为一个遵纪守法的人。

我们也可以从心理与行为完整统一的角度去认识人格。可以说，所谓人格，就是一个人的心理与行为的完整体现，是个体心理特性的整合体。人格在不同的时空背景下影响人的外显和内隐的行为模式。个体的心理或行为，如气质、性格、能力、兴趣、价值观及行为习惯等，都会对人格的形成与差异化造成影响，使个体表现出独特的人格特点。也可以说，人格主要由气质、性格、能力等联合构成。

1. 气质

名言警句

> 气质是每一个人最一般的特征，是他的神经系统最基本的特征，而这种特征在每一个人的一切活动上都打上了一定的烙印。
>
> ——巴甫洛夫

气质是人格的基础之一，是人格结构中比较稳定的并与遗传因素密切相关的成分。在日常生活中，形容某人稳重、文静、慢条斯理，某人爽快，就是指人的气质表现。气质这种心理活动的特征，主要表现在心理活动的强度、速度、稳定性、灵活性及心理倾向性和指向性上，如感觉的敏锐度、思维的灵活性、情绪的反应性等，它使个体的心理活动染上了一种独特的色彩。

现代心理学沿用了古希腊医生希波克拉底和古罗马医生盖伦的说法，将气质分为胆汁质、黏液质、抑郁质和多血质4种类型。4种气质类型的特点如下。

（1）胆汁质。这种气质的人最突出的特点是具有很高的兴奋度，因而在行为上表现出不平衡性。这种人脾气暴躁，易发怒，态度直率，精力旺盛。他们能够以极大的热忱投身于事业，埋头于工作，能够克服通往既定目标道路上的重重困难，但是，一旦精疲力竭，这种人往往对自己的能力失去信心，情绪便会从此低落下来。

（2）黏液质。这种人安静、平衡，始终平稳、坚定和顽强，能够较好地克制自己的冲动，能严格地遵守既定的生活规律和工作制度。他们态度持重，交际适度，不足之处在于稳重有余而灵活不足，但这种不足也有积极的一面，可以使人保持从容不迫和严肃认真的品格。这种人适合从事有条理、需要冷静和持久性的工作。

（3）抑郁质。这种人的突出特点是具有高度的敏感性，因而容易受到挫折。他们比较孤僻，在困难面前优柔寡断，在面临危险情势时会感到极度的恐惧。他们常常为微不足道的缘由而动感情。他们很好相处，能胜任别人的委托，能克服困难，具有坚定性。

（4）多血质。这种人突出的特点是具有显著的热忱和工作效能。他们对自己的事业有着浓厚的兴趣，并能将热情保持相当长的一段时间。这种人有很高的灵活性，容易适应变化了的生活条件，善于交际，在新的环境里不感到拘束。他们精神愉快，朝气蓬勃，但是一旦事业不顺利，或需要付出艰苦努力时，他们的热情就会大减，情绪很容易波动。这种人多数机智敏锐，能较快地把握新事物，在从事多变和多样化的工作时成绩显著。

【阅读材料】

4人看戏

心理学家曾巧妙设计了“看戏迟到”的特定问题情境，通过观察4种气质类型的观众在面临同一情境时的行为表现，以说明气质使他们的心理活动染上了一种独特的色彩。

胆汁质的人会面红耳赤地与检票员争吵，甚至企图推开检票员，冲过检票口，径直跑到自己的座位上去，并且还会埋怨说，戏院钟表走得太快了。

黏液质的人看到检票员不让他从检票口进去，便想反正第一场戏可能不太精彩，还是暂且到小卖部待一会儿，看看报纸，吃点零食，等到幕间休息时再进去。

抑郁质的人对此情境会抱怨自己老是不走运，偶尔来一次戏院，就这样倒霉，接着就垂头丧气地回家了，发誓再也不来看戏了。

多血质的人明白检票员是不会放他进去的，所以他不与检票员争吵，而是悄悄跑到楼上，另寻一个适当的地方来看戏剧表演。

可以看出，不同气质类型的人有着其独特的性格特点和行为模式。

对一般人来说，只具备一种典型的气质类型的情况比较少见，多数人都是两种气质类型的混合体乃至多种气质类型的混合体。

2. 性格

名言警句

人物的性格不仅表现在他做什么，而且表现在他怎样做。

——恩格斯

性格是人格结构中表现最明显，同时也是最重要的心理特征，是个体表现出的对现实比较稳定的态度，以及与之相应的习惯化了的行为方式，是先天和后天都可以发挥作用的、一种可以被改变的因素。性格与气质的区别在于：气质是高级神经活动类型在行为、活动中的直接表现，由生理特点决定，这是先天的，无好坏之分，可塑性弱；而性格主要是在社会实践中形成，反映人的社会性，且性格有好坏之分，可塑性较强。

拓展阅读

气质与性格的关系

性格有多种多样的特征，它们的组合形成了复杂的性格结构，这些特征可以概括为以下4个特征。

（1）性格的态度特征，如同情或冷漠，正直或虚伪，勤奋或懒惰，认真或马虎，自信或自卑，开拓创新或墨守成规等。

（2）性格的意志特征，如目的性或盲目性，纪律性或散漫性，独立性或易受暗示性，自制或任性，果断或犹豫，持之以恒或虎头蛇尾等。

（3）性格的情绪特征，如热情或低沉，乐观或悲观等。

（4）性格的理智特征，如主动观察或被动观察，偏好分析或偏好综合，富有想象或想象被抑制，富有创造性或好钻牛角尖等。

性格并不是上述特征的简单堆积，而是各个特征之间的有机结合，这使性格结构具有能动性。性格的各个特征既相互联系，又彼此制约，人们可以依据某人的某些性格特征来推测此人其他方面的特征，如急躁多与冲动、粗心、好激动等特征有关。一个人的性格会随个人的角色转变、环境和情境的变化及自我要求的不同而呈现出不同的特征，从而使人的性格表现具有丰富性和复杂性。例如，一个学生的懒散在父母面前可能表现得较多，而在整洁有序的宿舍内可能表现得较少。

每个人都有不同的性格，关于性格的评价，比较著名的是MBTI。MBTI是凯瑟林•库克•布里格斯、伊莎贝尔•布里格斯•迈尔斯根据瑞士心理学家荣格的心理类型理论建立的性格评价指标，全称为Myers-Briggs Type Indicator，现已成为全球著名的性格评价指标之一。

MBTI根据4组维度、8个向度描述人的性格，即外向（Extrovert，E）—内向（Introvert，I）、感觉（Sensing，S）—直觉（Intuition，N）、思维（Thinking，T）—情感（Feeling，F）、判断（Judgement，J）—知觉（Perceiving，P）。

（1）外向（E）—内向（I）：指个体与世界相互作用的方式和能量的疏导方式。

（2）感觉（S）—直觉（N）：指个体接受信息的方式。

（3）思维（T）—情感（F）：指个体进行决策行为的方式。

（4）判断（J）—知觉（P）：指个体日常的生活方式。

4组维度如同4把标尺，每个人的性格都会落在标尺的某个点上，这个点靠近哪个端点，就意味着个体有哪方面的偏好。MBTI据此将人的性格分为ISTJ、ISFJ、INFJ、INTJ、ISTP、ISFP、INFP、INTP、ESTP、ESFP、ENFP、ENTP、ESTJ、ESFJ、ENFJ、ENTJ共16种类型，每一种类型都有其对应的性格特点和适合的职业。MBTI性格测试也是当前职场中常见的测试之一，大学生可以通过该测试了解自己的性格类型。

3. 能力

能力是使活动顺利完成并直接影响活动效率的心理特征的范畴，是完成某一活动必备的心理条件。个体完成某项活动，往往依靠多种能力的结合。多种能力高度发展和有机结合，我们称之为才能。

个体的能力具有多样性，一般而言可分为以下几种。

（1）按表现的活动领域不同，能力分为一般能力和特殊能力。

- 一般能力：在各种各样的活动中都需具备的能力总称，即我们一般所说的智力。
- 特殊能力：指由某些专业和特殊职业活动中的心理因素构成的、表现出来的、智力特殊方面的独特发展趋势。

（2）按照活动中创造性的强弱，能力分为再造能力和创造能力。

- 再造能力：指使个体迅速掌握知识，按照原有知识模型进行活动的能力；又称为模仿能力，符合学习活动的要求。
- 创造能力：指个体具有的变通、流畅、独特、创新及超越平常的思考与活动的能力，符合创造活动的要求。

（3）按照功能，能力分为认知能力、操作能力和社交能力。

- 认知能力：指个体通过大脑加工、存储和提取信息的能力，如观察力、记忆力、想象力等。
- 操作能力：指个体操纵自己的肢体以完成各项活动的能力，如劳动能力、体育运动能力、艺术表演能力、实验操作能力等。
- 社交能力：个体在社会交往活动中表现出来的能力，如组织管理能力、言语感染能力、判断决策能力、调解纠纷能力、处理意外事故的能力等。

4.2 大学生的人格特征

名言警句

教育者，养成人格之事业也。使仅仅为灌注知识、练习技能之作用，而不贯之以理想，则是机械之教育，非所以施于人类也。

——蔡元培

4.2.1 大学生所处的人格发展阶段

拓展阅读

埃里克森人格发展阶段理论

人格是在不断发展的，在不同的年龄阶段，不同的个体有不同的人格特点，心理学界阐述人格发展的理论有很多，其中非常经典的理论就是美国精神病医师、新精神分析派的代表人物埃里克森提出的人格发展阶段理论。在埃里克森看来，人格有着一系列的发展阶段，每个阶段都将面临一些需要解决的问题和发展任务，问题解决得好将有助于人格发展，反之则会对人格发展带来消极影响。他将人的一生分为8个阶段，而大学生处于青春期和成年早期两个阶段，这两个阶段强调“自我”统一和情感的作用，主张个体人格健康发展，因此大学生必须完成这两个阶段的心理社会任务：建立自我同一性和防止自我同一性混乱，建立亲密感，避免孤独感。

1. 自我同一性和角色混乱的冲突——青春期（12 ~ 18 岁）

从青春期个体的特点来看，一方面，本能冲动的高涨会带来问题；另一方面，新的社会要求和社会的冲突，会使一些青少年感到困扰和混乱。这使得青春期的主要任务是建立新的自我同一性或自己在别人眼中的新形象，此阶段的危机是角色混乱。

此理论的重要应用是，解释青少年对社会的不满和犯罪等社会问题。埃里克森认为，如果一个青少年感到他所处的环境剥夺了他在未来发展中获得自我同一性的种种可能性，他就将以令人吃惊的力量抵抗社会环境。

2. 亲密对孤独的冲突——成年早期（18 ~ 25 岁）

埃里克森认为，与他人发生亲密关系的前提是，具有牢固的自我同一性。在将个体自我同一性与他人的自我同一性融为一体后，两个个体间才能产生亲密关系，从而获得亲密感，否则个体将产生孤独感。

那么，谈恋爱就意味着获得亲密、避免孤独感了吗？或者谈恋爱是避免孤独感的唯一途径吗？研究者发现，大学室友间的亲密度和适应性与其孤独感之间存在显著负相关，由此可以推测：若尚未谈恋爱的同学与室友的关系比较亲密，对大学生活适应良好，那么同样可以避免孤独感。

4.2.2 大学生人格的主要特点

微课

人格的特点

在人格发展的过程中，大学生的人格总体上来说是积极的、健康向上的，其主要表现出以下特点。

（1）大学生自我接纳度高，对自己的所有和所缺比较清楚，大多数都能理解现实自我和理想自我的差别，有明确的奋斗目标并愿为之努力。

（2）大学生的性格倾向于外向、情绪稳定、处事老练，着眼于现实，但不拘泥于现实，敢想敢为。

（3）大学生容易与人相处，有较强的环境适应能力，能够主动接收外界的新消息、参与社会实践；能接受他人与自己价值观的不同，用理性、客观的眼光看待事物，认知状态良好。

（4）大学生情绪饱满，情感丰富多彩，且积极的情绪情感体验在学习和生活中占主导。

大学生的人格发展仍具有一定的偏差，例如：主流思想积极向上，但仍有极少数消极思想；有些大学生还有过于理想化的情况，进入社会经受打击之后，容易因理想破灭而心态失衡；做事顾虑较多等。

4.3 人格障碍的类型与健全人格塑造

埃里克森的人格发展阶段理论提出了人格发展的结果，如果个体在各个发展阶段解决发展冲突后，都保持向积极方面发展，就算完成了这个阶段的任务，逐渐实现了健全的人格，否则就会产生心理危机，出现情绪障碍，形成不健全的人格。不健全的人格就是人格发展过程中出现了异常，严重的会形成人格障碍。大学生应当了解常见的人格障碍，并掌握调适人格问题的方法，健全人格发展。

4.3.1 大学生人格障碍的类型

人格障碍，也称病态人格或异常人格，是一种人格发展的内在不协调，是在没有认知过程障碍或智力障碍的情况下出现的情绪反应、动机和行为活动的异常。根据人格障碍的不同表现，人格障碍可以分为以下几种类型。

1. 反社会型人格障碍

反社会型人格障碍表现为情绪不稳定，高度利己，常为一时的冲动所左右，以自我为中心，不顾别人的痛苦和社会的损失，易发生违纪行为和不正当的意向活动。有这种人格障碍的人在18岁之前，就常有撒谎、逃学、小偷小摸、打架、虐待动物或弱小同伴等不良行为；18岁之后常有破坏公共财物、经常旷工、长久待业或多次变换工作，易激惹、斗殴和攻击别人，心肠冷酷、忘恩负义，甚至对自己的亲人也不例外，对做危害别人的事毫无内疚感等行为和表现。

2. 分裂型人格障碍

有分裂型人格障碍的人的主要特点是孤独、淡漠，几乎没有过愉快的体验；情绪表现为冷漠、疏离，对他人表达温情、体贴或愤怒的能力有限；无论对批评还是表扬都无动于衷，几乎总是单独活动，过于沉溺于幻想和内省；极少有亲密的朋友或知己，也无法享受与他人的亲密关系，让人觉得冷淡、孤单。有这种障碍的人很难与他人建立起相互信任的关系，对恋爱也缺乏热情。

3. 冲动型人格障碍

冲动型人格障碍的主要特征是行为冲动，不计后果，并伴有情绪不稳定、喜怒无常，让人不可预测；且事先计划和预测的能力差，做事缺乏坚持性。有这种人格障碍的人常因微小刺激而爆发强烈的冲动与愤怒，且无法自控，强烈的愤怒爆发常导致暴力行为，如做出破坏和伤人等攻击行为，结交朋友常常凭一时的感情冲动。

4. 偏执型人格障碍

有偏执型人格障碍的人的表现是，经常出现固执、偏激的想法和信念，其行为特点常表现为：感觉极度敏感，对侮辱和伤害耿耿于怀；思想行为固执死板，多疑、心胸狭隘；爱嫉妒，对别人获得成就或荣誉感到紧张不安，妒火中烧，不是寻衅争吵，就是在背后说风凉话或公开抱怨和指责别人；总认为自己是正确的，自以为是，惯于把失败和责任归咎于他人，在工作和学习中往往言过其实；同时又很自卑，总是过多过高地要求别人，但从来不信任别人的动机和愿望，认为别人居心不良；不能正确、客观地分析形势，分析问题容易从个人感情出发，主观片面性强；忽视或不相信与本人想法不相符的客观证据，因而很难通过讲道理或摆事实来改变他的想法。

【阅读材料】

人格问题案例分析

求助者是某高校大二学生，无重大躯体疾病史，家族无精神病史，家中有父母及一个弟弟，小时候因成绩好，备受父母的宠爱和弟弟的敬佩。其父虽然性格暴躁，但很爱她，其母性格温和，从来没有责骂过她。从小学到初中毕业，她一直在班上名列前茅，优越感较强。但进入高中后，她感觉学习较吃力，一度成绩下降，心情十分烦闷，情绪变化较大，无法自控，不想继续上学，在家里不同意的情况下，她自作主张休学一年，后考入大学。自进入大学以来，她与宿舍其他同学难以共处，到就诊时已换了七八次宿舍，每一次住宿时间不到两周，就开始与他人对立，矛盾重重，最终爆发冲突，但起因都是一些小事，如东西存放的位置、开关门的声音、作息时间的不一致等。每次冲突的方式都是她与全宿舍的同学对立，以致后来同学都不愿与她同居一室，认为与她在一起特别难受、紧张、压抑。最后只好安排她同新生住在一起。她说："我觉得7位室友总是联合起来欺负我，我一个人孤军作战，但我一定不能示弱，不能服输，她们有什么资本欺负我？我要与她们斗到底！我每天都要绞尽脑汁地思考如何对付室友。我晚上睡不好，第二天没有精力听课，作业不会做，学习成绩下降，且体重减轻了不少。我很烦恼，她们搞得我心力交瘁，我觉得自己好无能，怎么办？"求助者十分痛苦。

该例患者被诊断为偏执型人格障碍。求助者总是毫无根据地认为同学在欺负她，持久地心怀怨恨，对侮辱、伤害或轻视绝不饶恕，容易感到名声被别人攻击，并马上发怒或回击，表现出心胸狭隘、敏感多疑的心态，具有狭隘、多疑、嫉妒、报复心强的人格特征。心理咨询师对求助者主要采取认知领悟法。她自我中心意识的形成，有家庭方面的原因。在她的家庭中，家人都以她为中心，而她对别人却不够信任和尊重。基于此判断，先给她无条件的积极关注，让她体验到爱，再调整她的认知，让她知道与人相处要以尊重、信任与关爱为前提；人不能只是索取，而要有奉献，爱的真谛就是奉献。渐渐地，求助者开始有了反省的思维，开始认识到自己的不足，并虚心向别人请教。最近，她还主动到图书馆借了“青年交际指南”丛书。此外，心理咨询师还采用了行为训练法，即培养其为同学服务的习惯，例如，让她主动为同学提开水，打扫宿舍卫生等，当同学反过来帮助她时，又强化了她的服务意识。经过一段时间的治疗，求助者自我评估心情轻松，情绪稳定。如果把其第一次求诊时的痛苦程度看作100%，现在已降低到30%。求助者精神状态明显好转，谈话时，语速正常，语调轻快，对自我有比较客观的评价，与室友能比较友好地相处。通过了解，心理咨询师反映求助者能比较客观地看待生活中的小矛盾，室友反映与她的相处明显改善了。

5. 强迫型人格障碍

具有强迫型人格障碍的人平时常有不安全感和不完善感，过分认真，过分注意细节，过分自我克制和自我关注，责任感过强，常常追求完美；同时又过分墨守成规，缺乏随机应变的能力，过分拘谨和小心翼翼；在处世方面，由于过于谨小慎微，常常顾虑小事而忽略大事；常要求别人按自己的方式办事，以致妨碍别人的自由；过分注重工作，怕犯错误，遇事优柔寡断，难以做出决定。

6. 癔症型人格障碍

癔症型人格障碍的主要特点有以下几个。

（1）活泼好动，性格外向，不甘寂寞，例如，在人多的场合，愿意成为大家注意的中心。

（2）与他人交往时感情用事，感情胜过理智。

（3）这个类型的人常常穿奇装异服，在服装上追时髦，赶新潮，目的是吸引别人的注意。

（4）具有表演才能，他们平时与人接触交往时，就像一位戏剧演员在舞台上演戏一样，表情丰富，谈话内容过分夸张。

（5）以自我为中心，在人际交往中只考虑自己的需求，丝毫不考虑别人的实际情况，为此常常造成人际关系紧张；对人际关系的亲密性看得超过实际情况，例如，总觉得自己有很多知心朋友，但实际情况并非如此；在人际关系受挫折或应激情况下，较易产生自伤或自杀行为，其自伤行为一般程度较轻，常带有表演性；很容易受他人或受周围情境的影响，这与他们在日常生活中缺乏冷静分析有一定关系。

癔症型人格障碍一旦形成，目前的治疗方法很难彻底矫正，但经过较长时间的心理治疗，对改善其紧张的人际关系是有一定效果的。

7. 回避型人格障碍

回避型人格障碍的最大特点是行为退缩、心理自卑，面对挑战多采取回避态度或无能应付，具体表现如下。

（1）很容易因他人的批评或不赞同而受到伤害。

（2）除了至亲之外，没有好朋友或知心人。

（3）除非确信受欢迎，一般不愿卷入他人事务之中。

（4）行为退缩，对需要人际交往的社会活动或工作总是尽量逃避。

（5）心理自卑，在社交场合总是缄默无语，害怕遭人笑话，怕回答不出问题；被批评指责后，常常感到自尊心受到了伤害而陷于痛苦，且很难从中解脱出来。

（6）敏感羞涩，害怕在别人面前露出窘态，常害怕参加社交活动，担心自己的言行不当而被人讥笑讽刺，所以即使参加集体活动，也多是躲在一旁不说话。

（7）在做普通的但不符合常规的事时，总是夸大潜在的困难、危险或可能的风险；在处理某个一般性问题时，也往往表现得瞻前顾后、左思右想，常常在下定决心时已经错过了解决问题的时机。在日常生活中，他们多安分守己，从不做冒险的事，除按部就班地工作、生活和学习外，很少去参加社交活动，因为他们觉得自己的精力不足。

回避型人格障碍形成的主要原因是自卑心理。心理学家认为，自卑心理起源于人的幼年时期，是由于无能而产生的不胜任和痛苦的感觉；也包括一个人由于生理缺陷或某些心理缺陷而产生的轻视自己、认为自己在某些方面不如他人的心理。这种自卑心理如果得不到妥善消除，久而久之就会成为人格的一部分，会造成行为的退缩和遇事回避的态度，形成回避型人格障碍。

4.3.2　塑造健全人格的途径

大学生人格的健全与否，关系到他们的未来，因此引导大学生学会调适自己的人格问题，塑造健全的人格，是大学生心理健康教育的一项重要任务。与其他群体一样，大学生群体中也会有一些人面临各种各样的人格问题，甚至会有一些明显的外显表现，如行为古怪、危害学校或社会等，大学生应当对这些问题有所防范。大学是人格再造的重要时期，大学生可以在这个时期内不断改善自己的人格问题，健全自己的人格发展。

1. 自我察觉并改进不良人格

心理学方面提供了一些心理测试来帮助大学生检测自己的人格，如气质和性格类的测试等。大学生可以主动了解这些测试，剖析自己的人格，自我反省，察觉并改善不良人格。例如，就气质而言，同一种气质类型会形成积极或消极的两种不同品质，如胆汁质的人可以形成勇敢、爽朗等积极品质，也可以形成粗心、暴躁等消极品质。大学生应当在了解自己气质类型和性格特点的基础上，努力使自己向积极的方向发展。另外，部分大学生或多或少都有一些人格偏差（指人格适应存在问题但却还未定型，且人格偏差并不等于人格障碍），这些都是可以矫正的。找出问题的源头，并找到改进的方法，对于大学生矫正人格偏差、塑造健全人格来说非常重要。例如，学会抵制或克服外界

的不良影响，学习别人的高尚行为，发展美好人格品质等。

2. 增强应对挫折的承受力

大学生常常富于理想，把未来看得过于美好，而对可能遇到的困难和挫折缺乏充分的心理准备。另外，由于对社会缺乏了解，人生经历单一，缺乏艰苦生活的锻炼，再加上社会、家庭等多种因素的影响，不少大学生应对挫折的承受力较差，稍有小事即可引起挫折感，难以面对现实生活的挑战。挫折往往会导致心理上的挫败感、缺陷感和失落感等，与此相随的便是抑郁与失望。因此，加强挫折教育，增强挫折承受力，对健全人格的培养有重要意义。

3. 积极参与社会实践并培养良好习惯

人的任何目标都要通过实践才能达成，大学生正处在自我意识的高度发展阶段，内心渴望独立、自主，希望参与学校活动和社会实践。大学生只有亲身参与各种社会实践活动，才能加深对社会的认同和理解，真正增强自己的社会责任感，进而更好地适应未来的社会角色。

另外，健全的人格体现在良好的习惯中。心理学研究证明，良好习惯的形成有助于改变人格的内在品质和结构。因此，健全人格塑造的重要途径之一是培养良好习惯。

在实际操作中，大学生可以把现实生活中具有良好习惯的人作为自己的目标或榜样，从点滴小事做起，经过锲而不舍的锻炼，一定能实现自己确立的健全人格的目标。

4. 建立良好的人际关系

众所周知，不良的个性品质对个体社交的影响很大。一个开朗热情、为人诚恳、尊重他人、富有同情心的大学生，大多能很好地适应各种社会交往，能比较容易得到群体和他人的接纳；相反，具有为人虚伪、自私自利、不尊重他人、猜疑、报复心强、固执等不良性格倾向的人，会使他人在与之交往的过程中产生不安全、紧张、不信任等不良反应。因此，良好的人际关系既是大学生心理健康不可缺少的条件，又是大学生人格塑造的重要途径。大学生在人际交往过程中应注意以下几个方面。

（1）真诚热情。在人际交往中，真诚热情能给人以温暖，能促进人的相互理解，因此，待人真诚热情是沟通人与人之间的情感、促进人际交往的重要心理品质。在人际交往中，若对方感受到了你的真诚与热情，显然也会给予你肯定的评价。所以人际交往不但需要饱满的热情，也需坦诚言明自身想要争取的利益，显得真诚而又合情合理，这样自然会得到对方的接纳。

（2）彼此信任。美国哲学家、诗人爱默生说过，“你信任他人，他人才对你重视。”在人际交往中，信任是要相信他人的真诚，从积极的角度理解他人的动机和言行，而不是胡乱猜疑，相互设防。信任他人必须真心实意，而不是口是心非或虚情假意。

（3）肯定对方。人类普遍存在着自尊的需要，只有在自尊心高度满足的情况下，人才会产生最大程度的愉悦，才会在人际交往中乐于接受对方的态度和观点。大学生都有较强的自尊心，因而在人际交往中需要肯定对方、尊重对方，这是成功交往的重要因素之一。

小结

（1）人格包含了心理与行为的各种因素，主要包括气质、性格、能力3个方面。

（2）在埃里克森提出的人格发展阶段理论中，大学生所处的阶段强调“自我”统一和情感的作用，主张个体人格健康发展，因此大学生在青春期和成年早期必须完成的心理社会任务是建立自我同一性和防止自我同一性混乱，建立亲密感，避免孤独感。

（3）常见的人格障碍包括反社会型人格障碍、分裂型人格障碍、冲动型人格障碍、偏执型人格障碍、强迫型人格障碍、癔症型人格障碍和回避型人格障碍等。

（4）大学生塑造健全人格主要通过以下途径进行：自我察觉并改进不良人格，增强应对挫折的承受力，积极参与社会实践并培养良好习惯，建立良好的人际关系。

人格的塑造着眼于心灵的教育和品格的建塑，我国自古就十分强调高尚人格的培养。提及高尚的人格，我们马上能想到君子，君子是中华传统文化中的一个重要范畴，是评价人品的重要尺度，是理想道德人格典范。单《论语》中就有大量篇幅在讨论“君子”，如“君子喻于义，小人喻于利”，君子“可以托六尺之孤，可以寄百里之命，临大节而不可夺也。君子人与？君子人也。”等。新时代的大学生也应努力向君子靠拢，汲取传统文化中的精髓，提升道德认知，并努力践行，将道德人格培养落到实处，做新时代的“新君子”。

思考与收获

通过对本章的学习，我的思考是____

____

____

____

____。

我的收获是____

____

____

____

____。

心理测试

测验自己的气质

现代气质心理学研究表明，人的气质有4种类型：《水浒传》中的李逵是典型的胆汁质；《红楼梦》中的“林妹妹”是抑郁质，而“宝哥哥”是多血质；《三国演义》中的诸葛亮则是黏液质。你清楚你自己的气质类型吗？

了解自己的气质类型，在选择专业、培养性格、提高学习与工作效率、处理人际关系等方面都有着重要的意义。下面这些题目可以帮助你大致确定你的气质类型。请根据实际情况选择不同的选项，其中每个题目的选项皆为：A. 很符合；B. 符合；C. 有点符合；D. 不符合；E. 完全不符合。

一、题目

1. 做事力求稳妥，不做无把握的事。
2. 遇到可气的事就怒不可遏，把心里话全部说出来才感到痛快。
3. 宁可一个人做事，也不愿与很多人在一起。
4. 很快就能适应新环境。
5. 厌恶强烈的刺激，如尖叫、噪声、危险镜头等。
6. 和人争吵时，总是先发制人，喜欢挑衅。
7. 喜欢安静的环境。
8. 善于和人交往。
9. 羡慕善于克制自己感情的人。
10. 生活有规律，很少违反作息制度。
11. 在多数情况下是乐观的。
12. 遇到陌生人觉得很拘束。
13. 遇到令人气愤的事能很好地自我克制。
14. 做事总是有旺盛的精力。
15. 遇到问题常常举棋不定，优柔寡断。
16. 在人群中从来不觉得过分拘束。
17. 情绪高昂时，觉得干什么都有兴趣；情绪低落时，又觉得什么都没有意思。
18. 当注意力集中于某一事物时，不容易受其他事物的干扰。
19. 理解问题总是比别人快。
20. 碰到危险情境，常有极度的恐惧感和紧张感。
21. 对学习、工作、事业抱有很高的热情。
22. 能够长时间做枯燥、单调的工作。
23. 感兴趣的事情干起来劲头十足，否则就不想干。
24. 一点小事就能引起情绪波动。
25. 讨厌做那种需要耐心的、细致的工作。

26. 与人交往不卑不亢。
27. 喜欢参加热闹的活动。
28. 喜欢看感情细腻、描写人物内心活动的文学作品。
29. 工作或学习时间长了常感到厌倦。
30. 不喜欢长时间谈论一个问题，愿意实际动手去干。
31. 宁愿侃侃而谈，不愿窃窃私语。
32. 被别人认为总是闷闷不乐。
33. 理解问题常比别人慢些。
34. 疲倦时只要休息一下，就能精神抖擞，重新投入工作。
35. 心里的话不愿说出来。
36. 认准一个目标就希望尽快实现，不达目的誓不罢休。
37. 学习、工作一段时间后，常比别人更感疲倦。
38. 做事有些莽撞，常常不考虑后果。
39. 老师讲授新知识、新技术时，总希望他讲慢些，多重复几遍。
40. 能够很快地忘却不愉快的事。
41. 完成一件工作总需要比别人多花时间。
42. 喜欢运动量大的体育活动或参加各种文艺活动。
43. 不能很快地把注意力从一件事转移到另一件事上。
44. 接受一个任务后，就希望迅速完成。
45. 认为墨守成规比冒风险好些。
46. 能够同时注意几件事物。
47. 烦闷的时候，别人很难使自己高兴起来。
48. 喜欢看情节起伏跌宕、激动人心的小说。
49. 对工作抱有认真严谨、始终如一的态度。
50. 和周围的人总是相处不好。
51. 喜欢复习学过的知识，喜欢重复做已经熟练的工作。
52. 希望做变化大、花样多的工作。
53. 童年时背的诗歌比别人记得清楚。
54. 往往语出伤人，自己却觉察不到。
55. 在体育活动中，常因反应慢而落后。
56. 反应敏捷，头脑机智。
57. 喜欢做有条理而不麻烦的工作。
58. 遇到兴奋的事常常失眠。
59. 对新知识接受慢，一旦理解了就很难忘记。
60. 假如工作枯燥无味，马上就会情绪低落。

二、计分标准

A. 2分；B. 1分；C. 0分；D. −1分；E. −2分。

根据计分标准将每题的得分填入表4-1中，然后根据表4-2中每题所属的类型，将同一类型的题的总分填入"总分"栏内。

表4-1 气质测验评分表

题号	1	2	3	4	5	6	7	8	9	10	11	12	13	14	15	16	17	18	19	20
得分																				
题号	21	22	23	24	25	26	27	28	29	30	31	32	33	34	35	36	37	38	39	40
得分																				
题号	41	42	43	44	45	46	47	48	49	50	51	52	53	54	55	56	57	58	59	60
得分																				

表4-2 气质测验总分表

类型	题号	总分
胆汁质	2，6，9，14，17，21，27，31，36，38，42，48，50，54，58	
多血质	4，8，11，16，19，23，25，29，34，40，44，46，52，56，60	
黏液质	1，7，10，13，18，22，26，30，33，39，43，45，49，55，57	
抑郁质	3，5，12，15，20，24，28，32，35，37，41，47，51，53，59	

（1）如果某种气质类型得分高出另外3种4分以上，则可认为你属于该气质类型。如果该气质类型得分超过20分，则为典型的该气质类型；如果该气质类型得分在10 ~ 20分，则为一般的该气质类型。

（2）如果两种气质类型得分接近，其差异低于3分，而且高出其他两种气质类型4分以上，则可认为你属于这两种气质的混合型。

（3）如果有3种气质类型得分接近，且均高于第4种，则可认为你属于这3种气质类型的混合型。

（4）如果4栏分数皆不高且相近，差异高于或等于3分，则可认为你属于这4种气质类型的混合型。

心理训练

认识人格

目的

本训练通过解释和回答一些与人格有关的名词及其相关问题，引导大学生深刻理解人格。

操作

请同学们思考并回答以下问题。

（1）一提起人格，你会想到什么？

（2）你认为人格与哪些因素有关？气质、性格、兴趣、能力、价值观等与人格有着怎样的联系？

（3）你怎样形容你的人格？

一提到人格，我会想到：______________________________。

我认为与人格有关的因素有：______________________________。

我认为气质、性格、兴趣、能力、价值观等与人格的联系分别为：______________________________。

在我看来，我的人格主要表现为：______________________________。

第 5 章

大学生学习心理 ——读万卷书　行万里路

书读得越多而不假思索，你就会觉得你知道得很多；而当你读书且思考得越多的时候，你就会越清楚地看到，你知道得还很少。

——伏尔泰

早在1996年，国际21世纪教育委员会向联合国教育、科学及文化组织提交的报告中提出的“现代教育由四大支柱支撑”的现代教育观念就强调了学习的重要性，其中的四大支柱分别为学会求知、学会做事、学会做人、学会共处，四者不仅都强调了一个“学”字，而且排在首位的学会求知其实也代表着学会学习。学习是个体认知世界的渠道，也是大学生在大学阶段的主要任务之一。

知识目标：了解大学生学习的特点；了解大学生常见学习心理问题及调适方法；掌握培养学习能力的方法。

素养目标：能够结合自身实际选择合适的学习方法，培养良好的学习习惯和良好的学习心态，增强学习自信。

5.1 学习是什么

名言警句

> 书是人类进步的阶梯。
>
> ——高尔基

“学习”一词作为心理学上的术语，与人们日常生活中的理解有所不同。例如，日常生活中所说的“好好学习，天天向上”“学习舞蹈”“学习做饭”等，均是指人的行为的改善；而心理学中的“学习”作为广义的概念，不仅指人类的学习，而且包括其他动物的学习。

微课

学习的定义

对于“学习”广义上的概念，心理学家从不同角度提出了不同的观点。鲍尔和希尔加德认为：“学习是主体在某个规定情境中的重复经验引起的，对此情境的行为或行为潜能的变化。”加涅认为：“学习是人的倾向或能力的变化，这种变化能够保持且不能单纯归因于生长过程。”归纳起来，我国学者张承芬认为：“学习是指学习者因经验而引起的行为、能力和心理倾向的比较持久的变化，它与成熟、疾病或药物等因素无关，而且不一定表现出外显行为。”

狭义的“学习”则指个体在社会生活实践中，以语言为中介，经思维活动而积累经验，进而产生行为、能力和心理倾向的相对持久变化的过程。

大学阶段的学习主要是为培养职业能力做准备，主要包括知识的学习和能力的提升两个方面。在大学阶段，需要培养什么样的能力以匹配工作要求、适应社会发展的需要，是大学生在入学之初就应该思考的问题。

5.2 大学生学习的特点

拓展阅读

学习的方式

在不同阶段，学生的学习呈现出不同的特点。例如，相比初中探究事物的内涵与原理，高中的学习更看重对知识的迁移与运用，且学习内容深度提高；而大学则要求学生掌握大量的专业基础理论知识，并提升应用的能力，同时学习方式更强调有意义的学习等。总体来看，大学生的学习呈现出以下特点。

5.2.1 专业性增强

微课

大学学习的特点

大学教育具有明显的定向性。在报考大学之时，许多大学生已有了想要专精的领域，如文学、医学、航空航天、广告、农林等，而大学阶段的学习，也基本围绕着专业领域展开，帮助大学生进行更加专业的、深入的、高层次的学习，让大学生能够掌握自己专业方向的知识。

5.2.2 自主性提升

在大学阶段，大学生作为行为主体，可以依照自己的意愿选择自己感兴趣的领域学习，更自由地安排自己的学习时间、学习地点、学习内容和所使用的工具书，制订适合自己的学习计划，如什么时候不学，什么时候学，学什么，怎么学等。学校和老师大多数时候是“退居幕后”，以更大程度地尊重学生的自主性，在合理的前提下将“舞台”更多地留给学生去表现。

这种改变使很多大学生都养成了主动学习的习惯，例如，积极了解外界的实时消息，主动争取学习进步的机会，自己为考证书或考研等不断努力奋斗，为达成目标充分调动学习的积极性。这样的特点有利于大学生迅速吸收新知识，适应步入社会之后的发展。这也意味着大学生在学习过程中能化被动为主动，更好地发挥自己的主观能动性，开展补充课堂学习的自学活动、相互学习进步的活动和各种独立的创造性活动，在学习过程保持积极性，从而提升学习能力。

5.2.3 探索性强化

在大学阶段，大学生会学习更专业的知识，会更具探索和钻研精神，在深入钻研自己的专业领域的同时，他们会增强探索未知领域的勇气，去创新、创造，不断发展自身。

国家和学校也为大学生的探索学习提供了许多渠道和途径。例如：学校建立了更多元化的评判体系，除了学习成绩之外，还将考查大学生表达能力、组织能力之类的话剧活动、知识竞赛等课外活动作为大学生的期末或毕业考核标准之一；大学生可以报名参加“挑战杯”系列竞赛、中国国际“互联网+”大学生创新创业大赛、全国大学生电子商务“创新、创意及创业”挑战赛、全国大学生英语竞赛等，锻炼创新能力、人际交往能力、逻辑思维能力、动手能力、管理能力、沟通协调能力等，全方面探索与发展自身。

5.2.4 调控性明显

大学教育使大学生的自由度变高。在大学生的学习中，老师更多扮演引导者的角色，许多知识在有效的课时内并不能都传达给大学生，需要大学生自己去总结拓展。大学生除了上课外，约有45%的学习时间可自由支配，不管是用于自学，是阅读更多书籍进行知识拓展，还是根据自己的兴趣选修其他课程，大学生都有较大的选择空间。因此，为了达成更好的学习效果，实现对时间的有效利用，大学生大都培养了较强的调控能力，这也是大学生应当具备的能力。拥有足够的调控能力，大学生才能在学习内容选择、时间安排及学习方式运用等方面得到及时的调控与改进，提高学习效率。

5.3 大学生常见学习心理问题及调适

【阅读材料】

我的英语四级考试能通过吗?

袁某是某大学二年级学生，在班里是班干部，对自己要求很严格。据辅导员说，她是个很有上进心的学生，干什么事都希望比别人做得好。袁某自述："马上就要参加英语四级考试了，我觉得很紧张、焦虑，晚上睡不着觉，这样的状态持续快一个月了。为此我吃过一些药，这样晚上能睡得好一些，但总感觉吃药时间长了对身体是没好处的。这是我第二次参加英语四级考试了，我感觉自己心里发虚、没底，好像什么都还不会，可能也是学习方法有问题吧。再过两个多月就要考试了，我着急得很，整天都在复习，看到别人在听听力，自己也戴上耳机；看到别人在背单词，自己也背；看到别人做阅读理解，自己也立刻拿起试卷来做，但是我不知道怎样复习才能尽快提高自己的英语水平。早上起床时，看到别人没有起床，我也暗自告诫自己，不要紧，再睡一会儿，时间总会有的。我想，可能是我这种'偷懒'的想法影响了学习吧，所以才导致了现在的一无所获和焦虑。"

袁某的问题在于学习动机过强、学习没有计划，以及有一定的拖延症状，最终导致现在糟糕的学习状态。

5.3.1 大学生常见的学习心理问题

大学生承受着各方面的压力，其中学习压力不容忽视：有拼命学习为了在众多优秀的同学中保持先进的压力，也有父母老师给予太多成绩上的关注造成的压力……

1. 学习适应不良导致对大学感到迷茫

学习适应不良是指在学习上不能适应大学的学习方式，体现在不会听课、不会复习、不能制订合适的学习计划、不能掌握科学的学习方法等方面。这一问题在各年级的大学生中都存在，区别仅在于表现的方式和程度不同，学习适应不良在大一新生中表现得尤其突出。

（1）缺乏自主学习，有的大学生对教师存在不同程度的依赖心理，习惯于由教师安排自己的学习内容，因而不知道怎样制订合理的学习计划，不清楚如何充分利用时间。

（2）不适应大学的学习方法，不能充分灵活地运用其他学习途径，如到图书馆查阅文献等。

（3）缺乏对本专业的充分认识，对所学专业了解不深，更不清楚该采取哪些途径与方法学习专业知识。

（4）缺乏一定的紧迫感和自觉性，总认为有足够的学习时间，没有充分认识到学习的重要性、多样性和艰巨性，没有投入足够的时间和精力学习专业知识。

2. 学习期望水平过高以致心理负荷过重

过高的期望水平会使个体心理负荷过重，精神压力过大。心理学研究认为，学习动机过强，期望水平过高，会使大学生专注于自己的抱负和外部的诱因，如奖惩，而不是专注于学习，从而阻碍学习。

期望水平过高的原因包括：自尊心太强，过分看重荣誉；补偿心理，用学习来弥补自己其他方面的劣势；自我认识不足，如对自己的能力认识不足，估计过高；性格原因等。

微课

动机的特点

【阅读材料】

动机强度定律

人们常常认为，学习动机越强，对学习活动越有推动作用，但事实并非完全如此。有时，超过一定强度的学习动机，反而会导致学习效率下降。心理学家耶克斯和道德森研究表明，任何任务或活动都有一个“最佳动机水平”，活动效率在此水平上最高，这一现象可归纳为动机强度定律，如图5-1所示。在最佳动机水平范围内，效率随动机增强而提高；超过最佳动机水平，效率反而会随动机增强而下降。研究还表明，对于不同难度的活动，其最佳动机水平也是不同的。容易或简单的活动或任务，譬如背英语单词、抄写课文、打字训练，所需要的动机水平要强一些；而困难或复杂的活动及任务，比如解数学难题，需要的动机水平要弱一些，过强的动机会导致焦虑，从而降低学习效率。

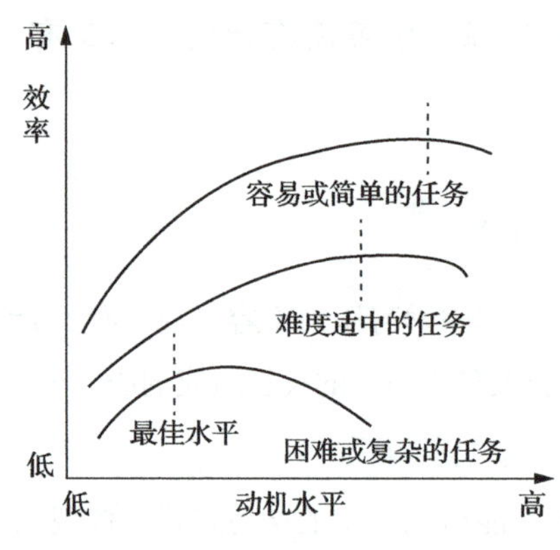

图5-1　动机强度定律

3. 学习动力不足以致厌学

学习动力不足是指学习没有内在驱动力量，没有明确的学习方向，没有学习兴趣，不想学习，甚至厌倦学习、逃避学习。

（1）缺乏方法。学习动力不足的大学生把学习看成是奉命完成的、被迫完成的苦差事，不愿积极寻求适合自己的学习方法，总是死记硬背、应付考试，由于缺乏正确、灵活的学习策略和方法，往往不能适应新的学习环境。

（2）自主性差。学习动力不足的大学生在学习上缺乏明确的目标，学习行为往往表现出从众性与依附性，随大流，极少有自主性和创造性。

（3）厌倦情绪。学习动力不足的大学生对学习冷漠、畏缩，常感厌倦，对学校及班级生活感到无聊；学习时无精打采，很难享受到学习成功带来的快乐。

（4）懒惰行为。学习动力不足的大学生表现为不愿上课，不愿动脑，不完成作业，贪玩；在学习上拖拉、散漫，怕苦怕累，而且经常为自己的懒惰行为找借口。

（5）容易分心。学习动力不足的大学生容易注意力不集中，不能专心听课，不能集中思考，兴趣容易转移；对学习的认识肤浅，满足于一知半解；行动忽快忽慢，情绪忽高忽低。

4. 学习过度焦虑以致精神高度紧张

焦虑是一种伴随着某种不祥预感而产生的令人不愉快的情绪，是一种复杂的情绪状态。有些大学生由于平时学习不够努力或学习方法不得当等，学习目标无法完成，又担心自尊心、自信心受挫，因而对考试产生了过度的焦虑心理。

学习过度焦虑的具体表现有：情绪躁动、寝食难安、郁郁寡欢、面无表情、精神恍惚，学习压力大、精神长期高度紧张、思维迟钝、记忆力下降、注意力涣散等。

有学习过度焦虑心理的大学生在考试前表现得更加明显，考试日期越近，他们的精神就越紧张，他们投入很多精力和时间，即使准备得非常充分，仍然不放心，惧怕考试通不过或不如别人。

5. 学习过度疲劳降低学习效率

学习过度疲劳是指学习者由于学习过度或学习方法不当而产生的学习效率逐渐降低，并伴有渴望停止学习的生理和心理现象。

学习过度疲劳主要表现为注意力不集中、思维迟钝、情绪躁动、精神萎靡、学习效率下降、做题错误增多、失眠等。

心理学家研究表明，长时间高强度的学习会直接影响睡眠质量，还会造成上课时注意力不能集中、思维迟钝、学习效率低下。同时，大脑长期处于高度紧张状态、得不到及时改善还会对身体造成伤害，导致严重失眠、神经衰弱、忧郁等心理疾病，进而影响学业。

5.3.2 大学生学习心理调适

众多研究表明，在影响大学生学习的各种因素中，学习心理对健康状况的影响较大。这就需要大学生关注自己的学习心理，能够结合一定的措施消除学习中的不良情绪，使自己的学习心理保持较为健康的状态。

1. 快乐学习赶走紧张情绪

《论语》有云："知之者不如好之者，好知者不如乐知者。"个体将学习当作一件快乐的事时，积极性就会提升，个体将渐渐进入"乐此不疲、欲罢不能"的佳境。

快乐的学习使个体的大脑处于最佳学习状态，在这种状态下，知识信息易于被接收、编码、存储和提取。然而，一些大学生不善于学习，不会运用学习策略与方法，只知道机械背诵，结果学习起来不快乐，效率也很低下。

2. 挫折教育提升抵抗能力

美国心理学家对20世纪中期哈佛大学的近百名毕业生进行追踪后研究发现，个体的成绩不完全与智商成正比。许多40多岁的人的成就，与他们大约在18岁时处理挫折、控制情绪和与人和睦相处的能力有关。所以成功的人并不是没有遇到过挫折，而是能正确对待挫折，战胜消极情绪。

挫折教育旨在通过一定的教育、锻炼提升大学生的挫折耐力，从而使大学生形成对挫折心境的适应机制和对挫折可能带来的伤害的抗挫能力。大学生应该认识到，挫折是客观存在的，挫折虽然可能产生破坏力，使人丧失斗志，但是也可以产生强大的再生力，即俗话说的"吃一堑，长一智"。因此，大学生应该学会辩证地看待挫折，将挫折看作砥砺人生的绝好机会。

3. 合理期望消除精神压力

对于学习而言，为放松自己紧张的心理，大学生应该提出合理期望。因为过高的期望意味着过高的要求，要满足过高的要求则意味着大学生将面对巨大的压力。因此大学生应对自我进行客观的评价，正确分析自己的优势与劣势，并据此提出适合自己的合理期望，不过分要求自己把每一件事都做得完美无瑕。具体到课程，大学生应该依据自身的基础和不同课程的特点，制定合理的学习目标。

4. 群体心理气氛激发斗志

群体心理气氛是指群体中占优势的认知态度和情感的综合表现，它是群体的内部特征和一种社会心理现象，它给大学生的群体活动染上了一层特有的情绪色彩，也深深影响着每一位大学生的心理和行为。美国社会心理学家奥尔波特对社会助长作用进行反复实验研究后发现，在一般情况下，任务简单且有别人在场时，能够提高个体的工作质量，增加完成任务的数量，激发个体的成就动机，从而提高个体的学习效率。

5. 将终身学习作为人生信念

生存是发展的前提，而在当今世界，学习则是生存的方式。联合国教科文组织出版的《学会生存——教育世界的今天和明天》一书中提到："未来的文盲不再是不识字的人，而是没有学会怎样学习的人。"

法国诗人高法莱把人生当作书本来看，他说："一个人好像一本书，人诞生，即为书的封面……其罪恶即为印误；其忏悔即为书背之勘误表。有大本的书，有小册的书，有用牛皮纸印的书，有用薄纸印的书，其内容有值得一读的，有不值得一读的。可是最后的一页上，总有一个'全书完'的字样。"因此，对于为迈入社会做准备而广泛学习的大学生来说，不应仅仅停留在书本上学习，同时还要善于向生活学习，向社会学习。就本质来说，现代社会需要每个个体树立终身学习的人生信念。生活在前进，社会在进步，人生也要不断完善，将终身学习作为人生信念的大学生，才能在当今社会的竞争中立于不败之地。

5.4 学习能力培养

【阅读材料】

我厌学了该怎么办?

王某是一名大一新生，从小学到高中，学习成绩一直非常优异。但是，自迈入大学校门后，王某内心忽然感到十分茫然，不知道自己未来想干什么，现在又该做什么，学习失去了动力。虽然他知道自己应该学习，但始终提不起学习兴趣。自习室、图书馆很难看到他的身影，他甚至逃课到网吧玩游戏。王某强调自己并不是因为喜欢上网而荒废学业，而是感到大学学习没有目标，不知道该如何学习。王某内心非常痛苦，不知道怎样才能摆脱这种痛苦状态。

王某的问题其实就是失去了学习动力。大学中像王某这样的人，如果不能及时调整，就会荒废大学时光。大学生应当主动培养学习能力，这可以从激发积极的学习动机和掌握科学的学习策略两方面入手。

5.4.1 激发积极的学习动机

很多时候，大学生学习兴趣不高并表现出对与学习无关的内容投注更多的时间和精力，甚至厌学的原因就在于学习动机不强，导致学习积极性下降。大学生需要通过激发积极的学习动机来激发自己的学习能力，具体可以考虑以下措施。

1. 加强自我调整

学习动机在本质上与大学生的学习心态有关，因此大学生要注重学习态度和方法的调整。

（1）大学生要明确学习价值与学习目标，重新规划自身的学业与人生。大学时期是一个不断学习的时期，大学生理应为追求自我实现或适应社会竞争，完成学习任务，然而这些动机有些是因实现理想而引发的，有些则倾向于功利的、利己的。其中，为实现远大理想而引发的动机是强烈的、持久的，而以功利主义、利己主义为内涵的动机则是短暂的，一旦个体的学习目标实现，其学习动机就会随之消失。因此，大学生应该从社会需求的大局出发，正确认识自身的社会价值，树立长期、远大的理想。

（2）大学生要以积极心态对待学习中的任何事情，特别是学习中遇到的挫折与困难，要用坚强的意志战胜学习中易出现的惰性。

（3）大学生要以优秀学生为榜样，不断改进学习方法，提高学习效率，进而提升学业的自我效能感，不断提高学业的自我价值与社会价值。

2. 促进学习动机的迁移

大学生的学习和未来不应被局限在一个狭窄的范围内，要拓宽视野，夯实基础，为将来的发展积蓄力量，促进学习动机的迁移。

大学生学习动机的迁移，指把对某一学科的学习动机迁移到另一学科的学习中。大学生应充分利用已有的兴趣与动机，将学习动机有效地迁移到其他学科中，使自己的知识面拓宽，以获得全面、健康的发展。

3. 增强挫折适应力

挫折是指面对不能解决的问题或没能达到预期目标而产生的对自信心和自我效能感有损害作用的情绪状态。挫折适应力包括承受力和调节力：承受力是指对挫折的可忍耐、可接受的程度；调节力是指对挫折进行调整、转变、克服和战胜的能力。

不少大学生在学习某一学科的初始阶段，决心把它学好，但若经常遭受挫折，他们对学习的信心与热情就会不断消减。面对挫折，大学生存在不同的归因：客观、积极的归因，使得他们冷静、理智地寻找产生挫折的主客观原因，并由此认识到需要加倍努力，从而从挫折中吸取经验、教训，树立更强的信心，提供更强大的动力，因而能够促进以后的学习；偏激、消极的归因，使他们强调不可控制的因素，轻视甚至忽视可控制的主观因素对学习的决定性作用，甚至为了维护自尊心和虚荣心，不得不去掩饰挫折产生的真正原因，从而放弃努力。

因此，为提高挫折适应力，大学生不但要客观、冷静地分析挫折的程度与产生原因，还应恰当调整自己的期望水平，做好耐挫、抗挫的心理准备，并进行一定的挫折训练，形成积极的心理防卫机制，以达到越挫越勇的精神境界。

5.4.2 掌握科学的学习策略

学习策略就是为了提升学习者的学习效果而制定的一系列关于学习过程的方案，是关于学习的行之有效的安排。大学生只有合理运用学习策略，才能更好地学习知识，培养自己的学习兴趣，提高学习效率。

1. 阅读

阅读的方法有很多，大学生要根据自己的具体情况来选择自己对待某类书籍应采取什么样的阅读方法。常见的阅读方法有泛读、跳读、速读、通读、略读、写读、选读、精读等。其中精读是非常重要的一种读书方法，尤其适用于阅读大学教材，大学生最好对其精心研究、细细品读，这样才能愈研愈精，将教材中的内容理解得明白、透彻。在具体的阅读方法中，五步阅读法是国内外诸多专著中介绍过的、适用于多个领域需要精读和记忆的书籍的有效阅读方法，可供大学生参考借鉴。下面对其进行简单的介绍。

五步阅读法又称SQ3R法，由纵览（Survey）、发问（Question）、阅读（Read）、复述（Recite）、复习（Review）5个步骤组成。

（1）纵览。纵览指先浏览一下书的大概内容，留下整体印象，一般先看内容提要、前言或序、目录、参考文献、插图、注释等，这样利于厘清文章脉络，掌握书的主要内容，对书的价值有一个基本判断，从而在阅读中更快获取有价值的信息。

（2）发问。发问即在纵览之后，阅读之前，思考一些问题，尽量带着目的去思考。例如，你想从中学到什么，你知道作者的意图吗，你还想知道什么等，这样才能增强阅读的目的性，提高专注力和对书中知识的理解程度，在阅读中提升独立思考和解决问题的能力。

（3）阅读。阅读指根据目的阅读，可有的地方精读，有的地方略读，寻找主要信息，减少对次要信息的停留，同时在书中或笔记上进行勾画，帮助理解记忆。

（4）复述。复述指阅读完后进行回忆，如背诵或概括书中的主要内容，复述次数不能太少，因为人的记忆存在偏差，复述有助于尽快复习知识、修复记忆。当然，若书中有重要公式或理论、概念等需要记忆的内容，则需要反复背诵记忆，做到准确复述。

（5）复习。复习指根据遗忘先快后慢的特点，有规律地安排复习时间，帮助巩固记忆。

大学生可以根据自己的阅读习惯制定最适合自己的阅读策略。其实不管是精读，还是略读、泛读，阅读本身就是一件能提升自己的好事。大学生应养成阅读的好习惯，也应尽可能多地掌握科学的阅读方法。

2. 做笔记

做笔记是大学生对信息进行输入和输出的过程，是对文章材料进行有意义的组织。但很多人会疑惑：为什么自己时常感觉做笔记没什么用？事实上，做笔记是否有效，其关键在于做笔记的方法是否正确。

做笔记并不是简单地对信息进行摘抄、勾画和收录，重要的是自己的概括、思考与总结。不管是听课还是阅读，是做摘抄笔记、提纲笔记还是心得笔记，大学生都要重视信息处理的过程，若能够边听、边记、边思考，就能有效提高学习效率。5R笔记法作为一种集记、学、思考与运用为一体的笔记法，对大学生来说不失为一种可供参考的笔记法，模板如图5-2所示。5R笔记法也称康奈尔笔记法，5R具体是指记录（Record）、简化（Reduce）、背诵（Recite）、思考（Reflect）与复习（Review）。

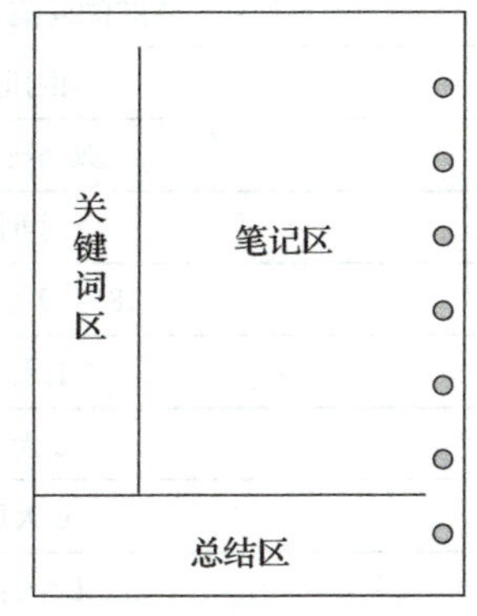

图 5-2 5R 笔记法模板

（1）记录。根据听讲或阅读的内容，随时在右侧主栏的笔记区记录有意义的内容。

（2）简化。尽可能早地将右侧笔记区的内容概括、简化在左侧副栏的关键词区中，最好只记录关键性的内容或提示，以便后续回忆。

（3）背诵。只看关键词区中的摘记提示来回忆内容，尽量完整地叙述课堂的内容或书籍的主要思想。

（4）思考。将自己由所听、所看得出的感悟、意见等内容写在最下方的总结区中，或记在便利贴、卡片上，加上标题和索引，编制成提纲、摘要，随时归档。

（5）复习。每周花10分钟左右，快速复习笔记，主要看关键词区的内容，如果记忆比较模糊，则再看笔记区的内容，以加深印象，加强对知识的记忆与吸收。

3. 提问

提问可以帮助大学生进一步理解知识，并为大学生带来新的发现和思考，同时它还能激发大学生形成批判思维，使新旧两种知识在思考中形成积极互动，增强大学生的逻辑思维能力。正如爱因斯坦所说："提出一个问题往往比解决一个问题更重要，因为解决一个问题也许仅是一个科学上的实验技能而已，但提出新的问题、新的可能性，以及从新角度看旧的问题，都需要有创造性的想象力，而且标志着科学的真正进步。"

4. 复习

复习的主要目的是通过重复学习，使信息在头脑中更加牢固和长久。当然复习并不是随心所欲地看看学过的知识就行，而是要进行合理的规划。复习一般是为了避免遗忘，因此要想达到更好的复习效果，需要了解遗忘的规律。

拓展阅读

艾宾浩斯遗忘曲线复习计划表

遗忘的速度是先快后慢的。德国心理学家艾宾浩斯在研究关于遗忘的规律后，得出了表5-1所示的一些数据，由此便绘制出艾宾浩斯遗忘曲线，如图5-3所示。他发现，遗忘在学习结束之后会立即开始，且前期遗忘速度较快，后期遗忘速度才渐渐变慢，且随着反复的复习，记忆会越来越牢固。因此，对刚学过的知识趁热打铁，及时温习巩固，是强化记忆效果、防止遗忘的有效手段。

表5-1 记忆数据

时间间隔（天）	记忆保留比率
刚刚记完	100%
20分钟后	58.2%
1小时后	44.2%
8 ~ 9小时后	35.8%
1天后	33.7%
2天后	27.8%
6天后	25.4%
1个月后	21.1%

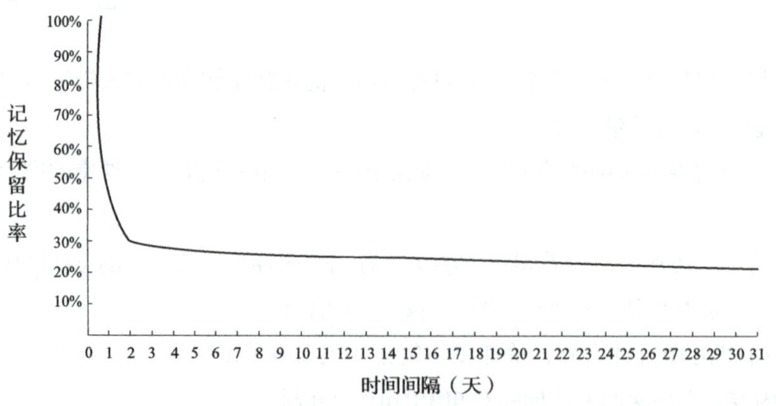

图5-3 艾宾浩斯遗忘曲线

因此，大学生可以结合遗忘规律展开复习：在学习结束后的5 ~ 10分钟，可以通过背诵或用自己的话复述所学内容的方式来开展第一次复习；当天晚间或第二天进行第二次同样的复习，在此过程中可以不断尝试回忆，查漏补缺，使有误的记忆得到纠正并加深印象；之后的复习可以分别安排在6天后、1个月后等。当然，如果能在闲暇时经常进行回忆，更能有效避免遗忘。

小结

（1）学习的概念有广义和狭义之分，狭义的学习是指个体在社会生活实践中，以语言为中介，经思维活动而积累经验，进而产生行为、能力和心理倾向的相对持久变化的过程。

（2）大学生的学习总体呈现出专业性增强、自主性提升、探索性强化、调控性明显的特点。

（3）大学生的学习心理问题主要表现为：学习适应不良导致对大学感到迷茫，学习期望水平过高以致心理负荷过重，学习动力不足以致厌学，学习过度焦虑以致精神高度紧张和学习过度疲劳降低学习效率。

（4）针对学习出现的问题，大学生可以采取多种方法进行调适：快乐学习赶走紧张情绪，挫折教育提升抵抗能力，合理期望消除心理压力，群体心理气氛激发斗志，将终身学习作为人生信念。

（5）大学生可以通过激发积极的学习动机和掌握科学的学习策略，培养学习能力，实现学习目标。

常言道："活到老，学到老。"终身学习成为当前非常流行的教育思潮，建设全民学习的学习型社会也成为我国的战略目标，这意味着个体应当自觉利用各种教育资源和机会自主学习。在我国，好学、勤学的品质自古就有，如囊萤映雪、凿壁偷光、孟母断织、以荻画地、锲而不舍等成语中就蕴含着古人在学习之路上的坚持与智慧。大学生应当学习这种品质，珍惜当前良好的学习环境，体会追求真理的乐趣，并能够在学习中克服困难、增强意志、培养自信，养成终身向学的学习意志。

思考与收获

通过对本章的学习，我的思考是____。

我的收获是____。

心理测试

所罗门学习风格自测问卷表

不同的人有不同的学习风格，对别人来说有效的学习方式，对你不一定适合。表5-2是一个可用于了解自己学习风格的问卷，其中共有44个题目，每个题目后有a和b两个选项。请从中选出最符合你学习情况或兴趣的答案。

表5-2 问卷表

题目	选项
1. 为了较好地理解某些事物，我会先	a. 试试看　b. 深思熟虑
2. 我办事喜欢	a. 讲究实际　b. 标新立异
3. 当我回想以前做过的事时，我脑海中大多会出现	a. 一幅画面　b. 一些话语
4. 我往往会	a. 明了事物的细节但不明其总体结构 b. 明了事物的总体结构但不明其细节
5. 在学习某些新东西时，我不禁会	a. 谈论它　b. 思考它
6. 如果我是一名教师，我比较喜欢教授	a. 关于事实和现实生活的课程 b. 关于思想和理论方面的课程
7. 我比较偏爱的获取新信息的媒介是	a. 图片、简图、图表或地图 b. 书面指导和口头言语信息
8. 一旦我了解了	a. 事物的所有部分，我就能把握其整体 b. 事物的整体，我就能知道其构成部分
9. 在学习小组中遇到难题时，我通常会	a. 挺身而出，畅所欲言 b. 往后退让，倾听意见
10. 我发现比较容易学习的是	a. 事实性内容　b. 概念性内容
11. 在阅读带有许多插图的书时，我一般会	a. 仔细观察插图　b. 集中注意文字
12. 在解数学题时，我常常	a. 思考如何一步一步求解 b. 先看解答，然后设法得出解题步骤
13. 在我听课的班级中	a. 我通常结识许多同伴 b. 我认识的同伴寥寥无几
14. 在阅读非小说类作品时，我偏爱	a. 能告诉我新事实和教我怎么做的内容 b. 能启发我思考的内容
15. 我喜欢的教师是	a. 在黑板上画许多图解的 b. 花许多时间讲解的
16. 当我在分析故事或小说时	a. 我想到各种情节并试图把它们结合起来构想主题 b. 我在读完后只知道主题是什么，得回头寻找有关情节
17. 当我做家庭作业时，我比较喜欢	a. 一开始就立即做解答 b. 首先设法理解题意
18. 我比较喜欢	a. 确定性的想法　b. 意见性的想法

续表

题目	选项
19. 我记得最牢的是	a. 看到的东西　　b. 听到的东西
20. 我特别喜欢教师	a. 向我条理分明地呈现材料 b. 先给我一个概貌，再将材料与主题联系起来
21. 我喜欢	a. 在小组中学习 b. 独自学习
22. 我更喜欢被认为	a. 将工作细节处理得很仔细 b. 在工作上很有创造力
23. 当要到一个新的地方去时，我喜欢	a. 带一幅地图　　b. 带书面指南
24. 我学习时	a. 总是按部就班，相信只要努力，终有所得 b. 有时完全糊涂，然后恍然大悟
25. 我办事时喜欢	a. 试试看　　b. 想好再做
26. 当我阅读时，我喜欢作者	a. 以开门见山的方式叙述 b. 以新颖有趣的方式叙述
27. 当我在课堂上看到一幅图时，我通常会清晰地记住	a. 那幅图本身 b. 关于那幅图的解说
28. 当我面对一大段信息资料时，我通常	a. 注意细节而忽视概貌 b. 先了解概貌后再深入细节
29. 我最容易记住	a. 我做过的事　　b. 我想过的事
30. 当执行一项任务时，我喜欢	a. 掌握一种方法　　b. 想出多种新方法
31. 当有人向我展示资料时，我喜欢的形式是	a. 图表　　b. 概括其结果的文字
32. 当我写文章时，我通常	a. 先思考和着手写文章的开头，然后循序渐进 b. 先思考和着手文章的不同部分，然后加以整理
33. 当我参加小组合作课题时，我要	a. 大家“头脑风暴”，人人贡献主意 b. 分头思考，然后集中起来比较各种想法
34. 我觉得更高的赞誉是赞美某个人是	a. 明智的　　b. 有想象力的
35. 在聚会时见过面的人，我通常会记得	a. 他们的模样　　b. 他们的自我介绍
36. 当我学习新的科目时，我喜欢	a. 全力以赴，尽量学得多、学得好 b. 试图建立该科目与其他有关科目的联系
37. 我通常被别人看作是	a. 外向开朗的　　b. 不苟言笑的
38. 我喜欢的课程内容主要是	a. 具体材料（事实、数据） b. 抽象材料（概念、理论）
39. 在娱乐方面，我喜欢	a. 看电视　　b. 看书
40. 有些教师讲课时先给出一个提纲，这种提纲对我	a. 有所帮助　　b. 很有帮助

续表

题目	选项
41. 以小组合作的方式来完成作业，然后给小组一个整体的评分，我觉得这个想法	a. 有吸引力　　b. 无吸引力
42. 当我长时间从事计算工作时	a. 我会重复我的步骤并仔细检查我的工作 b. 我觉得检查工作很讨厌，我是迫不得已做的
43. 对我去过的地方，我描绘起来	a. 很容易且相当精确 b. 很困难且没有许多细节
44. 当在小组中解决问题时，我更愿意	a. 思考解决问题的步骤 b. 思考可能的结果及其在更广领域内的应用

（1）在表5-3适当的地方填上“1”（例如：如果第3题的答案为a，就在第3题的a栏填上“1”；如果第15题的答案为b，就在第15题的b栏填上“1”）。

（2）计算每一列总分并填在总计栏。

（3）在这个量表的每一栏中，用较大的总数减去较小的总数，记下差值（1 ~ 11）和较大的总数对应的字母（a或b）。例如，在“活跃型/沉思型”中，有4个“a”和7个“b”，就在那一栏的最后一行写上“3b”（3=7−4，并且b栏得分在两者中最大）；又如，若在“感悟型/直觉型”中，有8个“a”和3个“b”，则在最后一栏记上“5a”。

表5-3　量表

活跃型 / 沉思型			感悟型 / 直觉型			视觉型 / 言语型			序列型 / 综合型		
问题	a	b	问题	a	b	问题	a	b	问题	a	b
1			2			3			4		
5			6			7			8		
9			10			11			12		
13			14			15			16		
17			18			19			20		
21			22			23			24		
25			26			27			28		
29			30			31			32		
33			34			35			36		
37			38			39			40		
41			42			43			44		
总计			总计			总计			总计		
（较大数 − 较小数）+ 较大数的字母											

每一种量表的取值可能为11a、9a、7a、5a、3a、a、11b、9b、7b、5b、3b、b中的一种。其

中字母代表学习风格的类型，数字代表程度的差异。若得到字母“a”，表示属于前者学习风格，且“a”前的系数越大，表明风格越强烈；若得到字母“b”，表示属于后者学习风格，且“b”前的系数越大，表明风格越强烈。例如，在“活跃型/沉思型”中得到“9a”，表明测试者属于活跃型的学习风格，且程度很强烈；如果得到“5b”，则表明测试者属于沉思型的学习风格，且程度一般。在“视觉型/言语型”中得到“a”，表明测试者属于视觉型的学习风格，且程度非常弱；如果得到“3b”，则表明测试者属于言语型的学习风格，且程度较弱。

1. 活跃型与沉思型

活跃型学习者倾向于通过积极地做一些事，如讨论、应用或解释给别人听来掌握信息；而沉思型学习者更喜欢安静地思考问题。“来，我们试试看，看会怎么样”这是活跃型学习者的口头禅，而“我们先好好想想吧”是沉思型学习者面对问题的通常反应。

活跃型学习者比倾向于独立工作的沉思型学习者更喜欢集体工作。

2. 感悟型与直觉型

感悟型学习者喜欢学习事实，而直觉型学习者倾向于发现某种可能性和事物间的联系。

感悟型学习者不喜欢复杂情况和突发情况，而直觉型学习者喜欢革新，不喜欢重复。感悟型学习者比直觉型学习者更痛恨测试一些在课堂里没有明确讲解过的内容。

感悟型学习者对细节很有耐心，很擅长记忆事实和做一些现成的工作；直觉型学习者更擅长掌握新概念，比感悟型学习者更能理解抽象的数学公式。感悟型学习者比直觉型学习者更实际和仔细，而直觉型学习者又比感悟型学习者工作效率更高、更具创新性。

感悟型学习者不喜欢与现实生活没有明显联系的课程，直觉型学习者不喜欢需要许多记忆和进行常规计算的课程。

如果想成为一个有效的学习者和问题解决者，就要学会适应两种类型。如果过于强调直觉作用，就会错过一些重要细节或在工作中犯粗心的毛病。如果过于强调感悟作用，就会过于依赖记忆和熟悉的方法，而不能充分地集中思想进行理解和创新。

3. 视觉型与言语型

视觉型学习者很擅长记住他们所看到的东西，如图片、图表、流程图、图像、影片和演示中的内容，言语型学习者更擅长从文字和口头的解释中获取信息。

4. 序列型与综合型

序列型学习者习惯按线性步骤理解问题，每一步都合乎逻辑地紧跟前一步；综合型学习者习惯大步学习，能吸收没有任何联系的随意的材料，然后突然获得它。

序列型学习者倾向于按部就班地寻找答案；综合型学习者或许能更快地解决复杂问题，一旦他们抓住了主要部分就会用新奇的方式将它们组合起来，但他们却很难解释清楚它们是如何工作的。

序列型学习者即使没有完全了解材料，也能完成某些事（如做家庭作业或参加考试），因为他们掌握的信息是逻辑相连的；而缺乏顺序思考能力的极端综合型学习者即使对材料有了大概的了解，对一些细节可能还是很模糊。

心理训练

划数测验

目的

测试你的注意力，提高你的注意力集中程度。

操作

第1个测验要求被试划去“3”；

第2个测验要求被试不划去“3”，而是划去位于“3”前面的一个数字（要求被试的注意力从“3”转移到“3”前面的一个数字）；

第3个测验要求被试只划去“3”前一位的“7”（进一步要求被试选择性注意）；

第4个测验要求被试划去夹在“3”和“7”中间的一位数字（要求被试者注意广度扩大）；

第5个测验要求被试划去“3”和“7”之间的偶数（要求被试在注意的广度的基础上增加选择性注意）。

计分方法：全部划去的数量之和称粗分，错划数量和漏划数量的一半称失误，粗分减失误为净分。

净分 = 粗分 –（错划 + 1/2漏划）

失误率 = ［（错划 + 1/2漏划）/ 划对］× 100%

下面提供两段数字，你可以按上述5个分测验的规则依次完成对每段数字串的划数测验练习。

例1　249136520486352178925437912576508134764512087352094789018524178015463491225418645521807325860675925434473506491084615768162472504256589849871493652685719849274755937041287589613403390929157812980277368470721405417537

例2　439723478013676354017103891373571327984015973602617049847321654026130581617649126731760818672616139337916039152162403146465394597261358276044387919707641557619780451306403702193573109205379293176807182069179051634782

你会发现，从第1个测验到第5个测验，随着任务难度的不断增加，完成任务所需要的注意力集中程度也不断提高。参照例1和例2，你自己也可以编写更多的数字串来训练自己的注意力。

第6章

大学生创造力培养——创造美好的明天

推陈出新是我无上的诀窍。

——莎士比亚

在当今这个机遇与挑战并存的时代，创新越来越受到人们的重视，因此创新能力也被列为新时代人才的基本能力。作为一名新时代的大学生，更要了解和掌握有关创造力的知识，掌握创新技能，以提升创新能力。

知识目标：了解创造力，认识影响创造力的因素并掌握培养创造力的方法。

素养目标：培养自己的创新意识和创新思维，努力成为一个创新型人才。

6.1 创造力概述

名言警句

有天才的人们，是因为他们身上有一种不可抗拒的创造力。

——莫泊桑

6.1.1 创造力的定义

许多学者从不同的角度对创造力的本质特征进行了描述，他们有的强调创造过程，有的看重人格品质，有的注重创造结果。

目前，学术界较为一致地把创造力（creativity）定义为：根据一定的目的和任务，运用一切已知信息，开展能动思维活动，产生某种新颖、独特、有社会价值或个人价值的产品的智力品质。这里的产品是指以某种形式存在的思维成果。它既可以是一种新概念、新设想或新理论，又可以是一种新技术、新工艺或新产品。

之所以把创造力归结为一种智力品质，主要是从创造力的核心——创造性思维来讲的。创造力并不是一般的能力，它是在已有知识的基础上，将人的意识、思维和个性品质等相互融合并发挥积极的能动作用而产生的。

该定义体现了创造力的以下特点。

（1）一定的需要和目的性，这是发明创造的力量源泉。

（2）创造力的高级心理过程，它是创造性思维能动作用的结果。

（3）创造力的新颖性、独特性、实用性等。

例如，爱因斯坦的相对论、瓦特改良的蒸汽机、吴承恩的《西游记》等都属于创造力的产品。

创造力的表现形式是纷繁多样的，心理学家依据创造力水平、创造力的产品等对创造力进行了不同的分类。

德国心理学家海纳将创造力分为3个类别。第一，创造力，即真实的创造力。第二，类创造力，指以创造为目标，表现出某种大胆但不成熟的创造，或是处在准备阶段的创造力，可经过努力转化为真实的创造力，可以称为创造力的雏形或前创造力，如儿童脱离现实的创造性幻想或空想，这是由个人内在的能力决定的。第三，假性创造力，指由于社会对创造性行为的激发、促进和重视，而使一些人以虚假的方式表现出来的表面的创造力，如为了在社会上出名而表现出来的一种虚假、臆断的创造力，这种创造力可以经过思维训练和个性的培训等转化为类创造力，继而转化为真正的创造力。

也有心理学家根据创造力的应用领域，将创造力分为以下几类：哲学型创造力、数学型创造力、科学型创造力与艺术型创造力。进行创造力的分类，是为了更好地研究创造力，各类创造力之间并无明显的界限，很多创造力之间是相互联系甚至相互交叉的。

6.1.2 创造力与智力的关系

智力是一个人对客观事物的认知能力，是观察力、记忆力、思维能力和想象力的有机结合，其核心是正确的认识。认识的深浅，反映智力的高低。创造力是一个人对客观事物的改造能力，着重于创新、发明、发现。

心理学家刘安彦曾经指出，并不是所有智力高的人都具有创造力，有许多智力中等的人也能做出创造性的贡献，智力高低和个人的创造力并非绝对相关。

美国心理学家吉尔福特研究显示，对中等及以上智力水平的人而言，智力和创造力并无明显相关，其创造力可高可低。主要原因可能与二者考查的内容不一样有关。例如，智力测验的答案是肯定的，一般情况下也是唯一的；而创造力测验的答案是多种多样的，有的答案可能连出题人也不知道，越是出题人想不到的答案，越能说明被测试者的创造力比较强。

6.1.3 创造力的普遍性

名言警句

处处是创造之地，天天是创造之时，人人是创造之人。

——陶行知

人类文明进化的历史就是一部创造史，从旧石器时代人类制造捕猎的手斧，使用薄岩片开始，到今天的人工智能、太空行走，可以说，在历史发展的每一个时刻，人类都在不断地创造新成果。

当面对“你是否具有创造力”的问题时，好多人都不敢信心十足地做出肯定的回答，认为创造力只是发明家、科学家及艺术家所特有的东西，与自己没有关系。实际上，创造力并不是什么深不可测的东西，也不是只有天才才具备的能力，而是人类普遍具备的一种潜能。

很早以前，孟子就有“人人皆尧舜”的说法。苏联创造学工作者提出：“如果世上的人都能正确地认识自己的创造力，那么世界上的发明家、创造者将会增加千万倍。”

【阅读材料】

室外电梯

某旅馆需要扩建一部新电梯，很多工程师一起讨论扩建的方案：从地下室到顶楼，一路挖一个大洞，就可以扩建一部新电梯了。一位清洁工听后说：“这样做会很脏、很乱，而且停业会让很多人暂时失去工作，为什么不在旅馆的外面修电梯呢？”于是，工程师们采用了室外电梯的方案，这样旅馆在扩建新电梯的同时也可以正常营业。自此，这种方案被广泛应用。

由此可见，学富五车的权威专家可以进行创造，默默无闻的清洁工也可以有很棒的创意。日本物理学家汤川秀树说：“创造力不是天外飞来的东西，创造力的问题最终可以归结为创造力隐藏在什么地方及通过何种手段才能发挥出来的问题。”

从创造力的定义来看，我们周围有许多发明创造，甚至是新的解题方法，都体现着创造力的智慧。这些创造虽然不及牛顿的万有引力、南仁东主导设计的天眼工程等对人类的影响大，然而正是因为有这些小的累积，社会才能一点点地进步。因此大学生要认识到创造力的普遍性，要相信时时都能创造，人人都能创造。

6.2 影响创造力的因素

影响创造力的主要因素有创新意识、创造性思维和个性特征。

6.2.1 创新意识是创造力的前提

创新意识是指人们根据社会和个体生活发展的需要，引起创造前所未有的事物或观念的动机，及在创造活动中表现出的意向、愿望和设想，通俗地讲就是想要创造新事物或新观念的愿望和动机。它是创造力产生的前提，是创造性活动产生的根源。

人人都具有创造的潜能，但有些人因为缺乏创新意识，无法将这种潜能转化为创造力，故真正产生很多发明的创造者并不多见。例如，水蒸气压力顶得壶盖跳动是司空见惯的生活小事，一般人不会觉得这么简单的事有什么特别之处，然而正是因为瓦特具有创新意识，对一个极为普通的现象深入挖掘，认真思考，才实现了对蒸汽机的改良。所以，想要充分挖掘人的创造潜能，没有创新意识是不行的。

一个人如果有了强烈的创新意识，就会将自己的情感、兴趣和意志转移到所研究的事物上来，表现出巨大的创造力，从而产生各种新理论、新作品。在日常生活中，我们应怀有好奇、敏感之心，不因循守旧、墨守成规，主动探索新问题，提出新思路，敢于怀疑定论、挑战权威。

▶▶【阅读材料】

创新意识与行动力

相传，鲁班在一次建造宫殿的任务中，上山时手被无意中抓到的野草划破了，这让鲁班很诧异，为何野草如此锋利？他摘下叶子仔细观察后才发现，叶子两边长着许多细齿，用手一摸就能感受到这些细齿的锋利。后来他又看到一只蝗虫啃食叶子，很快就吃下一大片，仔细观察蝗虫牙齿的结构，发现它的两颗大板牙上同样有许多细齿。这给了鲁班很大的启发，他先是做出了带着许多小锯齿的竹片去试验，发现不够锋利，后来便联想到坚硬的铁皮，于是请铁匠做出了铁锯子，自己和徒弟各自占据一端，在一棵树上拉了起来，他俩一来一往，不一会儿就把树锯断了，又快又省力，锯子就这样被发明了出来。

任何事物都是在不断进步和发展的，不会永远停留在原来的位置，也就是说任何事物都有改造和提升的可能。我们只有具备创新意识，才能发现事物现有的问题，从而进行创造性活动。大学生应该相信自己能创造，并且强化自己的创新意识，在大脑中形成随时可以创新的概念，等机会来临时，就能不费力气地抓住机会，进行发明创造。

6.2.2 创造性思维是创造力的核心

名言警句

人的可贵之处在于有创造性思维。

——华罗庚

创造性思维是人类在创造活动中产生的思维，是高层次思维，借助创造性思维活动能产生创造性成果，它是创造力的核心。创造性思维的形式是复杂多样的，具体包括集中思维、发散思维、逆向思维、逻辑思维等。

创造性思维不同于常规性思维之处首先体现在新颖方面，具有创造性思维的人不拘泥于前人的方法和经验，能以独特的视角看待问题，提出不同于他人的方案、办法，从而创造性地解决问题。比如曹冲称象的故事：当各位大臣面对称量大象而手足无措时，曹冲却利用等效替代的方法创造性地得出了大象的重量。

其次，创造性思维是有“价值”的思维，这种思维方式带来的是具有“社会价值”的成果，能产生社会效益。举个例子，具有精神分裂症和躁狂症的精神病患者常有“思维奔逸”“语词新作”等症状，尽管这些症状会带来许多新奇的想法和语言，然而这只是随心所欲地胡乱拼凑，没有章法，没有逻辑，并不属于创造性思维活动。

最后，创造性思维具有极强的灵活性。它不拘泥于某种形式，不受思维定式的影响，而是在遇到问题时，发挥大脑的能动性，寻求新奇的或最优的解决方案，甚至综合运用各种思维方式、思维方法，富有成效地解决问题。

大学生已经具备了一定的知识，具有较强的想象力和模仿力，如果掌握了创造性思维的方法，就能将所学的知识运用到实践中，经过持之以恒的努力，就会产生新发明、新成果。

6.2.3 个性特征是创造力的保证

名言警句

天才就是百分之一的灵感，加百分之九十九的汗水。

——爱迪生

美国心理学家托曼选择800名男性作为受试者，对其中拥有较大成就的20%的人与拥有较小成就的20%的人进行了比较，结果显示这两组人中最大的差别是个性特点的不同，相对于成就较小的一组人，成就较大的一组人更加谨慎、自信、坚强、积极向上，且有毅力。

创造型人才需要具有强烈的责任心和进取心，具有坚强的意志和坚定的信念，能够迎难而上、坚持到底，能够乐观自信地面对失败和挫折，具有百折不挠、顽强拼搏的精神。创造者要走别人没有走过的路，另辟蹊径，摒弃传统观点，即使遭遇非议和阻碍，也能顶住外界压力，专心进行研究。

诺贝尔在研究炸药的一次实验中发生意外，5名助手全部牺牲，连他最小的弟弟也未能幸免，父亲也受了重伤。由于这次事件，周围的人都极力反对诺贝尔的实验。面对重重困难，诺贝尔依旧潜心研究，最终成功地解决了炸药的引爆问题。居里夫人在镭的研究过程中，克服经济、实验环境等困难，每天在实验室忍受着令人窒息的强刺激性气味进行科学研究，最终取得了伟大的科学成就。爱迪生试用了几千种材料做灯丝，经历数千次失败后，仍不放弃，最终才有了第一个成功的灯泡。正是他们坚强的毅力、足够的耐心、绝不屈服的精神和英勇献身的品质激励着一代又一代的科学家进行永不枯竭的创造。

创造型人才还应具有做事谨慎、踏实，不心浮气躁、追名逐利的品质。我国地理学家竺可桢把一丝不苟作为自己的座右铭。那些在科学研究中为了荣誉和奖励，不惜弄虚作假、剽窃抄袭的人，其恶劣行径最终会暴露，为人们所不齿，诚实本分是进行创造的基本品德。

创造型人才应大胆怀疑前人的研究结果，敢于质疑权威，当客观事实和公众认可的事产生矛盾时，能够认真思考、深入研究，这样才能有所发明创造。

在中世纪的欧洲，“地心说”被教会奉为经典，长期居于统治地位，谁要是宣传与其相违背的观点，谁就是宣传“异端邪说”，就要受到严厉的制裁。哥白尼在认真研究后发现，地球并不是宇宙的中心，对“地心说”提出了质疑，并提出了“日心说”，布鲁诺、伽利略等人为了捍卫哥白尼的“日心说”，英勇地献出了自己的生命。经过长期曲折的斗争，“日心说”最终获胜，促使科学发展向前迈出了一大步。如果没有甘愿冒险、无所畏惧等个性特征，只是一味地崇尚权威，迷信“规律”，就无法进行创造，更谈不上什么发展。

6.3 创造力培养

在当今社会，有些人十分努力、勤奋，然而没有目标和方向，无法看到结果；有些人聪明、灵活，然而遇到困难就一蹶不振、畏缩不前，不能获得成功；有些人依照固有的模式去看待、思考问题，无法进行创造，尽管费了很大劲，却依然没有成果。那么怎样才能发挥创造力潜能，进行创造性活动呢?

想要进行创造性活动，创造主体就要进行知识的积累，要对各种思维方式进行有机结合，要有完善向上的心理品质，甚至需要灵感突现或贵人相助。爱迪生21岁获得了首个发明专利，牛顿23岁创立了微积分，青年时期是发挥创造力的最佳时期，大学生要从自身出发，除了好好学习之外，要充分挖掘自己的创造潜力，抓住有利时机，培养自己的创造力。

6.3.1 培养创新意识

作为一名大学生，不应该满足于课堂上的教育内容，应细心观察，敢于怀疑和质疑，善于提出新问题并积极思考，不局限于书本提供的解题程序，运用已有的知识寻找多种解题方法或更巧妙的解题思路。只有自己发现问题所在，并有解决的主动性，才能有效地进行创造。

大学生不要局限于本专业的知识学习，要多途径、多领域地获取知识，比如阅读不同学科的书籍，看不同类型的杂志，聆听不同学者的报告，从而开阔视野，这样说不定会给自己带来新的启示，发现自己的兴趣点和创造动机。

事实证明，进行发明创造需要多学科知识的交叉，如约西亚·威拉德·吉布斯既是化学家，又是数学家、物理学家。

大学生应积极参加学校的科学研究活动，多与具有创新意识的老师和同学进行交谈和讨论，发现不足，取长补短，在潜移默化中培养自己的创新意识。

6.3.2 培养创造性思维

名言警句

创造性思维需要丰富的想象。

——黑格尔

创造性思维并不是异想天开，以怪点子、奇特想法为标准，而是有其特有的思维方式。大学生可以通过以下几种方式培养自己的创造性思维。

（1）发挥想象力。爱因斯坦认为，想象力比知识重要，因为知识是有限的，而想象力概括着宇宙的一切，推动着进步，是知识进化的源泉。想象力不仅可以激发我们努力工作，而且可以引导我们创造新事物，如人类早期希望能像鸟一样在天空飞翔，而后发明了飞机。对于发挥想象力，我们平时可以多加练习，例如：看着云朵可以想象它可能成为的形象，并将这些想象变成一个故事；路上碰到一个人，可以根据他的穿着、动作和表情，想象他经历过或将要经历的事；广泛阅读科幻小说等。

（2）培养发散性思维。美国心理学家吉尔福特认为经由发散性思维表现于外的行为即代表个人的创造力。所谓发散性思维就是以问题为中心，向周围寻求多种解决问题的方法的思维，例如“举一反三”就是发散性思维的结果。培养发散性思维要克服思维定式的障碍，从多个角度看待问题，大学生可以运用一些简单的题目培养自己的发散性思维。例如，说出0像什么，至少想出30种答案。答案可以是脑袋、地球、宇宙、圆、英文字母O、氧元素符号、鸡蛋、扣子、面包、铁环、孙悟空的紧箍咒、杯子、圆满、结束等。

（3）学会逆向思维。逆向思维就是将事物的整体、部分或性能颠倒过来想，它与人们通常的思路相反。我们熟知的吹风机和吸尘器就是发明者从相反的原理方向进行研究而发明的产品。丹麦物理学家奥斯特发现通电导体周围会产生磁场，即电生磁；英国物理学家法拉第经过不懈努力，发现磁生电的具体方法，从而使电能的大规模生产和利用成为可能。法拉第从电生磁想到磁生电的思维也是逆向思维，这种思维在技术革新、科学发现与创造中发挥着巨大的作用。

（4）结合实际情况，灵活运用“和田十二法”。“和田十二法”是我国学者许立言、张福奎在奥斯本检核表法的基础上，修改提出的创造性思维方法。该方法通俗易懂，简单易行，便于大学生充分发散自己的创造力。“和田十二法”提供的思维技法如表6-1所示。

表6-1 和田十二法

序号	法则	解释与应用
1	加一加	把两种物品加在一块，使之在形态上、功能上有所变化，由此产生的新物体具有原来单件物体所没有的功能。如冬天杯子里的水容易凉，有人在杯子里装上保温胆，就有了现在的保温杯
2	减一减	在某件物品上减去一部分，或将某件事情上减少一些。如早期每次坐公交车都要买票，在减一减思维的指导下，我们有了公交车乘车卡，不用每次坐公交车都买票了
3	扩一扩	将物品的功能扩大一些。如早期的手机只能接打电话，经过功能的扩展后，现在的智能手机具有网上购物、道路导航、播放视频等各种功能
4	缩一缩	把某些物品缩小一些，或压缩其中的某些部分。如早期的计算机体形巨大、笨拙、不便移动，现在的计算机可以只有骰子大小
5	变一变	改变物体的形状、颜色、味道等。如最初的铅笔截面都是圆的，所以放在桌上容易滚动、掉到桌子下面，后来发明的六棱形截面的铅笔，不仅不容易滚下桌子，而且握着也舒服
6	改一改	对一个物体的形状、结构或功能进行改进，使之更好地发挥作用。如最初发明伞的目的是挡雨，后来一些人怕被晒黑，在烈日下用伞遮阳，于是就有了遮挡紫外线的太阳伞
7	联一联	从某一事物受到启发，联想到别的事物，从而创造出新的物品。如科学家根据蟑螂依靠身上分泌的信息素进行沟通这一现象，联想到制造一个能分泌这种信息素的“蟑螂卧底”，让它带领蟑螂群走向灭亡
8	学一学	看到一种物品，学习它的功能及原理，以此发明一种类似的物品。如蝙蝠依靠超声波信号进行夜晚活动，据此人类发明了盲人用的“探路仪”，盲人带着它可以发现台阶、电线杆等障碍物
9	代一代	用一种材料代替另一种材料，用一种方法代替另一种方法等。如用不锈钢的厨具代替铝制厨具
10	搬一搬	把东西、技术、道理或方法等搬到别的地方去。如放大镜可以放大物体，将之搬到望远镜上，就可以让人们看到更远处的东西
11	反一反	将一件事物的正反、前后或作用等颠倒一下，以产生新的事物。如将皮鞋的里面翻到外面就有了翻皮皮鞋
12	定一定	即定出一些规定。如为了减少噪声污染，发明了噪声显示器，一旦声音超过85分贝，显示器上的灯就亮了，提醒人们降低声音

（5）进行“头脑风暴”训练。“头脑风暴”是一种用相对快速、有组织的方法产生创意的手段，大学生可以组织多人一起进行训练，例如，围绕一个问题，每个人在2分钟的时间内，积极地想象世界上最有趣的主意，接下来的一个人对前一个人的想法进行改进，直到达到预设的目的。大学生如能好好进行“头脑风暴”训练，定会从中得到启发，活跃自己的思维，进行创造性活动。

【阅读材料】

创造性思维助力创业

王某是某高校的学生，进入大学不久便发现周边商业街只有一家串串店，这让爱好美食的他很不适应，与他有相同苦恼的同学有很多。王某心想，自己小有积蓄，何不与朋友一起开一家餐饮店呢？经过市场考察，王某发现自助烤肉店有市场前景，加上大学生创业可以享受一定的补贴政策，他很快就在校商业街开了一家自助烤肉店。

开业一段时间后，王某发现因为严重的食物浪费，店里的效益一直不好。无奈之下，他只得规定浪费食物超过400克，罚款20元，结果店里生意一落千丈。王某经过反思，决定将自助餐定价上涨10元，并规定凡没有浪费食物者奖励10元；与此同时还根据《反食品

浪费法》，主动对消费者做防止食品浪费提醒，引导其按需点餐，结果店里生意火爆且浪费现象减少了。

王某从主动创业到成功改善店铺经营现状，就在于其充分发挥了自己的创造性思维，并将其投入创业实践，利用逆向思维模式解决了店铺的浪费难题。

6.3.3 培养创造性人格

创造性人格是指有助于创新、创造的人格品质，包括不惧困难、自信自强、意志坚定、敢于质疑、敢于突破创新等，总体来说可从以下方面进行。

（1）培养自信，接纳自我。陈景润说过：首先应该有自信心，没有自信心，什么事也干不成。自信的人能够最大限度地发挥聪明才智，在困境中也可以凭借自信拥有顽强的毅力。

大学生在学校交往中，要注意抬头挺胸，面带微笑，注重自己的形体动作；同时在课堂上积极大声地发言，如果在会议或讨论中能说出自己的想法，就会增强自信，遇到类似的场合更能积极发言，从而形成良性循环；多参加学校组织的各项活动，在人多的地方讲话，培养自己敢想、敢说、敢做的性情，能在面对困难和失败的时候，坚持真理、坚持自我、不怕孤立、勇于创新。

（2）不断磨炼意志，挑战自我。古今中外的伟大人物，无不具有坚强的意志和顽强的毅力。在校大学生应该多参加体育活动，体育活动大多是克服困难、挑战自我的运动，比如长跑是一项枯燥的运动，需要坚持到底的决心和毅力，我们如果能够按照计划每天坚持训练，而且不断加大强度，就会逐渐磨炼自己的意志力，不断挑战自我。体育活动不仅能增强体质，而且能培养个人为了实现目标不怕困难、坚持不懈的精神。在平常的学习和生活中，大学生要制定符合自身实际情况的学习目标和学习计划，并坚持下去，不能虎头蛇尾，坚持几天就妥协、逃避；应该提醒自己越是困难，越能培养自己的自控力，培养百折不挠的精神。“冰冻三尺，非一日之寒”，从周围的小事开始，一点点锻炼自己，最终才能养成持之以恒、坚持到底的意志。

（3）广泛阅读中外名人故事，从中学习优秀的人格品质。优秀的名人身上总有一些独特的、值得学习的高尚品质。例如，大学生可以学习祖冲之独立思考、大胆质疑的精神，学习徐霞客精益求精、顽强拼搏的意志，学习袁隆平矢志不渝、一心为民的品格。这些名人的故事可以对大学生的思想行为起到潜移默化的作用，从而帮助大学生一步步地发展和完善自己的创造性人格的精神文化内涵。

小结

（1）创造力是指根据一定的目的和任务，运用一切已知信息，开展能动思维活动，产生某种新颖、独特、有社会价值或个人价值的产品的智力品质。

（2）创造力产生的产品是指以某种形式存在的思维成果，可以是一种新概念、新设想或新理论，也可以是一种新技术、新工艺或新产品，其表现形式复杂多样。但创造力不等同于智力，对中等智力及以上水平的人而言，智力和创造力并无明显相关。

（3）影响创造力的主要因素有创新意识、创造性思维和个性特征。

（4）创造力具有普遍性，人人都有创造潜能。大学生应注重培养创新意识、创造性思维、创造性人格，充分发挥自己的聪明才智，进行创造性活动。

创造力是推动创新的重要能力，正是由于诸多个体、群体拥有创造力，我们的社会才拥有了众多发明创造的成果，发展成为现今拥有诸多智能科技成果、生活十分便捷的现代社会。从使用工具，到养蚕、缫丝，发明指南针、针灸、人痘接种术、火箭、高铁，都是人类创造力的体现。由中国科学院自然科学史研究所“中国古代重要科技发明创造”评选结果可知，仅科学发现与创造、技术发展和工程成就3类中，考虑到原创性、技术与科技进步和文明进程的影响力、与其他文明的成就对比及科学和技术分类的兼顾等因素，就推选出了88项重要的发明创造，包括十进制与算筹计数法、小孔成像、敦煌星图、水稻栽培、水运仪象台、曾侯乙编钟、都江堰等。由此可见创造发明在文明进程中的灿烂历史与重要作用。目前，建设创新型国家已成为我国的重要发展战略，大学生创新思维与创新能力的培养刻不容缓。大学生应当意识到创新的重要性，主动培养自己的创新能力和创造力，为成为创新型人才，实现个人创造价值，推动国家创新事业发展而奋斗。

思考与收获

通过对本章的学习，我的思考是____

____

____。

我的收获是____

____

____

____。

心理测试

创造力测试

测试时间：10分钟。

测试要求：结合自身情况对每一道题目进行判断，用“A”表示同意，用“C”表示不同意，用“B”表示介于两者之间。回答需真实准确。

1. 我不做盲目的事，总是有的放矢，用正确的步骤来解决每一个具体的问题。
2. 我认为，只提出问题而不想获得答案，无疑是在浪费时间。
3. 无论什么事，要想使我产生兴趣，总比别人困难。
4. 我认为，合乎逻辑的、循序渐进的方法是解决问题的最好方法。
5. 有时，我在小组里发表的意见似乎使一些人感到厌烦。
6. 我花费大量时间来考虑别人是怎样看待我的。
7. 做自认为正确的事比力求博得别人的赞同要重要得多。
8. 我不尊重那些做事似乎没有把握的人。

9. 我要求的刺激和兴趣比别人多。

10. 我知道如何在考验面前保持内心的镇静。

11. 我能坚持长时间地解决难题。

12. 有时我对很多事过于热心。

13. 在无事可做时，我倒常常想出好主意。

14. 在解决问题时，我常常单独凭直觉来判断“正确”或“错误”。

15. 在解决问题时，我分析问题较快，而整合收集资料较慢。

16. 我有时会打破常规去做我原来并不想做的事。

17. 我有收集东西的爱好。

18. 幻想促进了我许多重要计划的提出。

19. 我喜欢客观且理性的人。

20. 如果要我在本职工作之外选择一种职业，我宁愿当一个实际工作者，而不当探索者。

21. 我能与自己的同事和同行们很好地相处。

22. 我有较强的审美感。

23. 我一直在追求名利和地位。

24. 我喜欢坚信自己结论的人。

25. 灵感与获得成功无关。

26. 争论时让我感到高兴的是，原来与我观点不一的人变成了我的朋友，即使牺牲我原来的观点也在所不惜。

27. 我更大的兴趣在于提出新的建议，而不在于设法说服别人接受这些建议。

28. 我乐意独自一人整天“深思熟虑”。

29. 我往往避免做那种使我感到低下的工作。

30. 在评价资料时，我觉得资料的来源比其内容更为重要。

31. 我不喜欢那些不确定和不可预言的事。

32. 我是喜欢一门心思苦干的人。

33. 一个人的自尊比得到他人敬慕更为重要。

34. 我觉得那些力求完美的人是不明智的。

35. 我愿意和大家一起努力工作，而不愿单独工作。

36. 我喜欢那种对别人产生影响的工作。

37. 在生活中，我经常不能用“正确”或“错误”来判断问题。

38. 对我来说，“各得其所”“各在其位”是很重要的。

39. 那些使用古怪和不正常词语的作家纯粹是为了炫耀自己。

40. 许多人之所以感到苦恼，是因为他们做事太认真了。

41. 即使遭受不幸、挫折和反对，我也能够对我的工作保持原来的精神状态和热情。

42. 想入非非的人是不切实际的。

43. 我对“我不知道的事”比“我知道的事”印象更深刻。

44. 我对“这可能是什么”比“这是什么”更感兴趣。
45. 我经常为自己在无意之中说话伤人而闷闷不乐。
46. 纵使没有报答，我也乐意为新颖的想法而花费大量的时间。
47. 我认为，“出主意没什么了不起”的说法是中肯的。
48. 我不喜欢提出那种显得无知的问题。
49. 一旦任务在肩，即使受到挫折，我也要坚持完成。
50. 从下面描述人物的形容词中，挑选出10个与你相符的词。

精神饱满、有说服力、实事求是、虚心、观察力敏锐、谨慎、束手束脚、足智多谋、自高自大、有主见、有献身精神、有独创性、性急、高效、乐于助人、坚强、老练、有克制力、热情、时髦、自信、不屈不挠、有远见、机灵、好奇、有组织力、铁石心肠、思路清晰、脾气温顺、可预言、拘泥形式、不拘小节、有理解力、有朝气、严于律己、实干、讲实惠、感觉灵敏、无畏、严格、一丝不苟、谦逊、复杂、漫不经心、柔顺、创新、泰然自若、渴求知识、实干、好交际、善良、孤独、不满足、易动感情。

1 ~ 49题计分标准如表6-2所示。

表6-2　1 ~ 49题计分标准

题号	A	B	C	题号	A	B	C
1	0	1	2	26	−1	0	2
2	0	1	2	27	2	1	0
3	4	1	0	28	2	0	−1
4	−2	0	3	29	0	1	2
5	2	1	0	30	−2	0	3
6	−1	0	3	31	0	1	2
7	3	0	−1	32	0	1	0
8	0	1	2	33	3	0	−1
9	3	0	−1	34	−1	0	2
10	1	0	3	35	0	1	3
11	4	1	0	36	1	2	3
12	3	−1	−1	37	2	1	0
13	2	0	0	38	0	1	2
14	4	0	−2	39	−1	0	2
15	−1	0	2	40	2	1	0
16	2	1	0	41	3	1	0
17	0	1	2	42	−1	0	2
18	3	0	−1	43	2	1	0
19	0	1	2	44	2	1	0
20	0	1	2	45	−1	0	2
21	0	1	2	46	3	2	0
22	3	0	−1	47	0	1	2
23	0	1	2	48	0	1	3
24	−1	0	2	49	3	1	0
25	0	1	3				

第50题中，下列每个形容词得2分：精神饱满、观察力敏锐、足智多谋、柔顺、不屈不挠、有主见、有献身精神、有独创性、感觉灵敏、好奇、创新、有朝气、热情、无畏、严于律己。下列每个形容词得1分：自信、有远见、不拘小节、不满足、一丝不苟、虚心、机灵、坚强。其余词得0分。

累计每题得分，创造力可分为以下6个等级：（1）所得分数为110 ~ 140分，为创造力非凡；（2）所得分数为85 ~ 109分，为创造力很强；（3）所得分数为56 ~ 84分，为创造力强；（4）所得分数为30 ~ 55分，为创造力一般；（5）所得分数为15 ~ 29分，为创造力弱；（6）所得分数为-21 ~ 14分，为创造力差。

心理训练

发散思维

目的

本训练通过以下小游戏与题目，充分发散大学生的创造性思维，训练大学生的思维能力。

操作

（1）完成传钥匙的小游戏。

① 同学们分为6 ~ 8人一组、人数均等的小组，每小组准备一把钥匙。将钥匙放在地上，每个小组从地上捡起钥匙然后进行传递，钥匙需依次经过所有组员的手，然后摆放到地上。

② 每个小组自行寻找方法，用时最短的小组胜利。请同学们尽可能发挥创新思维，打破思维定式，找出用时最短的方法。

（2）依次思考并作答以下题目。

① 旧衣服有多少种用途？

② 列举尽量多的半圆结构的物体。

③ 5只猫用5分钟捉5只老鼠，请问需多少只猫才能在100分钟内捉100只老鼠？

④ 旅行家萨米·琼在周游世界之后，回到他阔别10年的故乡。有一次，他向人们诉说这10年中他在世界各地的所见所闻。他还向人们诉说了一个怪现象：他在非洲的某地看到一个人的身体内有两颗心脏，而且都跳动得很正常。你说，这有可能吗？

⑤ 如何用4根火柴摆出5个正方形？

⑥ 1角硬币和5角硬币的相同点和不同点分别是什么？

⑦ 怎样从老虎联想到鲜花？

⑧ 10个硬币怎么分装在3个杯子里，且每个杯子里的硬币都是奇数？

⑨ 每天早晨有许多人开车上班，道路拥堵很严重，有哪些办法可以改变这种状况呢？

第7章

大学生情绪管理——保持良好的情绪

成功的秘诀就在于懂得怎样控制痛苦与快乐这股力量，而不为这股力量所反制。如果你能做到这点，就能掌握自己的人生，反之，你的人生就无法掌握。

——安东尼·罗宾斯

情绪一直与人相伴，古有诗人、才子借情抒怀，今有歌唱家、作家用作品表达感受。自古以来，许多作品都能让受众产生情绪的起伏，时而让人悲伤，时而让人激动，时而让人失落，时而让人百感交集，也正因如此，我们的生活才如此丰富多彩。大学生正处于心理变化较大、情绪易起伏波动、容易陷入情绪困扰的阶段，了解情绪和情感的特点，学习调适、消除不良情绪，培养良好的情绪情感，对于促进大学生的心理健康发展意义重大。

知识目标：认识情绪；了解大学生情绪的特点；掌握调适不良情绪的方法。

素养目标：能主动关注自身的情绪健康状况，学会调节情绪，树立平和、乐观的心态。

7.1 情绪理论概述

名言警句

一切的和谐与平衡，健康与健美，成功与幸福，都是由乐观与希望的向上心理产生与造成的。

——华盛顿

7.1.1 什么是情绪与情感

每个人在生活中都会体会到快乐、忧愁或愤怒等不同的情绪，人们就是在这样多彩的情绪世界里体验着人生百态。在提及情绪时，人们也时常把情绪与情感通用，但情绪与情感一样吗？二者有何关系？

1. 情绪与情感的定义

情绪与情感是人心理活动的重要方面，产生于认识和活动的过程中，并影响认识和活动的进行。概括地说，情绪与情感是人对客观事物是否满足自身需要而产生的态度体验。

人们在进行认识和活动的过程中，总要和客观事物发生联系，并对它们产生不同的态度，这种态度又以带有独特色彩的体验表现出来，例如处境危急时感到焦虑，考试取得好成绩时感到愉快，失去亲人时感到痛苦，遭人打骂时感到愤怒。这些喜、怒、悲、惧等，都是带有独特色彩的态度体验，是由人对事物的不同态度决定的。

客观事物是否符合和满足人的需要将极大地影响人们对它的态度。能够满足人的需要的事物，将引起积极的体验，如愉快、喜悦、满意、爱慕等；反之，则使人产生消极的体验，如痛苦、愤怒、憎恨、恐惧、悲哀等。然而，即使是同一事物，由于不同的人的需求不一样，也会引起不同的体验。如同是一轮圆月，情侣看到它时，会体会到愉悦、爱慕的美好情感，而游子却被勾起无尽的思乡愁绪。此外，不同的人对于同一事物也可以产生诸如百感交集、悲喜交加等复杂甚至矛盾的情绪和情感体验。

2. 情绪与情感的关系

情绪与情感是主体对客观世界的特殊反映形式。两者密切联系，互相依存，互相转化。不同的场合使用情绪、情感，指的是同一过程、同一现象所侧重的不同方面。

（1）情感经常被用来描述具有稳定而深刻的社会含义的高级感情。它所代表的感情内容，诸如对集体的荣誉感、对事业的热爱、对美的欣赏，不是指其语义内涵，而是指对这些事物的社会意义在感情上的体验。

（2）情绪代表感情性反应的过程。无论人类或动物，感情性反应的发生都是大脑的活动过程或个体特定反应模式的发生过程。从这个意义上说，情绪概念既可以用于人类，又可以用于其他动物。

（3）情绪包含情感，受已形成情感的制约，是情感的外在表现。反过来，情感又是在多次情绪体验基础上形成的，并通过情绪表现出现，可以说，情感是情绪的本质内容。心理学对感情性反应的研究，侧重于它们发生、发展的过程和规律，因此心理学上较多使用情绪这一概念。

（4）情绪和情感同属于感情性心理活动的范畴，是同一过程的两个方面。情感是对感情性过程的体验和感受，情绪是这一体验和感受的活动过程。情绪一般不稳定，波动性较大；情感则较稳定，能持续较长时间，甚至可以伴随和影响人的一生。

7.1.2 基本的情绪状态

我们每天都在体验不同的情绪，有时会明显地感受到别人的喜怒哀乐，但情绪更多的是隐性的，即使它并不通过人的面部表情和语言表现出来，我们仍可以感受到它的存在。依据情绪发生的强度、持续的时间、紧张的程度，情绪可以分为心境、激情和应激反应3种基本状态。

1. 心境

心境是具有渲染性的，持久、微弱而又具有持续作用的情绪状态。某种愉快或不愉快的心境一旦出现，即成为人们心理活动的背景，从而产生积极的或消极的影响。心情舒畅时，我们往往觉得身边的一切都是美好的，微风习习，阳光灿烂，就连雨滴仿佛也是和着节奏在跳舞，充满诗意；心情烦躁时，我们可能又会觉得诸事不顺，心情自然难以好起来。

2. 激情

激情是短时间、强烈爆发的情绪状态，通常由个体生活中的重大事件、对立意向的冲突、过度的抑制或兴奋等所引起的，并伴随着生理变化和明显的外部行为表现。人们经常说的暴跳如雷、大惊失色、欣喜若狂都是激情所致。很多情况下，激情是由现实生活中的某些事件导致的，而这些事件往往是突发的，使人的情绪在短时间内失去了控制。总体来说，大学生更易表达出他们的情绪，而作为成年人，他们的激情可能不会表现得那么明显，会在某个阶段被其他的情感或其他表达情感的方式所取代，但不能说他们就没有了激情，只是表达方式发生了改变。

3. 应激反应

应激反应是指由出乎意料的对人产生威胁的紧张情况所引起的情绪状态。该情绪状态下个体的反应也分为积极和消极两面，积极的应激反应表现为急中生智，消极的应激反应表现为惊慌失措。

当应激反应出现时，人们的情绪差异立刻就显现出来。更多时候，有经验的人比没有经验的人更擅长处理应激反应。性格、态度和心理素质水平也决定了在特定情况下，人们的应激能力及其处理结果。人们如果经常处于应激反应之下，其情绪必然紧张，情绪长期处在紧张之中的人更容易产生极端行为。研究表明：人们如果长期处于应激反应状态，会使人体自身防御系统发生紊乱和瓦解，身体的抵抗力下降，免疫力减弱，更容易患病，所以大学生尽量不要长期处于高度紧张的应激反应中。

7.2 大学生情绪的特点

名言警句

永远以积极乐观的心态去拓展自己和身外的世界。

——曾宪梓

7.2.1 丰富性与复杂性

大学生随着自我意识的不断发展，各种新需要的强度不断增加，情绪日益丰富。这主要表现在大学生具有多样的自我情感上，即对自我认识的态度体验，如自尊、自卑等；还表现在两性情感上，即对爱情的情绪体验。从人生发展阶段来看，大学生正处于人生面临多种选择的时期，如学习、交友、恋爱等。

大学生作为特殊的群体，生理基本成熟，而心理尚未完全成熟，易受外界的干扰。大学生对新鲜事物十分好奇，对人、事、社会等各种现象特别关注，对友谊与爱情执着追求，对学业和未来充满信心，朝气蓬勃、积极进取，拥有积极情绪。人际困扰、恋爱挫折、就业压力甚至天气变化等都可以导致大学生产生消极情绪，因此大学生的情绪既丰富又复杂。

7.2.2 易感性与波动性

人生中感情体验最强烈的时期往往就在大学时代。大学生易受感染，一场精彩的演讲会让大学生热血沸腾，一场扣人心弦的球赛可以让大学生废寝忘食。国家的新政策、家庭的小变故，以及学习、交友等个人生活事件都会影响大学生的情绪，使情绪表现出波动性，刚刚还在波峰，也许转瞬就会跌入谷底。

7.2.3 激情性与冲动性

大学生兴趣广泛，对外界事物较为敏感，情绪容易被激发。虽然与中学时代相比，大学生随着知识和认知能力的提升，对自己的情绪控制能力有所增强，但在激情状态下，也会发生因情绪失控而造成冲动的行为。

7.2.4 自尊性与敏感性

自我意识的发展使大学生强烈需要肯定自己、发展自己，希望得到别人的重视和尊重，并且普遍对自己的期望、要求较高。为此，有的大学生喜欢展示自己的才华，希望能引人注目；有的大学生故意在某些事情上表现得与众不同，以引起他人注意；有的大学生喜欢对某一件事高谈阔论，发表自己的主张，以此来提高自己的声望。大学生的自尊心较强，对涉及“我”的事物或与“我”相关联的事物都非常敏感，并会产生强烈的情绪反应。

7.2.5 阶段性与层次性

不同年级的大学生，情绪特点也不同，呈现出阶段性和层次性的特点。初进大学时，一些大学生自视很高，渴求别人的认同与关注，表现为自信与自负；但也有一些大学生由于各种主观、客观原因，陷入厌学境地。一年级的大学生自豪感和自卑感混杂，放松感和压力感并存，新鲜感和恋旧感交替，情绪有波动。即便是同年级的学生，由于社会因素、家庭影响及自身要求、期望的不同，能力、心理素质的差别，也会表现出不同的情绪阶段和层次。二三年级的大学生由于对学校生活已经适应，因此情感比较稳定，独立性、主动性得以发展。

7.2.6 外显性与内隐性

大学生对外部刺激反应迅速、敏感，喜怒哀乐表现得充分而具体，由情绪引起的内心变化与外部表现是一致的，具有外显性特点。他们有时会有意识地掩饰自己内心的真实感受，如对一些事物的看法、内心的秘密，是说还是不说，是多说还是少说，都要依时间、地点、条件而定。但大学生的外部表现与内心体验又并不完全一致，在某些状态下甚至会有相反的表现。尤其是在对异性的态度上，可能出现明明喜欢某个人，但却有意无意地表现出不关心和冷漠的态度。

7.3 不良情绪的调适

把脸朝向阳光，就不会有阴影。

——海伦·凯勒

情绪对人们的影响无处不在，不良情绪会使身心健康受到损害，良好的情绪唤醒状态则有利于提高学习和工作效率。

7.3.1 认识不良情绪

大学生总会因为各种不同的原因，不由自主地产生不良情绪，这些情绪就像一柄伤人伤己的利剑，在伤害我们身心的同时，还会波及我们身边的人。所以大学生应形成主动识别和调适不良情绪的意识。下面对大学生常见的不良情绪进行介绍，包括孤独、焦虑、郁闷和愤怒。

1. 孤独

心理学上的孤独是一种主观自觉与他人或社会隔离与疏远的感觉和体验。大学生产生孤独情绪的原因各有不同，如不适应新环境；得不到理解，交不到真心朋友；与朋友关系渐远；心理上无力承受意外刺激所带来的压力；急于超过他人，抱负远超实际的能力等。

陷入孤独情绪的大学生会有比较自闭的表现，如不愿意与人交往，或与人交往但不深入；厌学、网恋、沉迷游戏等，有些还会有一系列抑郁、悲观、自卑等心理问题。

2. 焦虑

焦虑是一种类似担忧的反应或自尊心受到潜在威胁时产生担忧的反应倾向，是紧张、害怕、担忧混合的情绪体验。焦虑是大学生中较为常见的情绪，该情绪产生时可能伴随着急、紧张、担忧等情绪成分及如肌肉紧张、坐卧不安、出汗、心悸和眩晕等症状。实验证明，中度焦虑能成为大学生的内驱力，对其起到一定的激励作用，但重度焦虑则会带来阻碍。

引发焦虑的因素较多，如学习、情感、社交、形象和就业等。焦虑情绪的产生都有一定的源头，找准引发焦虑情绪的触发点、及时采取相应措施就能有效缓解焦虑情绪，例如，形象焦虑主要与大学生的自我认知有关，这就需要大学生重塑自我认知，学会悦纳自我，并建立新的自我形象；总之，大学生要注意关注自己的焦虑情绪，进行恰当的排解。

3. 郁闷

郁闷最初是表达无法述说的痛苦而导致精神萎靡的一种心理状态，在个体层面指的是一种消极的精神状态，指个体自我心理上确实有压力，需要改变现状，而行为上却找不到积极有效的办法，所以感到窒息和痛苦。“郁闷”一词一度也是一个流行语，在网络上被广泛使用，成为不少大学生的口头禅，有人甚至用郁闷来表达“无话可说”的语义。

对于大学生来说，郁闷这一消极情绪的产生原因是多方面的，包括理想自我与现实自我的落差；对生活事件的应对策略不佳；大学生联系自身利益计较学校的考评、比赛、奖罚等。

4. 愤怒

愤怒主要指当客观事物与人的主观愿望相悖时产生的强烈情绪反应。在所有情绪中，愤怒是最有冲动性的，且其诱发阈值小，轻微的肢体摩擦、口角以及拒绝、竞争等都可以诱发愤怒情绪。在愤怒情绪下，人体会进入一种战斗状态，此时人体内去甲肾上腺素含量会增高，引起人心跳加快、耗氧量增加、冠状动脉痉挛、心率失常等。而且愤怒情绪还会抑制人的免疫功能，增加中风和突发心脏病的可能。对于大学生而言，在愤怒情绪下还容易产生一些攻击行为和暴力行为，严重的话会导致一些犯罪行为，对大学生的发展有非常不利的影响。

除以上4种不良情绪外，如嫉妒、冷漠等也是大学生会有的不良情绪。认识情绪是管理情绪的第一步，大学生要注意识别自己的情绪状态，并掌握调试不良情绪的方法。

7.3.2 学会驾驭自己的情绪

我们可以通过对情绪的自我调控培养健康的情绪，克服不良的情绪，保持良好的情绪状态。情绪的发生及表现与人的认知直接相关，一个人对周围的事物或自己的行为、思想做出一定的评价，则可能导致相应的情绪反应。

1. 情绪ABC理论

情绪ABC理论的创始人埃利斯认为，由于我们常有一些不合理的信念，所以我们会产生情绪困扰。如果这些不合理的信念长期存在于人们的心里，就会引起情绪障碍。

情绪的产生过程包括诱发情绪事件的发生，人们对诱发事件的信念、态度和解释，以及由此引发的人们的情绪和行为结果。情绪并不是某一诱发事件直接引起的，而是由经历这一事件的个体对这一事件的解释和评价所引起的。面对同一诱发事件A，不同的人可能产生不同的信念（即对该事件的看法和解释）B1或B2，由此就会导致不同的情绪和行为结果C1或C2，如图7-1所示。

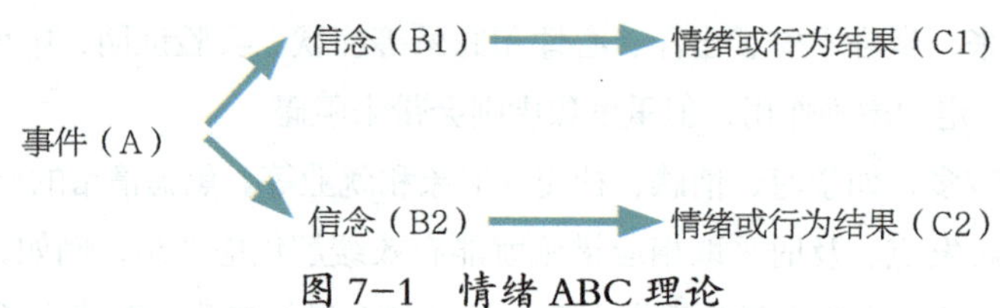

图7-1 情绪ABC理论

例如，同样是英语考试，两个人都没考过。一个人觉得无所谓，而另一个人却伤心欲绝。前者可能认为，这次考试只是试一试，考不过也没关系，可以下次再来；后者则可能认为，我精心准备了那么长时间，竟然没过，我是不是太笨了，我还有什么用啊，别人会怎样评价我。这也意味着大学生可以通过改变不合理信念去调节情绪。

【阅读材料】

秀才与棺材

有两个秀才一起赶考，路遇一支出殡的队伍，看到一口黑乎乎的棺材。秀才甲心里立即"咯噔"一下，心凉了半截，心想："完了，真是晦气，赶考的日子竟然碰到这个倒霉的棺材。"于是他的情绪一落千丈，走进考场，那口"黑乎乎的棺材"一直挥之不去，结果文思枯竭，果然名落孙山。而秀才乙也看到了棺材，开始心里也"咯噔"了一下，但转念一想："棺材不就是有'官'和'财'吗？好，好兆头，看来我要鸿运当头了，定能高中。"于是，他心里很兴奋，情绪高涨，走进考场，果然一举高中。为什么同样看到棺材，两个人却产生了完全不同的情绪与行为表现，导致不同的结果呢？其实重要的不是棺材本身，而是他们对棺材的不同看法影响了他们的情绪，进而影响了他们的行为表现。所以，生活中决定我们情绪好坏的并不是事物本身，而是我们的想法和看法；有什么样的想法，就会有什么样的情绪。所以想要有好的情绪，就必须去除不合理的信念。

2. 培养积极情绪

积极情绪能让人愉悦、快乐，在积极的情感状态中，大学生会对学习、工作充满兴趣，乐于行动，有积极与人交往的愿望，这有助于大学生开阔思维，开发创造力和想象力。积极情绪研究者、北卡罗来纳大学的教授芭芭拉·弗雷德里克森在她的著作《积极情绪的力量》中探讨了提升积极情绪的方法，这也是她多年来研究积极心理学的成果。她认为，积极情绪包括喜悦、感激、宁静、兴趣、希望、自豪、逗趣、激励、敬佩和爱，这些情绪能打开我们的心灵和头脑，改变我们的生活，让我们从中受益。大学生可以通过以下11种方法来培养积极情绪。

（1）保持真诚。不能被真正感受的积极情绪是空洞的，甚至是有害的，它是消极情绪的伪装。真正感受积极情绪需要慢下来，敞开心扉，真诚地与身边的美好事物建立联系。

（2）热爱生命。我们对自己的状态总有积极或消极的思考，这就是一个寻找生命的意义的过程，这些思考就是情绪产生的基础。因此，要培养积极情绪就要热爱生活，在日常生活中频繁地寻找生命的意义。

（3）品味美好。从好事中找好的方面，接近积极的事物会让大学生变得更加积极。

（4）学会感恩。将平凡、普通的事也当作福气，这会让大学生学会感恩和感到幸福。

（5）怀抱善意。大学生学会感恩的同时也会意识到友善的力量，这会进一步提升自己的幸福感，提升其对积极情绪的感知与培养能力。

（6）拥有激情。大学生不能死气沉沉、毫无干劲，应该尽可能地完全投入某种能给自己带来享受的积极活动中。

（7）畅想未来。构想美好的未来，并将之非常详细地具象化，这也会让大学生的积极情绪更加稳定。

（8）发掘优势。实验证明，了解自己的优势并能合理运用的人，其积极情绪的提升效果明显持久。

（9）与他人在一起。科学实验证明，与他人在一起时，不管自己的自然天性如何，即便自己是假装外向，也能从社交中吸收更多的积极情绪。每个乐观向上的人与其他人都有温暖和可信赖的关系。

（10）享受自然的美好。与大自然相关联的户外活动可以开拓思维，让人享受美好的自然。

（11）敞开心扉。积极情绪与开放性相辅相成，保持开放的心态，改变某些倾向于制约和拆分体验的思维习惯，积极情绪便会随之而来。

3. 善于控制和管理情绪

在日常生活中，每个人都难免会遇到不良刺激而出现不良情绪，这就需要大学生在面对一些不良刺激时，及时对不良情绪加以克制，用理智告诫和提醒自己，或者接受他人劝解，转移注意力，合理调控自己的情绪。当然，克制情绪并不是无限度地压抑自己的情绪反应，当不良情绪难以排解时，大学生可以寻找一些合适的方法，如跑步、打拳等，进行情绪的合理宣泄和释放，疏导不良情绪。

4. 注意培养幽默感

要学习情绪的自我调控，大学生可以从提高自己的修养入手，培养幽默感。幽默本身是一个人愉快乐观的体现，幽默有助于个人适应新环境，它可以使窘迫、难堪的局面在笑语中消逝，可以使紧张的情绪变得轻松，可以使痛苦、烦恼、忧愁消失。

幽默感与人的生活态度密切相关，幽默的人有乐观的生活态度，会用微笑来迎接世界；幽默感还与人格的成熟水平有关。大学生的人格正处于发展、完善、成熟之中，可通过健全自己的人格来培养幽默感。幽默其实是在教导人们用乐观、诙谐的态度应对负面的情绪和能量，它能带给人们欢乐的感受。例如自嘲、调侃、苦中作乐等就有助于不良情绪的调节，而一般幽默的人也更难受到不良情绪的影响。

5. 培养自己宽阔的胸怀

大学生要培养自己豁达的度量，面对现实，接受现实，对自己要有正确的认识，多交朋友，对周围的人多一些理解与宽容。

【阅读材料】

快乐宣言

（1）只为今天，我要让自己适应一切，而不是试着调整一切来适应我。

（2）只为今天，我要做一个讨人喜欢的人，外表要尽量得体，说话谦和，行动优雅，丝毫不在乎毁誉，对任何事不挑毛病，也不干涉或教训别人。

（3）只为今天，我要爱护我的身体。

（4）只为今天，我要加强我的心理承受能力。

（5）只为今天，我要用3件事来锻炼我的灵魂：我要为别人做一件好事，但不要让大家知道；我还要为了锻炼做两件我并不想做的事。

（6）只为今天，我要定下一个计划。

（7）只为今天，我要试着只考虑怎么度过今天，而不把一生的问题都一次解决。

（8）只为今天，我要去欣赏美的一切，去爱，去相信我爱的那些人会爱我。

（9）只为今天，我要为自己留下安静的半个小时，轻松一番，在这半个小时里，我要尽量使我的生命更加充满希望。

（10）只为今天，我要很快乐。

6. 掌握自我放松的方法

自我放松的方法是指在比较安静的环境中，通过一些反复的动作练习来有意识地控制自己的心理及生理活动，从而增强自身对事物的适应能力，调整不良心理状态的方法。从心理的角度讲，它可以帮助大学生摈弃杂念、静下心来，忘却之前的困扰和忧虑，让自己身心放松，感受轻松与舒适；从生理的角度来讲，人在进入放松状态后，呼吸频率会减慢，心率会减速，血压会下降，血液循环会进一步顺畅，而且在放松状态到达一定深度后，交感神经活动的功能会逐步降低，耗氧量和耗能量减少，植物神经及内分泌系统功能的调控会导致机体功能受到影响，并在一定程度上产生预防疾病的效果。这些都是由诸多研究所证实的。

（1）意念放松。该方法是通过想象轻松、愉快的情境（如大海、山水、瀑布、蓝天、白云、湖水、雨滴等）达到身心放松、心情舒畅的目的。常见做法包括：想象一个特定的情境，如秋景的动态画面，从风起、云动到叶落；也可以像旅游一样，从一个地方到另一个地方逐一想象。

（2）呼吸放松。该方法是指通过一定的训练，控制自己呼吸的频率和深度，来获得身体和精神放松的方法。深浅程度不同的呼吸和该动作引起的肩、腹部肌肉交替的紧张与松弛，可在一定程度上帮助大学生缓解精神紧张、焦虑和疲劳等。

（3）肌肉放松。该方法通过放松肌肉，使整个有机体的活动水平下降，由此达到心理上的松弛平衡。通常的做法是选择一个安静且舒适的环境，始终关注你的肌肉，通过拉伸肌肉组群，让肌肉紧张或放松。

【阅读材料】

放松练习

请将四肢放松，闭上双眼，脑海里不要再想其他东西，放松练习现在开始。

（1）请你将双手尽可能高地举起，坚持一会儿，再坚持一会儿。好，放松，完全放松（两遍）。

（2）请你用力紧握双拳，坚持一会儿，再坚持一会儿。好，放松，完全放松（两遍）。

（3）请你将小臂屈曲并挤压在大臂上，使自己感到紧张，坚持一会儿，再坚持一会儿。好，放松，完全放松（两遍）。

（4）请你将双肩向耳朵方向拱起，尽量拱起，坚持一会儿，再坚持一会儿。好，放松，完全放松（两遍）。

（5）请你用鼻子慢慢地深吸一口气，憋一会儿，再憋一会儿。好，慢慢地一点点把气呼出去（两遍）。

（6）请你双脚着地、与肩同宽，脚趾抓地，造成紧张感。坚持一会儿，再坚持一会儿。好，放松，完全放松（两遍）。

（7）请你根据我的口令转动你的眼球：左、下、右、上，右、下、左、上。

（8）请你把小腿尽量向前伸，坚持一会儿，再坚持一会儿。好，放松，完全放松（两遍）。

（9）请你紧缩你的小腿肌肉，使之感到紧张，坚持一会儿，再坚持一会儿。好，放松，完全放松（两遍）。

（10）请你将头向后仰，尽量向后，坚持一会儿，再坚持一会儿。好，放松，完全放松（两遍）。

（11）请你紧缩你的脑额，坚持一会儿，再坚持一会儿。好，放松，完全放松（两遍）。

好，放松练习到此结束。你感到轻松一些了吗？

7.3.3 建立积极的自我意象

我们如果回想一下自己的情绪经历，就会发现，情绪表现和体验常常与对自己的看法相一致。很多人常常这样来评价自己："人家说我热情开朗""我是个天生的乐天派""我这个人总是容易发脾气""我总是担心害怕"等。因此，想要调节、改变自己的情绪活动，使自己成为情绪上有修养的人，必须建立积极的自我意象。

1. 把注意力集中于成功的经历

把注意力集中于成功的经历，是建立积极的自我意象的一个重要方法。把注意力集中于成功的经历，从中悟出道理，并养成记住成功而不拘泥于失败的习惯，是建立积极的自我意象的重要途径。积极的自我意象意味着对自己的积极评价，而积极评价来源于成功的经历。过去的情绪活动中有过多少失意和失误并不重要，重要的是汲取并强化那些成功和积极的情绪经验，这样就可能把自己的情绪活动纳入良性循环的轨道。

2. 从想象和装扮入手

著名的英国滑稽演员斯图尔特年轻时很羞怯，与人谈话支支吾吾，极为胆怯，甚至不敢向陌生人问路。为此，斯图尔特吃尽了苦头。后来他终于找到了办法：同陌生人谈话时，自己就装扮成一个显赫的重要人物，用同这个人物身份一致的语调说话。这个方法使他受益匪浅，难为情、拘谨、羞怯的毛病在社交中不再出现了。而且，朋友们很快注意到，他模仿别人模仿得太像了，具有令人快乐的滑稽效果。从此，他开始步入舞台，走上成功之路。

斯图尔特的实践验证了心理学中的一条重要的原理：装扮一个角色会帮助人们体验到他所希望

体验到的情绪。我们装扮成一个自己所希望成为的人物时，就会有意无意地用相应的标准来要求自己，并按照相应的行为方式行事。当然，这种装扮或想象活动在开始时确实是很费劲的，不过只要坚持下去，就会逐渐自如并习惯起来。

自我意象就是关于“我是什么样的人”的自我心像，是人们给自己画的一幅心理肖像，虽然这一肖像在大多数人的意识中是模糊的，但是它对人们心理活动的调控效果却是明显的。我们把自己看成哪种人，就会按哪种人的方式去行事；对自己有什么评价，就会不断地去寻找各种事实来证实那种评价。个体的所作所为、所感所想，常常是与个体的自我意象相一致的。

7.3.4 给不良情绪找个出口

当出现不良情绪时，大学生可以通过恰当的方法和途径将压抑的情绪释放出来，或转移心情，使情绪恢复平静。

1. 提供一个正常的宣泄通道

不良情绪需要进行宣泄，我们不要无限度地压抑自己的情绪。常见的情绪宣泄方法如下。

（1）倾诉。倾诉的对象有很多，大学生既可以向朋友、家人倾诉，以得到对方的开导和安慰，也可以在无人的地方自言自语或把自己的情绪记录在日记本上，将自己的不满发泄出来。

（2）哭泣。哭泣也是宣泄不良情绪的一种方法，许多不良情绪都会随着眼泪被释放出来。另外，美国心理专家威费雷认为眼泪能把机体在应激过程中产生的毒素排泄出去。因此，哭泣在生理和心理上都是值得提倡的做法。当然，这并不代表大学生在有不良情绪时要整日“以泪洗面”。

（3）喊叫。大学生可以到空旷的地方去大喊或高歌几句，也可以大声朗诵富有激情的文章、诗歌等，心里压抑的不满会随着喊叫被宣泄出去。

（4）运动。通常较大运动量的体育活动有助于释放身体的能量，消除压抑和烦恼，例如打球、跑步等。

（5）听音乐。音乐作为一种独立的、审美的艺术，可以有效带动人们的情绪，引起人们的情感共鸣，因此音乐具有舒缓情绪的功能。现在的音乐疗法就是以心理治疗的理论、方法为基础，使患者通过专门的音乐体验，达到消除心理障碍，促进身心健康的目的。

【阅读材料】

平复自己的情绪

覃某经常与他人发生口角，即便被同学劝阻，也仍气愤难平，情绪平复慢不说，还容易迁怒于他人。久而久之，大家都不愿意和覃某有过多的接触。后来，大家发现覃某变了，脾气不似以前那般暴躁，与人吵架之后也不再气愤难平了，而且很快就能恢复平静。当同学惊讶于覃某的改变时，覃某说：“我能变得平静，全依靠郭沫若的剧本《屈原》里《雷电颂》的台词，我现在一生气，就大声朗诵台词，读着读着，就感觉情绪好多了。”

覃某就是利用诗朗诵来宣泄自己的情绪，其实类似的方法还有许多，例如培养书法、绘画等兴趣爱好，去美美地吃一顿，闻闻花香，出门散步，去游乐园玩耍，去专门的情绪发泄室发泄等。这些方法都有一定的舒缓情绪的作用，大学生可以根据自己的需要选择能让自己释放不良情绪的方法，前提是不违反道德和社会规范，不引发纠纷。

2. 用行动带动情绪

“行为可以改变感受”是心理学家研究的一大发现，研究表明，一些忧郁者的活动力非常有限，而且他们比非忧郁者更少从事令人愉悦的活动。有些人也经常在情绪不佳时说：“我觉得情绪好差，没办法做任何事，等我情绪好一些，我再开始工作”。可是，情绪低落时真的会比情绪高昂时难以采取行动吗？坚持等到情绪好些才开始做事会浪费很多时间。大学生情绪不佳时，可以做一些实实在在的事情，从自己或他人处获得正面反馈；或者改变自己当前正在做的事，以改变自己的感受。

3. 反向心理调节

面对困境时怎么从不良情绪中摆脱出来呢？有一种方法就是从相反的方向思考问题。心理学上把这种运用心理调节的过程称为反向心理调节，它常常能使人战胜沮丧，从不良情绪中解脱出来。

人生之路不可能一帆风顺，总会有困难、有挫折；叹息也好，焦急也罢，都无助于问题的解决。与其在那里唉声叹气、惶惶不安，不如拿起心理调节武器，从相反的方向思考问题，使情绪由“阴”转“晴”，摆脱烦恼。

契诃夫曾这样说：“要是火柴在你口袋里燃烧起来，你应该高兴，应该感谢上苍，多亏你的口袋不是火药库。要是你的手指扎了一根刺，那你应该高兴，挺好，多亏这根刺不是扎在眼睛里……以此类推……照我的劝告去做吧，你的生活就会欢乐无穷。”我们遇到困难、挫折、逆境、厄运时，运用反向心理调节，就能使自己从困难中奋起，从逆境中解脱。

4. 转移注意力

转移注意力就是在主观上努力把注意力从消极或不良的情绪状态转移到其他事物上去的一种方法。能对自己的情绪产生强烈刺激的事，通常都与自己的利益有很大的关系，要很快将它遗忘常常是很困难的。因此，对于不良情绪，单靠躲避是不行的，更有效的办法就是进行积极的转移。

科学研究表明，在发生情绪反应时，大脑中心有一个较强的兴奋灶，此时如果另外建立一个或几个新的兴奋灶，便可以抵消或冲淡原来兴奋灶的中心优势。当情绪不好时，可以通过转移自己的注意力来平复自己的情绪，例如出去和朋友逛街、到田野里散步、骑自行车游玩等，放松一下心情；也可以做一些自己平时感兴趣的事，如摆弄花草、画画、游泳、弹奏乐器、阅读，有意识地将自己的注意力转移到其他事上，让自己的神经放松，促进自己不良情绪的减轻和积极情绪的增加。

需要注意的是，注意力的转移须是积极的转移而非消极的转移，如吸烟、酗酒等是不提倡的，而且这类消极转移方法可能反而会让人被消极情绪操控，变得自暴自弃。

对于不良情绪，无论采用哪种方法，大学生都要学会培养一种平衡而适宜的心态，从而轻松愉悦地去面对压力，更好地享受美好的生活。

小结

（1）情绪与情感是人对客观事物是否满足自身需要而产生的态度体验。心境、激情和应激反应是3种基本的情绪状态。

（2）大学生的情感呈现出丰富性与复杂性、易感性与波动性、激情性与冲动性、自尊性与敏感性、阶段性与层次性、外显性与内隐性等特点。

（3）大学生常见的不良情绪有孤独、焦虑、郁闷和愤怒。

（4）为了保持良好的情绪状态，我们可以采取以下方法：学会驾驭自己的情绪；建立积极的自我意象；给不良情绪找个出口，例如，提供一个正常的宣泄通道、用行动带动情绪、反向心理调节、转移注意力等。

我们每个人都生活在情绪的海洋中。有时情绪高昂，做事得心应手；有时情绪低落，感觉做什么事都提不起兴趣。情绪对我们有着莫大的影响，甚至我们的一举一动都被情绪掌控着。作为社会发展与建设的主力军，大学生必将走入社会，身处快节奏的现代社会，面临各种生活压力等。这可能会让大学生产生紧张感，心理紧绷，产生负面情绪，如果大学生不对情绪加以管理、调节，一旦情绪爆发就容易害人害己。因此，为了更好地适应社会，同时保持身心健康发展，大学生应当学会关注情绪、认知情绪、管理情绪，从而更好地管理好自我，积极地应对生活，做情绪的“主人”。

思考与收获

通过对本章的学习，我的思考是____。

我的收获是____。

心理测试

情绪稳定性测试

以下为测试情绪稳定性的题目，每道题目有3个不同答案可供选择，请从中选出与自己实际情况最相近的答案。

1. 上床以后，你是否经常会再起来一次，看看门窗是否关好等？

   A. 经常如此　　B. 从不如此　　C. 偶尔如此

2. 你对与你关系最密切的人是否满意？

   A. 不满意　　B. 非常满意　　C. 基本满意

3. 看到自己最近一次拍摄的照片，你有何想法？

A. 觉得不称心　B. 觉得很好　C. 觉得可以

4. 你是否会想到若干年后会有什么使自己极为不安的事？

A. 经常想到　B. 从来没想过　C. 偶尔想到

5. 你是否被朋友、同事、同学起过绰号或挖苦过？

A. 这是常有的事　B. 从来没有　C. 偶尔有过

6. 你在半夜时，是否经常觉得有什么感到害怕的事？

A. 经常　B. 从来没有　C. 极少有这种情况

7. 你是否经常因梦见什么可怕的事而惊醒？

A. 经常　B. 没有　C. 极少

8. 你是否曾经多次出现做同一个梦的情况？

A. 有　B. 没有　C. 记不清

9. 有没有一种食物使你吃后呕吐？

A. 有　B. 没有　C. 记不清

10. 除去看见的世界外，你心里有没有另外一个世界？

A. 有　B. 没有　C. 记不清

11. 你是否常常觉得你的家人对你不好，但是你又知道他们其实对你好？

A. 是　B. 否　C. 偶尔是

12. 你是否曾经觉得有一个人爱你或尊重你？

A. 是　B. 否　C. 说不清

13. 你心里是否时常觉得自己不是自己的父母亲生的？

A. 时常　B. 没有　C. 偶尔有

14. 你是否觉得没有人十分了解你？

A. 是　B. 否　C. 说不清

15. 每到秋天，你常有的感觉是什么？

A. 秋雨霏霏或枯叶遍地　B. 秋高气爽或艳阳天

C. 不清楚

16. 你在高处时是否觉得站不稳？

A. 是　B. 否　C. 有时是这样

17. 你是否觉得自己很强健？

A. 是　B. 否　C. 不清楚

18. 你是否一回家就会立刻把房门关上？

A. 是　B. 否　C. 不清楚

19. 你坐在小房间里把门关上后，是否觉得心里不安？

A. 是　B. 否　C. 偶尔是

20. 当一件事需要你做决定时，你是否觉得很为难？

A. 是　　B. 否　　C. 偶尔是

21. 你是否常常用抛硬币、玩纸牌、抽签之类的游戏来测凶吉？

A. 是　　B. 否　　C. 偶尔

22. 你是否常常因为碰到东西而跌倒？

A. 是　　B. 否　　C. 偶尔

23. 你是否需用一个多小时才能入睡，或醒得比你希望的时间早一个小时？

A. 经常这样　　B. 从不这样　　C. 偶尔这样

24. 你是否曾看到、听到或感觉到别人觉察不到的东西？

A. 经常这样　　B. 从不这样　　C. 偶尔这样

25. 你是否觉得自己有超越常人的能力？

A. 是　　B. 否　　C. 不清楚

26. 你是否曾经因有人跟着自己走而感觉心里不安？

A. 是　　B. 否　　C. 不清楚

27. 你是否觉得有人在注意你的言行？

A. 是　　B. 否　　C. 不清楚

28. 你一个人走夜路时，是否觉得前面潜藏着危险？

A. 是　　B. 否　　C. 偶尔

29. 你对别人自杀有什么想法？

A. 可以理解　　B. 不可思议　　C. 不清楚

以上各题的答案，选A得2分，选B得0分，选C得1分。请将得分统计一下，算出总分。得分越低，说明情绪越稳定，反之则越不稳定。

总分为0 ～ 20分，表明你的情绪稳定，自信心强，具有较强的美感、道德感和理智感，有一定的社会活动能力，能理解周围人的心情，能顾全大局，性格爽朗、受人欢迎。

总分为21 ～ 40分，说明你的情绪基本稳定，但较为深沉，对事情的考虑过于冷静，处事淡漠消极，不善于发挥自己的个性。你的自信心受到压抑，办事热情忽高忽低，瞻前顾后、踌躇不前。

总分在41分以上，说明你的情绪不稳定，日常烦恼太多，经常处于紧张和矛盾中。如果得分在50分以上，则是一种危险信号，你务必请心理医生进一步诊断。

心理训练

情绪的纸条

目的

引导大学生互相学习和分享调节情绪的方法。

操作

（1）准备好若干纸条，在纸条上写下：我很无奈、我很着急、我很困惑、我很害怕、我很担心、我很不甘心、我很高兴、我很生气、我很难过、我很失望、我很无聊、我觉得丢脸、我觉得厌恶、我很惊讶、我好兴奋、我好痛苦、我好寂寞、我好满足、我好无助、我好悲伤、我想笑但是笑不出来、我不想笑但是难以控制、我想发火等。然后将这些纸条统一折好放入箱内。

（2）每次随机抽6名同学上台表演，每名同学抽一张纸条并表演纸条上写的情绪，要求只能用面部表情和肢体动作表演。

（3）其他同学猜测表演者表达的情绪。在这个过程中表演者要注意不要让其他人看到纸条内容。

（4）同学们交流讨论如何通过非语言信息来判断各种不同的表情（该活动可辅以奖品展开，如书签、笔等，若情绪被猜出，就给猜对的同学和表演的同学奖品）。

第8章

大学生人际交往——和谐的人际 心灵的桥梁

友谊能增进快乐，减轻痛苦；因为它能倍增我们的喜悦，分担我们的烦忧。

——爱迪生

心理学家认为，人类的心理适应主要就是人际关系的适应。是否具备较强的人际交往能力以及良好的人际关系，是衡量现代人是否具备社会适应能力的重要标准。当今社会是一个合作与竞争的社会，可以说，较强的人际交往能力已成为大学生重要的基本素质之一。大学生进入大学免不了与人互动，产生人际交往的需要，这不仅是大学生建立自己与他人、与世界的关系的过程，也是其自我发展的过程，对其未来的生存发展、自我意识及人格的塑造都有着重要意义。

知识目标：了解大学生的人际关系；了解大学生人际交往的特点和影响大学生人际交往的因素；熟悉人际交往的心理效应及大学生人际交往的问题；掌握人际交往的原则、技巧和人际关系的调节方法。

素养目标：学会尊重他人，处理人际交往冲突，建立良好的人际交往关系；在人际交往中要秉持诚信、平等、和谐、尊重、互助、友善的理念。

8.1 人际关系概述

名言警句

一个人的成功，百分之十五靠专业知识，百分之八十五靠人际交往。

——戴尔·卡耐基

8.1.1 什么是人际关系

在心理学上，人际关系是指人在相互交往的过程中，彼此间相互影响而形成的一种心理距离。人际关系反映了交往双方寻求满足其社会需要的心理状态。

人际关系的亲疏、友善与敌对等取决于交往双方的心理需要满足的程度。交往双方如果社会心理需要都能获得满足，那么就能保持一种亲近、信赖、友好的关系。如果因某种原因一方对另一方不友好、不尊重，使另一方产生焦虑和不安，就会增大彼此间的心理距离，使原来的亲密关系变成疏远关系，甚至有可能发展为敌对关系。

8.1.2 人际关系的类型

人际关系根据不同的标准可以划分为不同的类型：根据人际关系形成基础的不同，可以划分为血缘人际关系、地缘人际关系、业缘人际关系等；根据人际关系心理联结的性质不同，可以划分为以感情为基础的人际关系、以利害为基础的人际关系和缺乏任何基础的陌路关系。

【阅读材料】

神奇的“六度空间”

1967年，哈佛大学的社会心理学家米尔格兰姆设计了一个“连锁信”实验。他将一套连锁信随机发送给居住在美国内布拉斯加州奥马哈市的160个人，信中放了一个波士顿股票经纪人的名字，信中要求每个收信人将这套信寄给自己认为比较接近那个股票经纪人的朋友，朋友收信后继续照此办理。最终，大部分信在经过五六个步骤后抵达了该股票经纪人手中。“六度空间”的概念由此而来，米尔格兰姆也将它称为“六度分割”（Six Degrees of Separation）理论。简单来说，“六度分割”是指在社会里，任何两个人之间建立一种联系最多需要6个人（不包括这两个人在内），无论这两个人是否认识，生活的地方有多偏僻。这个“连锁信”实验体现了一个很普遍的客观规律：社会化的现代人类社会成员，都可能通过“六度空间”而联系起来，绝对没有联系的A与B是不存在的。

8.1.3 大学生的人际关系

对于大学生而言，校园生活是大学生活的中心和重心，因而大学生的人际关系主要是与同学、教师、室友等之间的关系，这些错综复杂的交往就构成了大学生人际交往的“网络系统”。

1. 同学关系

同学是大学生人际交往的主要对象，同学关系是大学生人际关系的主要内容。大学校园里的同学关系总体来说是和谐、友好的，同学之间的关系有亲情化、家庭化的趋势，即大学生会在日常生活与学习中创造一种如同亲属一般和谐稳固的同学关系。

例如，大学校园里经常有同学相伴而行，他们一起去逛街、看电影、出门游玩，有的女同学还手挽着手，显得十分亲热。而同宿舍的室友会相互帮忙取快递、晾衣服、洗碗等。遇到内部矛盾，需要一起做事或表达感谢时，同学之间也常用“大家都是好兄弟/姐妹”“大家都是朋友”来化解矛盾、寻求帮助或表达感谢。

2. 师生关系

教师与学生是大学校园的两大基本群体。教师是大学生人际交往的重要对象，师生关系是大学生人际关系的重要内容。师生关系将直接影响学生能否健康地学习、成长，并在很大程度上决定学校能否对学生的身心施加符合社会要求的影响。

和谐的师生关系在教育过程中十分重要。学识渊博、多才多艺、工作能力强的教师易使学生接受他的观点；工作认真负责，关心并尊重学生，性格开朗、果断的教师往往能赢得学生的喜爱。而学生则应正确对待教师教育过程中的缺点和不足。师生之间互相尊重、理解，就能建立良好的师生关系。

在校园里，大学生普遍做到了尊敬教师。随着社会的发展，人们的很多观念发生了变化，但“尊师”的观念一直没有变。教师在新型师生关系的建立中处于主动地位，他们对待大学生的态度直接影响师生关系发展的方向与速度。教师也在逐渐破除“师道尊严”的旧观念，尊重、理解大学生，将大学生视为独立人格主体，这样就能缩短师生之间的心理距离。

当代的大学生开始敢于挑战教师的权威。师生关系是因为教学过程而发生的，师生间的人际交往主要集中在“教”和“学”这两个相互渗透又相对独立的过程中。在教学过程中，教师在基础知识及对相关问题的研究方面处于优势地位，因此他们拥有学术权威；而学生则可能在新思维、新的知识领域中更胜一筹，如互联网技术等方面。今天的大学生真正做到了“不唯上，不唯书”，已经敢于挑战教师的权威，而这算是一件好事。

当代大学生对教师的依赖逐渐减少。据调查，大学生只有在遇到与学习有关的“功课问题”“学业问题”时，才会寻求教师的帮助，而对于个人的心理问题、情绪问题、家庭问题、交友问题及恋爱问题等，则很少会去找教师帮忙。

3. 大学校园里的学生交际圈

在今天的大学校园里，大学生根据各自兴趣、爱好、性格等的不同，结成一个个或松散或紧密的交际圈。在种类繁多的交际圈中，大学生之间有“亲疏”之分，有好朋友与一般朋友之分。大学生的交际圈大概可以分为学习圈、爱好圈、社团圈等。

（1）学习圈。这个圈子里的大学生有一个共同的目标，那就是学习。但真正为了学习学校开设的课程而形成的学习圈并不多，学习圈大多是为了考取某种证书或者参加某种公共考试，如为参加普通话资格考试、教师资格考试、考研等形成的。

（2）爱好圈。这个圈子里的大学生都有某种爱好，如体育运动、文艺活动、休闲娱乐等。这些大学生课余时间经常在一起活动，不仅内部“操练”，还经常主动“出击”，在校园中组织各项活动，形成竞技比赛，力求把圈子的活动举办得丰富多彩。

（3）社团圈。学生社团是大学校园里一道亮丽的风景，是大学校园文化的重要组成部分。社团有理论类、实践类、文艺类和体育类等，涉及文、史、哲、音、体、美等各个方面。许多大学生通过社团走出校园，将自己和社会、自然融为一体，培养能力，增长才干。

4. 网络人际关系

网络人际交往是人们在网络空间里进行的一种新型人际互动方式。大学生对网络新媒体的接受度较高，会在各个网络社交媒体平台活跃，并通过这些平台获取和发布信息，分享自己的感受，与他人聊天、交友，由此建立网络人际关系。但网络是一把“双刃剑”，网络人际关系对大学生的健康成长既有正面效应，又有负面效应。这就要求大学生注意甄别网络中的信息和交往对象，避免受不良信息的影响。

8.2 大学生的人际交往

名言警句

独学而无友，则孤陋而寡闻。

——《礼记·学记》

美国心理学家沙赫特曾做过这样一个实验：他以每小时15美元酬金聘请人到一个小房间去住。这个小房间与外界完全隔绝，没有报纸，没有电话，不能写信，也不让其他人进入。食物由人送至门底下的小洞口，住在里面的人伸手就可拿到，一个人住进这个小房间后将与外界完全隔绝。有5人应聘参加了该实验，实验结果是：有1个人在小房间里只待了两个小时就出来了，3个人待了两天，另1个人待了8天。这个待了8天的人出来以后说：“如果再让我在里面待1分钟，我就要发疯了。”

心理学研究表明，人都有强烈的交往需要，都畏惧孤独，害怕离群索居，大学生更是如此。他们通常远离家乡，远离亲人，异地求学，心中难免有失落感和孤独感，同时在日常的学习和生活中也难免碰到一些不顺心的事，更增加了惆怅心理，因此，他们需要找人倾诉、交流，从交谈中得到精神上的慰藉。

8.2.1 大学生人际交往的特点

微课
良好人际关系发展的阶段

大学生人际交往有其自身的特点，主要表现在以下几个方面。

1. 主动追求开放式人际交往

在中学阶段，学生的注意力都集中在学习上，没有时间和精力进行很多的人际交往。进入大学后，由于学习模式转变，他们迫切需要走出家门，走进公共场合，结交更多的朋友，交流更多的信息，接受更多的新思想。在这种心理的作用下，大学生的人际交往呈现出前所未有的开放趋势，这种开放趋势主要表现在以下几个方面。

（1）交往的范围扩大。过去的交往对象多限于亲戚、邻居、成长伙伴、同宿舍或同班同学，现在的交往对象早已超越了家庭、宿舍、班级与学校，不再受地域的限制，范围不断扩展，除了大学同学外，还包括在外系、外校认识的人，网络途径结识的人，以及在其他社交场合认识的人。

（2）交往的频率提高。过去的交往通常是偶尔的相聚、互访。现在的交往已发展为经常性的聊天、社团活动、举行聚会、体育活动、娱乐、结伴出游及其他集体活动。

（3）交往的方式多样。过去的交往通常是同学之间的互访与通信。现在的交往已普遍使用一些现代化的通信设备、交往工具、交往场所等，交往手段有了很大的发展。这也使得大学生的人际交往变得更方便、快捷，交往距离更远，交往范围甚至可以扩展到世界范围。

2. 追求人际交往的独立性和选择性

随着生理、心理的成熟，大学生的人际交往行为也变得更为理智。

（1）从交往的特征看，过去的人际交往主要是在师长的指导下，在父母、朋友的协助下进行的。随着独立意识的增强，大学生交往的对象、范围都有了改变，交往的自由度加大。此外，大学生的交往心理由情绪型向理智型转化。过去的人际交往会受不稳定情绪的影响，表现为情绪型的特征；随着社会经验的丰富及心智的成熟，大学生学会了调节情绪，因此在交往活动中不再被情绪左右，能理智地择友。

（2）从交往对象看，大学生的人际交往通常以宿舍的同学为中心，以社会工作和网络社交的人际交往为主导。大学生虽然主动追求开放式的人际交往，但由于时间、精力、生活环境、经济条件等方面的限制，交往的主要场所仍然在校园内，中心是宿舍。这是因为大学生过着与同学朝夕相处的集体生活，摆脱了对父母、教师的依赖，众多的交往机会、相似的人生经历、共同的学习任务，使大学生的交往对象更多地选择同宿舍、同班、同乡等有相似背景的同学。

（3）交往基本上围绕共同的话题，如学习、考试、娱乐等思想交流、情感沟通而展开。此外，大学生对与异性之间的交往愿望强烈。由于性生理的成熟，也有一些大学生对异性产生了兴趣，大学生活又提供了许多与异性同学交往的机会，因此，大学生异性交往的愿望常常会变为交往的具体行动。

3. 情感型交往与功利型交往并重

随着社会的发展变化，大学生在交往目的上也趋于“理性化”，选择与什么样的人交朋友，并不纯粹是出于交流情感和志同道合。过去交往多是为了交流情感、寻找友谊、寻觅爱情，交往的目的相对单一，而现在随着社会的多样化，大学生人际交往的目的和内容也更加丰富多彩，涉及衣、食、住、行、学习、工作、娱乐等多方面。可以说，大学生的人际交往在注重情感交流的同时，也注重与自身社会利益相关的务实性内容，呈现出情感型交往与功利型交往并重的趋势。

4. 从注重纵向交往转向扩大横向交往

大学生进入大学后，生活空间大大扩展，与家长、教师的联系减少，交往的重点从注重纵向交往转向扩大横向交往，即交往的对象转向同龄人，从以往与同班同学的交往扩大到与同系、外系、外校的人的交往。

8.2.2 影响大学生人际交往的因素

拓展阅读

与影响因素有关的实验

在大学生群体中，人与人之间交往的程度或深度往往有很大的差别：有的一见如故；有的情同手足，形影不离；有的时冷时热，若即若离。这些差别主要与交往双方的个人吸引力有关。大学生的人际交往受以下因素的影响。

1. 时空的接近性

俗话说，“近水楼台先得月”“远亲不如近邻”。这说明时空距离是形成人际关系的一个重要因素。空间距离越接近的人，就越容易发生人际交往。例如，同班同学、同桌、同宿舍的人不仅容易交往，而且交往频率高。双方交往的频率越高就越容易相互了解和相互支持。双方因接触机会多而相识，因相识而彼此吸引，因彼此吸引而容易形成共同的经验、共同的话题、共同的体会、共同的兴趣及共同的利益，从而建立友谊。另外，时间上的接近，如同龄、同期入学、同期毕业等的双方，也易于在感情上相互接近，产生相互吸引。

时空接近是密切人际关系的重要条件，但不是绝对的。有的时候，时空过于接近，交往过于频繁，反而容易造成摩擦和冲突，影响人际关系的巩固和发展。时空接近并不是形成良好人际关系的决定因素，而只是一个必要条件，并非充分条件。

2. 态度的相似性

“惺惺相惜”指的是才智相近的人会彼此珍惜。人们往往倾向于喜欢在某方面或多方面与自己相似的人，包括思想、信念、价值观、道德评价方面的一致或相似，兴趣、爱好的一致，以及年龄、学历、社会地位、职业、修养等方面的相似，这样双方更容易沟通，也更容易有共同语言，产生心理共鸣，促进情感的交流，从而形成融洽的交往关系；反之，则可能无话可说，相处比较困难。例如，大学生会因为价值观及兴趣爱好的一致与其他班级或专业的人成为好友。“物以类聚，人以群分”这句话就言简意赅地表明了人际交往中相似性的作用。

微课

人际吸引的条件

3. 需要的互补性

需要和满足需要的期望是推动人际交往的根本原因，也是人际交往的动机和目的。人际关系良好与否取决于交往双方彼此满足需要的方式和程度。如果人际交往中的一方展现出来的品质或行为能够满足另一方的需要，那么前者对后者就能产生吸引力，当双方可以相互满足对方的需要时，双方就能产生强烈的人际吸引，因为彼此可以取长补短。

人在成长的过程中，不可能掌握所有的机会，因而顾此失彼的遗憾在所难免。因此，当我们见到对方拥有自己所缺失的某种特征时，就会不由地对其产生好感。

4. 形貌与个性品质

“爱美之心，人皆有之”，人们常常把在外貌和仪态上有吸引力的人视为拥有较多优良人格特征的人，一个人的形貌，包括长相、穿着、仪表、体态，往往是构成人际吸引力的重要因素。良好的个性品质更是引人注意与令人欣赏的重要条件。

（1）形貌。心理学家爱泼斯坦做过一个研究，他以公立学校的黑人和白人学生作为被试者，给他们观看黑人和白人儿童的照片，每个儿童两张照片，一张容貌端正、服饰整洁，另一张则蓬头垢面。当问及被试者更愿意与谁玩时，不管黑人学生还是白人学生，都以端正整洁作为选择标准。在生活中，人们不自觉地对外貌优秀、仪态出众的人产生好感，因此大学生可以通过塑造优良的形貌来促进人际吸引的建立。但是，形貌优良的未必是正人君子，形貌之外的道德品质也非常重要，体态纤细瘦弱的人也许性格刚强且坚定，这也是大学生应注意的。

（2）个性品质。心理学家安德森在一项研究中，将555个描绘个性品质的形容词列成表格，让大学生按照喜欢的程度由高到低排列。结果显示，这些大学生最喜爱的个性品质前10位是真诚、诚实、理解、忠诚、真实、可信、聪慧、可依赖、有头脑与体贴，最厌恶的个性品质前10位是古怪、不友好、敌意、饶舌、自私、狭隘、粗鲁、自负、贪婪和不真诚。尽管安德森的研究是在20世纪60年代末进行的，但他的发现与当代人的选择倾向仍有高度的一致性，并且对当代的普通大学生也有重要的启发意义。

5. 沟通能力与语言障碍

缺乏沟通能力或技巧，沟通存在语言障碍，如口齿不清，语言表达不准确，词不达意；说话习惯用命令的语调，很少用商量的语调；因存在偏见或歧视而在沟通时妄自尊大或沾沾自喜：这些因素都可能造成沟通过程中的误解或冲突，妨碍良好人际关系的建立。

8.3 大学生人际交往的心理效应与问题

名言警句

你我是朋友，各拿一个苹果彼此交换，交换以后仍然各有一个苹果；倘若你有一个思想，我也有一个思想，互相交流，那么每人就有两个思想。

——萧伯纳

美国心理学家奥尔特曼和泰勒提出和谐、融洽的人际关系，交往及情感的由浅入深，需要经过定向、情感探索、情感交流和稳定交往4个阶段，也有人以图8-1所示的方式形象地描述了人际关系发展的过程。

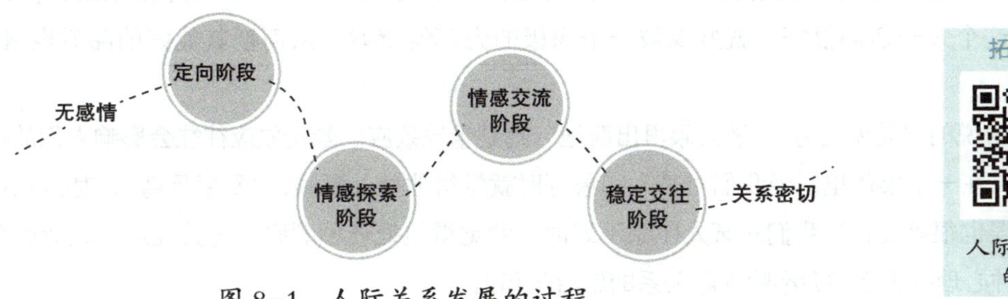

图 8-1 人际关系发展的过程

拓展阅读

人际关系发展的过程

8.3.1 人际交往的心理效应

拓展阅读

心理效应相关实验

人际交往不仅能培养大学生的社会适应能力，而且有利于培养大学生思维的广阔性和创造性。大学生想要加强人际交往意识，与他人建立良好人际关系，就必须了解人际交往的心理效应。

1. 首因效应

首因效应又称“第一印象效应”“优先效应”，一般指人们初次交往接触时，各自对交往对象的直觉观察和归因判断。这种第一印象一般由个体的表情、体态、仪表、服装、谈吐、礼节等形成，通常较为深刻、长远。虽然第一印象是在很短的时间内根据有限、表面的观察得出来的，但由于它的新异性和双方鲜明的情绪色彩，所以能在人的脑海中留下深刻的烙印而不易消除。

如果某人在初次见面时给人们留下了良好的第一印象，那么这种印象以后就会左右人们对他的认识，使人们总是以肯定的眼光看待他，即使后来他发生了很大的变化，人们也很难改变这种印象，反之亦然。这就是第一印象的定势作用。大学生在人际交往中要注意利用首因效应，可通过在初次交往的场合中表现出自己得体的仪表和言谈举止等，给他人留下良好的第一印象。

2. 近因效应

近因效应与首因效应都是由美国心理学家洛钦斯提出的，在心理学范畴上两者正好是相反的一对。近因效应是指人们对于最后、末尾事物的记忆更加深刻的心理现象。心理学家曾做过这样一个实验，即给被试者一段时间记忆一组词语，当让他们回忆记忆的内容时，处于末尾的词语正确率往往最高。反映到交往过程中，近因效应就是指人们对他人最近、最新的认识会占据主导地位，掩盖以往的认识，因此也称为“新颖效应”。

微课

人际交往中的心理学效应

例如，你的朋友前段时间惹你生气，你本来想“冷战”一段时间，但他最近又做了让你感动的事，你就只记得他的好，忘记了他的不好，这就是近因效应。近因效应给了人们改变形象、重新来过的机会。如果大学生在人际交往中没有给人留下较好的第一印象，就可以利用近因效应来弥补之前的不足，重新获得对方的好感和认同。

3. 晕轮效应

晕轮效应又叫“成见效应”，指的是在人际交往中，人们对某人的某一种特性特别欣赏或厌恶，从而影响了对他的其他品质的认识和评价。晕轮效应是在人际交往中一方对对方的信息资料掌握不足就做出总体判断的情况下产生的。例如，一个人对某人产生了良好印象后，便以偏概全，认为这个人一切都很好，就好像被一个积极的光环笼罩着，从而把其他好的品质也赋予他，反之亦然。

人们常说的“爱屋及乌”“情人眼里出西施”就是晕轮效应。晕轮效应往往会影响人们的相互交往。例如，在一个集体里，当我们对某人印象好时就觉得他处处顺眼，“爱屋及乌”，甚至觉得他的缺点、错误也很可爱；当我们对某人印象不好时，就觉得他处处不顺眼，对其优点、成绩也会视而不见。这种心理状态必然会影响人际关系的融洽与和谐。

4. 定势效应

定势效应是指个体头脑中已有的某些固定化认识，会影响个体对他人的认知和评价，这些固定化认识既有个体自己形成的，又有从社会上长期流传和沿袭下来的习惯看法、观念中得出的。

人们在交往中不仅会对个人形成印象，对群体也会形成印象，并且这种对群体形成的印象还会影响对群体中个人的认知，这也叫社会刻板印象，即人们对社会上某一类人所形成的概括而固定的看法，如一个人属于某个职业，就认为他一定具有这个职业的特性。有些人在交往初期就习惯对人进行分类，然后将对某类人的评价强加给对方。例如，有些人会把比自己年龄偏大的人与“有代沟”“比较古板、保守”“不熟悉网络潮流”等联系在一起，有些人认为北方人豪爽、质朴等，这些都受到了定势效应的影响。

定势效应在人际交往中有利有弊。一方面，它会使认识他人的过程存在某种程度的简化，有助于人们对他人做概括的了解；另一方面，倘若在非本质方面进行概括而忽视了人的个别差异，就会形成偏见，做出错误的判断。在人际交往中大学生必须克服上述心理偏见，要辩证、发展、全面、历史地观察和了解一个人，提高认识人和事的广度和深度，从而提高交往的水平。

5. 投射效应

投射效应是指在人际交往中，认知者形成对他人的印象时总是假设他人与自己有相同的倾向、特征，亦即“由己推人”。投射效应在大学生人际交往中的表现形式是多种多样的。例如，自己对别人有意见，就认为别人对自己也怀有敌意；在传递信息时，以为自己知道别人也知道，就随意斩头去尾，这样往往会造成误解，甚至于误事；自己喜欢一位异性，希望对方也喜欢自己，进而把对方的一个眼神、一个笑意、一个友好的表示甚至一句玩笑都看成是对自己有好感等。

投射效应的实质在于从主观出发简单地认知他人，自我与非我不分，主观与客观不分，认知的主体与认知的对象不分，最终导致认知具有主观性与任意性。大学生在认知过程中应注意客观性，力求从客观实际出发，深入考察，摒弃主观臆断、妄想猜测，尽量减少人际交往中的误会和矛盾。

【阅读材料】

疑人偷斧

《吕氏春秋》记载，从前，有人丢了一把斧子，无端怀疑是邻居的孩子偷的。于是他就暗暗观察那个孩子的言行举止、神情仪态，觉得那个孩子无一不像偷斧子的样子。于是他断定偷斧子的人非那个孩子莫属。不久，他在刨土坑的时候找到了那把斧子，之后再看邻居的孩子，竟然一点儿也不像偷斧子的人了。从这个故事中可以看出，我们不应带着既有印象主观臆测，准确的判断应来源于客观事实。

8.3.2 大学生人际交往的问题

名言警句

关于人际关系的艺术，如果有所谓成功的秘诀，那就是有站在对方立场审时度势的能力，即由他人的观点看事情，如像由你自己的观点看事情一样。

——戴尔·卡耐基

大学生都希望有丰富的人际交往，有令人感到友善和温暖的人际关系，但遗憾的是，有些大学生有与人交往的欲望，却没有朋友；虽然处于人来人往、熙熙攘攘的世界中，但无法摆脱心灵的孤寂。人际交往的问题已成为影响大学生心理行为的主要因素，大学生存在的人际交往的问题可以概括为以下5种类型。

1. 不敢交往

在人际交往中，人们都存在恐惧心理，只是每个人的反应程度不同。有一部分大学生由于害羞、自卑心理的作用，在与人交往时显得特别紧张，心跳气喘、面红耳赤，两眼不敢正视对方，与人交谈时语无伦次、词不达意，尤其在人多的场合或在班集体活动中，不敢和人打交道，不敢表现自己。

2. 不愿交往

有的大学生在经历了竞争激烈的高考之后，发现自己不如在中学时那么出类拔萃，进而形成一种自卑心理，认为自己不如别人，怕别人瞧不起自己，遇事总是回避退让，整日郁郁寡欢，缺乏与人交往的愿望和兴趣。他们自我封闭又特别敏感，心理承受力差，经不起刺激，喜欢独来独往，不愿抛头露面。

3. 不懂交往

有的大学生因为不了解人际交往的方法，在交往时呈现以下特点：在交往的过程中显得过于生硬、书生气太足，不注意交往中给人的“第一印象”，不注意沟通方式，在劝说他人、批评他人、拒绝他人时不讲究语言技巧或在交往中以自我为中心，不懂装懂等，从而影响了与他人进一步的交往。

4. 不易交往

有的大学生在人际交往中持有这样的观点：我不想占别人的便宜，别人也别想借我的光。他们在日常交往过程中不轻易相信别人，不轻易流露自己的真实思想，很难与人推心置腹，对人怀有很深的戒备心理。这样的大学生给人一种高深莫测、不易交往的印象，与此同时他们也很难交到知心朋友。

5. 不深交往

这类大学生的主要特点是，他们虽然能与人交往，但自我感觉交往质量不高，大多是泛泛之交，没有关系较为密切的朋友，也难以与他人发展良好的人际关系。

8.4 人际交往的原则、技巧和人际关系的调节

人际交往是人类活动的基本形式，也是当代大学生成长过程中的必经之路。然而，置身于纷繁复杂的人际交往中，不少大学生都迷茫不解、无所适从，甚至感到苦恼。如果这些问题得不到及时解决，就会对大学生的生活、学习乃至身心健康产生不良影响。为了提升人际交往的能力，大学生应当懂得人际交往的原则、技巧和调节人际关系的方法。

8.4.1 人际交往的原则

大学生都希望拥有和谐的人际关系，而要做到这一点，大学生就需要了解并遵循人际交往的原则。

1. 平等原则

这是最基本的原则。社会中的人年龄悬殊，分工不同，经历各异，他们交往的原则和方式较复杂，而大学生的年龄、经历、文化水平等都大体相似，不论他们来自哪里，家庭出身如何，年级高低，人际交往都应该是平等的。大学生绝不能自视特殊，居高临下，傲视他人，否则就会脱离集体，造成心理上的孤独感。

2. 尊重原则

生活中每个人都有自己的人格尊严，并期望在各种场合得到他人的尊重。古人云：“敬人者，人恒敬之。”生活的实践也告诉我们，只有尊重他人，才能获得他人的尊重，所以大学生必须学会尊重他人，包括尊重他人的人格、权利和劳动成果。

3. 真诚原则

真诚待人通常被认为是人际交往中较有价值、较重要的原则。大学生在人际交往中，一定要恪守真诚原则，坚持做到真诚坦率，一是一,二是二，表里一致，言行一致。古人云："以诚感人者，人亦诚而应。"其中的道理值得大学生铭记。

4. 宽容原则

在人际交往中，我们难免会遇到一些不愉快的人和事，这时不能意气用事或因噎废食，干脆从此就不与人交往了，而是要从长计议，学会宽容和适当的克制与忍耐。

苏轼的《留侯论》中有："匹夫见辱，拔剑而起，挺身而斗，此不足为勇也。天下有大勇者，卒然临之而不惊，无故加之而不怒。此其所挟持者甚大，而其志甚远也。"大学生在人际交往中，心胸要宽，气量要大，遇事要权衡利弊，切不可斤斤计较、苛求他人、固执己见，要尽量团结那些与自己有分歧的人，营造宽松的交际环境。

5. 交互原则

人际关系的重要基础是人与人之间的相互重视和相互支持。可以说，在人际交往中，喜欢和厌恶、接近和疏远都是相互的。喜欢我们的人，也被我们喜欢；愿意与我们交往的人，受到我们的善待；对我们不屑的人，我们也会对他嗤之以鼻。交互原则要求我们在人际交往过程中，要考虑双方的共同价值和共同利益，使双方在交往中都能得到好处和利益，获得心理上的满足和平衡。

社会心理学家霍曼斯早在1974年就提出社会互动是一种类似商品交换的过程，这里的交换不仅是物质商品的交换，还包括诸如赞许、荣誉或声望之类的非物质商品交换。他认为在人际交往的相互作用中，要做到收支平衡，也要有利润。大多数人的交往是互惠互利的，完全没有需求上的相互满足和回报的交往几乎是不存在的，或是很难延续较长时间的。这里所指的互利并非完全是物质上的互利，还包括精神和感情层面的互利。

因此，在人际交往中我们必须明白"投桃报李"的含义。"投我以桃，报之以李"，传统文化中的智慧也形象地展示了人际交往中的交互性是多么重要。

6. 适度原则

适度原则就是要求我们在人际交往中要"亲密"，但不要"无间"，尤其是在与关系较好的朋友或异性朋友相处时。有的人认为与朋友越是没有距离就说明关系越好、越牢固。其实，每个人在内心深处都会有自己认为最私密的东西，即便是在关系最亲密的人面前也是有所保留的。因此，如果过分要求朋友向自己敞开一切，而朋友不能接受时，就容易产生猜忌和怀疑。所以，要想保持良好的人际关系，就要坚持这一原则，正所谓“距离产生美”。

【阅读材料】

人缘型的大学生最受欢迎

根据心理学家黄希庭的研究，大学生的个性特征可分为人缘型、首领型、嫌弃型、孤立型4种。人缘型和嫌弃型的个性特征分别如表8-1和表8-2所示，其他两种类型此处暂不讨论。在4种个性特征类型的大学生中，人缘型的大学生最受欢迎。

表8-1 人缘型的个性特征

次序	个性特征
1	尊重他人、关心他人、对人一视同仁、富有同情心
2	热心班级集体活动，对工作非常负责
3	稳重、耐心、忠厚老实
4	热情、开朗、喜欢交往、待人真诚
5	聪颖、爱独立思考、成绩优良、乐于助人
6	重视自己的独立性和自制力，并且有谦逊的品德
7	有多方面的兴趣和爱好
8	有审美的眼光和幽默感
9	温文尔雅、举止端庄

表8-2 嫌弃型的个性特征

次序	个性特征
1	以自我为中心，只关心自己，不为他人的处境和利益着想，有较强的嫉妒心
2	对于班集体的工作或敷衍了事、缺乏责任感，或浮夸不诚实，或完全置身于集体之外
3	虚伪、固执、爱吹毛求疵
4	不尊重他人，操作欲、支配欲强
5	对人冷漠、孤僻、不合群
6	有敌对、猜疑和报复的心理
7	行为古怪、喜怒无常、粗鲁、暴躁、神经质
8	狂妄自大、自命不凡
9	学习成绩好，但不肯帮助他人甚至轻视他人
10	自我期望很高、小气、对人际关系过分敏感
11	势利眼
12	学习不努力、目无组织纪律、不求上进
13	兴趣贫乏

8.4.2 人际交往的技巧

人际交往是人与人之间的心理互动过程，双方关系的建立、感情的维系都需要用心。掌握一定的人际交往技巧，有助于大学生提高自己的交往能力，建立和谐的人际关系。

1. 消除戒备，敞开心扉

有的大学生虽然很想和他人建立良好的人际关系，但是由于对交往存在错误的认知，如“先同他人打招呼显得自己低人一等”“害人之心不可有，防人之心不可无”，把人与人之间的交往分出地位高低或视为尔虞我诈，害怕在交往中遭到他人的算计。因此，这些大学生在人际交往中处处小心谨慎，缺乏主动、热情，这样自然难以与他人建立良好的人际关系。

其实，想要获得友谊，自己就要向对方主动地发出友善的信号，先接纳他人，喜爱他人，这就是所谓的“爱人者，人恒爱之；敬人者，人恒敬之”。多数大学生的交往动机是纯正的，交往行为是符合道德的，所以不要因为害怕在交往中遭到个别人的算计而把自己的心封闭起来。

2. 真诚地肯定对方

人类普遍存在自尊的需要，美国哲学家詹姆士说：“人类本质中最殷切的需要是被肯定。”人类对肯定的渴望绝不亚于对食物和睡眠的需要。人们在交往中总是倾向于选择能肯定自己的人，大学生也是如此。因此在交往中大学生首先要肯定对方、尊重对方，努力去发现对方的优点、长处与成绩，并真诚、慷慨地赞美他人，这样就能成功地打开交往的大门。

3. 礼尚往来，学会回报

社会心理学家霍曼斯提出，人与人之间的交往本质上是一个社会交换过程，但是这种交换与市场上买卖关系中发生的交换不完全一样。通过观察生活我们可以发现，互相帮助的人与人之间，交往总是比较密切，关系也比较亲密、持久，而双方可能以直接或间接的、精神或物质的支持作为回报。应注意的是，人际交往中的回报并不存在一般等价物，在很多时候也不是同步、等量的。大学生要注意，给他人提供帮助时切勿以他人相应的回报为条件，并且对他人给予自己的帮助应适时地予以回报。

4. 重视建立良好的第一印象

初入校门的大学生在和一些不熟悉的人交往时，要注意给对方留下良好的第一印象。美国学者伦纳德·曾宁指出，结交新认识的人时，头4分钟至关重要。他认为为了给对方一个好的第一印象，结交新朋友时，起码精神要高度集中于头4分钟，在头4分钟内不应一面与对方交谈，一面东张西望，或另有所思，或匆匆改变话题，否则都会使对方不悦。

【阅读材料】

如何建立良好的第一印象

关于如何建立良好的第一印象，戴尔·卡耐基在《影响力的本质：如何赢得朋友和影响他人》一书中提出了6条建议。

（1）真诚地对别人感兴趣。

（2）保持轻松的微笑。

（3）多提别人的名字。

（4）做一个耐心的听者，鼓励别人谈他自己。

（5）聊一些符合别人兴趣的话题。

（6）以真诚的方式让别人感到他很重要。

5. 准确表达，善于倾听

语言交流是人际交往中直接、常用的方式。其中，口头交谈对良好的人际关系的建立最为关键。乐于交谈、善于表达、称呼得当、注意倾听，这些都可以使人们在良好的心理气氛下顺利交往。因此，大学生要学会正确运用语言的艺术。

（1）准确表达。大学生要用清楚、简练、幽默、生动、通俗、流利的语言表达自己的思想和观点。在表达时，大学生切忌不理会对方的意见和反馈，只顾喋喋不休地发表自己的意见；同时要避免不切实际地夸赞对方，让对方产生不舒服的心理；也要避免总是质问对方，让对方觉得自己像被审问的罪犯一样。交谈的话题和形式应适合对方的知识范围与经验，合乎对方的心理需要和兴趣。

（2）善于倾听。在交谈中，大学生要注意倾听，能站在对方的立场上，投入对方的情感中，集中精力了解对方谈话的内容，同时还应通过适当的提问、点头、对视等方法来表明自己对其谈话内容的兴趣；切忌在倾听时频频打断对方，插入自己的想法或表现出不耐烦的情绪。

▶▶【阅读材料】

不受欢迎的张某

张某是一个活泼开朗又健谈的女孩子，大学开学后很快就融入了班级中。但没过多久，大家都不爱和她聊天了，因为在别人向她倾诉的时候，她对别人的话总是简单地“嗯”一声，就把话题转到自己身上，滔滔不绝地讲起来。在同学和她交谈的过程中，如果身边发生了她感兴趣的事，她就时常打断谈话去凑一下热闹。有时候别人中途过来打招呼的时候，她也会完全忘记正在和她聊天的同学，和其他人聊起来，这让和她聊天的同学觉得自己并不受重视。久而久之，张某身边的同学也渐渐与她拉开了距离。

在人际交往中，善于倾听其实是一种很珍贵的品质，也是保持良好人际关系的技巧。每个人都希望自己得到他人的尊重与重视，而倾听则是传递这种态度的有力武器。善于倾听，消化在心，能在人际交往中发挥重要作用。

8.4.3 人际关系的调节

微课

怎样调适人际交往的问题

人际交往是人们的一种需要，社会上的每一个人都不能脱离社会群体而独立生活。同样，大学生一旦脱离其他同学而离群索居，他的心理发展和行为方式就可能受到严重影响。因此，调整自己的人际状态，构建和谐的人际关系，对于大学生来讲就显得尤为重要和迫切。调节人际关系可以从以下几个方面入手。

（1）正确认识自己，提高自我评价能力。要善于发现自己的长处，肯定自己的成绩，同时要正确看待别人，切不可把自己看得一无是处，而把别人看得完美无缺。

（2）尽可能弥补自己的不足。一个人的身高、长相是很难改变的，但是能力、特长是可以通过努力获得的。例如，别人的篮球打得好、歌唱得好，而自己的身高、嗓音条件达不到时，也不必灰心，可以选择练习书法、绘画、写作等，只要持之以恒，就一定能够成功。

（3）进行积极的自我暗示、自我鼓励。在交际场合绝不要消极地暗示自己：我不行，会失败！失败了怎么办？而要进行积极的心理暗示：我行，我一定能成功！经常进行积极的心理暗示对增加社交自信心很有好处。

（4）及时从社交失败的阴影中解脱出来。人际交往中难免有挫折和失败，对此我们应总结经验、吸取教训，不要沉溺在失败的回忆中，唉声叹气、自怨自艾，要拿得起、放得下，尽快忘掉失败的烦恼，振作精神，勇敢地投入新的社交活动中。

（5）保持平常心。当别人确实在某一方面强于自己时，我们不应嫉妒和不服气，应该正视自己的缺点，保持一颗平常心，并努力改正。当自己的目标和别人一致，且别人在这方面已经远超自己时，自己可以改变目标，换一个方向去努力，也许会获得和别人一样理想的结果。毕竟在一个群体中，总有人走在前头，也总有人相对落后一些。自己可以努力、争取，实在赶不上也不必强求。我们不能总是盯住别人的优点和长处，也不能总是把注意力放在少数优秀的人物身上，要学会保持平常心。

【阅读材料】

嫉妒心理案例分析

吴某是某学院二年级学生，担任班级组织委员，由于与班长关系不好，不想与对方打交道，但又难以避免，所以感到很苦恼，甚至想辞掉班委工作。于是，他找到心理辅导老师寻求帮助。

在吴某的讲述中，她与班长刚开始关系还不错，但慢慢发现班长在与她暗中较劲，想要压她一头。“我在和别人聊天时，她总要插话，没一会儿，别人就和她聊得火热，把我晾在一边。她性格比较外向，平时和男同学交往很多，好多同学都很听她的话。她穿着打扮也比较时尚。现在我心里特别讨厌她，很想灭灭她的气势。我就不能和她同在一个场合，她在场，我觉得自己什么事都做不好，但是我们同在一个班，又都是班委，合作的机会很多，好像总甩不掉她。我气得不得了，她却好像没什么事一样，照样有说有笑。真是烦死我了，我到底该怎么办才好呢？”

心理辅导老师认为，吴某是由于嫉妒而心理失衡，导致人际交往出现问题。吴某不能客观地看待自己和他人，不能接纳自己和他人的不同，不能悦纳他人和欣赏他人，造成对他人的嫉妒猜疑，甚至产生了进行打击行为的想法。且吴某在人格上的保守和以自我为中心，导致她一味苛求他人而忽视了自己的反思和成长，也使得嫉妒之火越烧越旺。如果不加以引导的话，可能会害人害己。

为此，心理辅导老师首先让吴某认识到自己心理失衡的原因是自己的嫉妒心理和自己固有的认知模式与个性，并与她一同深入探讨了嫉妒和认知障碍对人际交往及对自己和他人的影响。同时，心理辅导老师运用人际交往训练和情绪ABC理论，使吴某了解到人际关系交往的原则及交往技能，并从理性和感性上认识到自己错误的、不合理的认知和习惯性的思维方式。接着心理辅导老师疏导其情绪，让吴某知道嫉妒心理是有发展过程的，自己可以通过培养豁达、宽广的胸怀，坦然地对待他人的长处，不要有超出自己能力的过高期望，也可以靠完善自我、合理竞争缩小差距等来保持心理的平衡，将嫉妒心理消灭在萌芽状态。

另外，心理辅导老师还告诉吴某应常常调适自己的心理，并为其提供了几种调适办法：一是广泛阅读，广交朋友，用知识和人际交往充实自己的生活，悦纳了大千世界，就能够杜绝不正确的想法；二是不眼红别人，正视自己与他人的差距；三是在被嫉妒困扰时转移注意力，使自己沉浸到学习或工作中，没有时间胡思乱想。

小结

（1）在心理学上，人际关系是指人在相互交往的过程中，彼此间相互影响而形成的心理距离。人际关系反映了交往双方寻求满足其社会需要的心理状态。

（2）人际关系可以根据人际关系形成基础、心理联结性质的不同划分为不同类型。

（3）大学生的人际关系包括同学关系、师生关系、大学校园里的学生交际圈和网络人际关系。

（4）大学生的人际交往呈现出主动追求开放式人际交往、追求人际交往的独立性和选择性、情感型交往与功利型交往并重、从注重纵向交往转向扩大横向交往等特点。

（5）影响大学生人际交往的因素主要有时空的接近性、态度的相似性、需要的互补性、形貌与个性品质、沟通能力与语言障碍等。

（6）和谐、融洽的人际关系，交往及情感的由浅入深，需要经过定向、情感探索、情感交流和稳定交往4个阶段。

（7）人际交往的心理效应主要有首因效应、近因效应、晕轮效应、定势效应和投射效应等。

（8）大学生人际交往的问题主要包括不敢交往、不愿交往、不懂交往、不易交往和不深交往5种。

（9）大学生的人际交往应遵循平等原则、尊重原则、真诚原则、宽容原则、交互原则和适度原则。

（10）大学生在人际交往的过程中，要消除戒备，敞开心扉；真诚地肯定对方；礼尚往来，学会回报；重视建立良好的第一印象。掌握这些技巧，大学生可以提高自己的交往能力。

《诗经·小雅》的《伐木》篇中有："伐木丁丁，鸟鸣嘤嘤。出自幽谷，迁于乔木。嘤其鸣矣，求其友声。相彼鸟矣，犹求友声。矧伊人矣，不求友生？"连鸟都要寻找朋友和知音，何况人呢？人在社会上生活不可能没有朋友，也都希望寻到志同道合的知音，而这需要人在交往中做到"诚"，"诚者，天之道也。诚之者，人之道也。"说明了诚是宇宙万物存在的基础，是自然的本性，也是做人的法则。大学生在与人交往时，既要诚信，也要真诚，以诚待人，才能收获真诚的友谊。

思考与收获

通过对本章的学习，我的思考是____。

我的收获是____。

心理测试

大学生人际关系的自我测评

请你根据自己的实际情况，认真考虑下列问题，从所给备选答案中选出最符合你的一项。

1. 每到一个新的场合，我对那些原来不认识的人，总是：

   A. 能很快记住他们的姓名，并与他们成为朋友

   B. 尽管也想记住他们的姓名并与他们成为朋友，但很难做到

   C. 喜欢一个人消磨时光，不大想结交朋友，因此不注意他们的姓名

2. 我结识人、交朋友的动机是：

   A. 朋友能使我生活愉快

   B. 朋友喜欢我

   C. 朋友能帮助我解决问题

3. 我和朋友交往持续的时间多是：

   A. 很久，时有来往

   B. 有长有短

   C. 根据情况变化，不断弃旧更新

4. 对曾在精神上、物质上帮助过我的朋友，我总是：

   A. 感激在心，并时常向朋友提起此事

   B. 认为朋友之间互相帮助是应该的，不必客气

   C. 时过境迁，抛在脑后

5. 我在生活中遇到困难或发生不幸时：

   A. 了解我情况的朋友几乎都会安慰、帮助我

   B. 只是那些很亲近的朋友来安慰、帮助我

   C. 几乎没有朋友安慰、帮助我

6. 我和那些气质、性格、生活方式不同的人相处时总是：
   A. 适应比较慢
   B. 几乎很难或不能适应
   C. 能很快适应
7. 对于那些异性朋友，我：
   A. 只是在非常必要的情况下才去接近他们
   B. 几乎和他们没有什么交往
   C. 能同他们接近并正常交往
8. 我对朋友的劝告、批评总是：
   A. 能接受一部分
   B. 难以接受
   C. 很乐意接受
9. 对待朋友的生活、工作等诸多方面，我喜欢：
   A. 只赞扬他的优点
   B. 只批评他的缺点
   C. 因为是朋友，所以既要赞扬他的优点又要指出他的缺点
10. 在我情绪不好或很忙的时候，朋友请求我帮他，我会：
   A. 找个借口推辞
   B. 表现得不耐烦或断然拒绝
   C. 表示有兴趣，尽力而为
11. 我在编织自己的人际关系网时，更希望编入：
   A. 上司、有权势者
   B. 诚实、心地善良者
   C. 与自己社会地位相同或低于自己的人
12. 当我生活、学习等遇到困难的时候，我：
   A. 向来不求助于人，即使无能为力也是如此
   B. 很少求助于人，只在确实无能为力时，才请求朋友帮助
   C. 事无巨细，我都喜欢向朋友求助
13. 我结交朋友的途径通常是：
   A. 通过朋友们介绍
   B. 在各种场合接触
   C. 经过较长时间相处了解而结交
14. 如果我的朋友做了一件使我不愉快或者伤心的事，我会：
   A. 以牙还牙
   B. 宽容，原谅
   C. 敬而远之

15. 我对朋友的隐私总是：

A. 很感兴趣，热心传播

B. 从不关心此类事情，即使了解也不会告诉别人

C. 有时感兴趣并会传播

记分标准如表8-3所示。

表 8–3　记分标准

	A	B	C
1 ~ 5 题	1	3	5
6 ~ 10 题	3	5	1
11 ~ 15 题	5	1	3

根据你所选的答案，将15道题的得分相加得出总分。如果总分在15 ~ 29分，说明你的人际关系很融洽，在人际交往中你是受欢迎的；如果总分在30 ~ 57分，说明你的人际关系一般，如果你想更受人欢迎，还得努力；如果总分在58 ~ 75分，说明你的人际关系不太融洽，你的交往圈子较小，很有必要扩大你的人际交往范围。

心理训练

游戏“我画你说”

目的

引导大学生通过该互动小游戏，体会人际交往中的沟通与交流，从中收获关于与人相处的启发。

操作

（1）6位同学到讲台前分为3组，2人一组，分别编号为甲和乙，每组的甲面向黑板。

（2）教师向每组的乙展示一张图片，然后由乙向甲描述图片内容，甲根据乙的描述在黑板上画出该图片中的内容。该过程中，甲不许出声，也不能回头看，只能听乙传达信息，乙在传达信息的过程中，只能用言语。下面的同学保持安静，比一比哪组同学画得快，画得最贴近原图。

（3）同学总结并分享参与游戏的感想。

通过该游戏可以发现，人与人之间的交往是一个双向的过程，有时候你所表达的并不一定是别人理解的，你听到的未必是别人所表达的。那么怎样才能做到相互理解呢？相信聪明的你一定能在游戏中找到答案。

第9章

大学生恋爱心理
——健康的爱情观

人不能绝灭爱情，亦不可迷恋爱情。

——培根

爱情是人类永恒的主题，歌德曾说过："英俊少年哪个不善钟情，妙龄少女哪个不善怀春，这是人性中的至真至纯。"大学生随着生理上的成熟及性心理的发展，自然而然地产生了对爱情的向往和关注。树立正确的恋爱观，对大学生的健康成长和成才是十分重要的。

知识目标： 了解爱情；认识大学生恋爱问题及心理调适；了解性心理与性道德。

素养目标： 理解爱情中的感恩、理解、尊重、责任等品质的重要性，树立积极健康的爱情观；能够正确认识性心理与性生理现象。

9.1 爱情的真谛

名言警句

爱就是对我们所爱的对象的生命和成长主动的关心。哪里缺少主动的关心，哪里就没有爱。

——弗洛姆

9.1.1 什么是爱情

爱情是人类特有的精神心理活动，是包含了生理、心理和社会诸多因素的复杂现象，具有直觉性、冲动性、专注性、执着性、排他性、隐曲性和相容性。社会学家古德认为，爱情是两个成年异性之间强烈的情感专注，其中至少包括性的欲望和温柔体贴的成分。

斯滕伯格的爱情理论是目前对爱情研究得较为完整的理论之一，他结合定量分析与定性分析，分析了爱情的组成，提出爱情三角理论（见图9-1），认为爱情包括激情、亲密和承诺3个基本元素，这3个基本元素分别属于3个不同的维度。

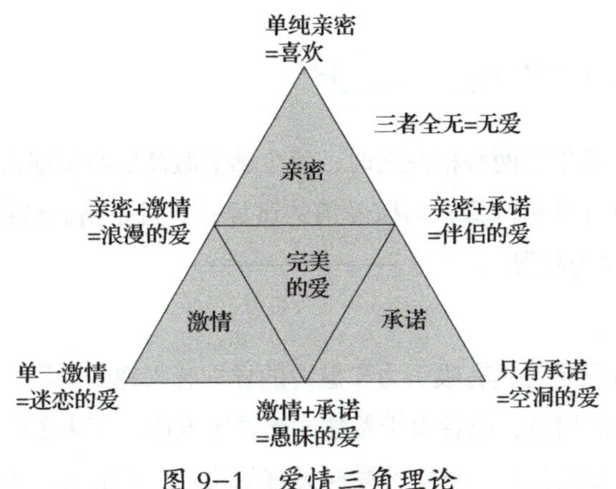

图 9-1 爱情三角理论

1. 激情

激情是指引发浪漫之爱、身体吸引、性完美及爱情关系中相关现象的驱动力，是个体强烈地想要与另一个人结合的状态，是爱情中的性欲成分，也属于爱情的动机维度。在爱情中，性需要是引起激情的主导形式，但支配、顺从、援助、关怀等也有助于激情体验的获得。

2. 亲密

亲密是指在爱情关系中的亲近、连属、结合等能够给人带来温暖的体验，是爱情中的情感维度。它包括10个基本要素：渴望促进爱人幸福；与爱人同享喜悦；对爱人高度关注；与爱人在一起感到快乐；相互看重与尊重，艰难时刻仍然同舟共济；相互理解；与爱人分享自我与自己的占有物；给爱人情感的支持，从爱人处得到情感支持；与爱人亲切沟通，深切交谈；珍重爱人，肯定对方在共同生活中的重要性。

3. 承诺

微课

爱情三角理论汇总提出的爱情类型

承诺是指投身于爱情并为维系这段爱情许下诺言，做出努力，属于爱情中的认知维度。它分为短期和长期两种，短期承诺指一个人决定爱上一个人；长期承诺指一个人维持爱情的承诺，包括对爱情的忠贞和责任心等。两者不一定同时具备，如可能会一辈子忠守誓言却没有宣之于口，也可能做出爱的决定却并不能承担责任。

这3个基本元素有不同的特性：激情的稳定性弱，短期效果强，而亲密和承诺则具有长期的效果。在这3个基本元素的组合之下，会产生8种不同的爱情类型，而只有结合3个基本元素才能形成完美的爱情。

9.1.2 大学生恋爱心理的发展阶段

恋爱是一个过程，它萌生于两心相悦之时，两个感情激荡的心灵撞击在一起，产生了相互吸引的状态。它不仅是男女双方互相倾慕和培植爱情的过程，而且是情感升级及体验欢愉的心理过程。这个过程大致可分为以下4个阶段。

1. 感受阶段

大学生恋爱的最初阶段是对具有吸引力和魅力的异性感兴趣的阶段。在这个阶段，他们或者一见倾心，迅速诱发出火热的情感；或者由于羞怯或迟疑等原因，而未曾吐露自己的心声。异性的外表在这一阶段起到十分重要的作用，它能够激起感官的快乐。有的大学生可能凭借这短暂的感受跌入“情网”，导致盲目恋爱，因为这是一种原始的感受，所以在这个阶段容易见异思迁。

2. 注意阶段

个体接触到某位异性而在心理上激起波澜时，或感到与某位异性之间有莫大的吸引力时，往往会产生一种接触和亲近对方的强烈的向往。这时，个体就会不自觉地将注意力集中于这位异性所从事的一切活动、兴趣爱好及家庭背景等，进而考虑能否和他接近，如何表露真情，并时而设计一些相会的情景，这一阶段多表现为“单相思”。

3. 求爱阶段

求爱阶段是重要且充满困难的阶段。在这个阶段，求爱者的心理负担非常重，各种担忧不断涌现，容易出现求爱挫折，产生心理障碍。因此，学习求爱的技巧，提高求爱的成功率，是大学生度过这个阶段的关键，而要提高求爱的成功率，关键在于3点：一是正确地判断对方对你的印象和态度，二是选择合适的求爱方式，三是把握好求爱的时机。

4. 恋爱阶段

一方表白，另一方接受，双方的恋爱关系就确定了。求爱成功之后，爱情的“舟”就驶入了恋爱的“海洋”，异性之间就开始了共同的情感交流活动。

在这个阶段，心理足够成熟的大学生能正确看待爱情和学业的关系，同时考虑到爱情的前途和未来。也有部分心理不够成熟的大学生，不能自由地驾驭自己的爱情，恋爱的盲目性较强，从而影响了学习和发展，造成了不良的后果。

确立恋爱关系后，有的情侣可能会达到结婚的结果；有的情侣则可能经历另一个过程，即分手。分手的原因有很多，有可能是客观因素造成的，也有可能是主观因素造成的，如父母反对、相互误解、个性不合等。恋爱时间越长或恋爱关系越深，分手时对恋爱双方造成的打击就越大，只有当失恋所带来的伤痛真正愈合后，心理所受的打击才会随着时间的流逝而成为回忆。

9.2 大学生恋爱问题及心理调适

爱情可以是美酒，给人以幸福和欢乐；爱情也可以是苦水，给人带来无穷的烦恼。因此，大学生要谨慎驾驭爱情之舟，善于调适恋爱中的各种问题。

9.2.1 单恋及其心理调适

名言警句

爱情是不按逻辑发展的，所以必须时时注意它的变化。爱情更不是永恒的，所以必须不断地追求。

——柏杨

单恋也称单相思，是指一方对另一方一厢情愿的倾慕、思念和喜爱。“落花有意，流水无情”就常被用来描述单恋的状态。

有的单恋对方并不知道，自己也无意或无法让对方知道。这种单恋多是幻想型的，它多发生在性格内向、情感丰富而又缺乏恋爱体验的人身上。他们对所恋对象抱着高不可攀的畏惧心理，把对方想得神圣非凡、完美无缺，可望而不可即。因此，这样的思恋之情只能被深藏于心，进而形成一种痛苦的自我折磨，造成心理失调。

还有一种单恋是被恋对象知道你喜欢他，而他却根本不喜欢你，可是在他拒绝你以后，你仍然痴情不改。这种单恋不但对方知道，而且单恋者周围的人也有所觉察，因此，单恋者不但痛苦不能自拔，而且自尊心也容易受到伤害。

单恋并不总有结果，随着岁月的流逝，单恋的人可能也难以等来对方的回应。并且单恋的人由于无法与对方达到心灵的交流，无法体会两情相悦的甜蜜，容易产生自我否定，难以摆脱单恋的影子，甚至会影响婚恋。如果大学生陷入单恋的痛苦，不妨采取以下措施。

（1）学会放手。单恋总是伴随着痛苦或煎熬，甚至单恋的人总在付出而难有收获，所以对待单恋，大学生要学会放手，用理智战胜情感。

（2）转移注意力。除了爱情之外，还有许多美好的事物。大学生可以将单恋的情感转移到其他方面，例如参加社团活动、培养兴趣爱好等，对单恋关注得少了，痛苦就会减少，久而久之，这段感情就可以被渐渐忘怀。

9.2.2 多角恋及其心理调适

所谓多角恋，是指一方同时与两个或两个以上对象建立并保持恋爱关系。在多角恋中，人们通常把被多方追求的对象称为主角，而将追求同一对象的人称为副角。

多角恋是畸形的、不道德的，也是危险的。因为恋爱不同于一般的交朋友，爱情具有排他性，多角恋中的主角最终只能选择一个副角保持长期恋爱关系，那种鱼与熊掌兼得的想法是根本不可能实现的，这必然给其他几个副角带来痛苦，最终也会给自己带来无法弥补的痛苦。

陶行知先生说过："爱之酒，甜而苦，两人喝，是甘露。三人喝，本如醋。随便喝，毒中毒。"多角恋中的主角需要耗费大量时间和精力，这不仅会影响学习和人际关系，还会严重影响自身的身心健康，最终不仅会伤害别人，而且会伤害自己，处理得不好，还容易引起纷争、不幸和灾难。

陷入多角恋中的大学生应当认清这种关系的危害性，重新评估自己与恋爱对象的关系，明智理性地退避，及早脱身。正如席勒所说："真正的爱情是专一的，爱情的领域是非常狭小的，它狭小到只能容下两个人生存；如果同时爱上几个人，那便不能称作爱情，它只是感情上的游戏。"

【阅读材料】

认识网恋

网恋通常指在网络世界以恋爱为目的，和网上恋人"共同生活"，共同经营一段爱情。在移动互联网快速发展的今天，随着人们使用电子设备上网的频率的提高，网恋现象并不少见。

网络的特点是虚拟性、隐蔽性和时空无限性，网络世界的诱人之处就在于言论和行动相对自由。在网络世界里，"理想的自我"可以集合很多个性，可以随着自己看中的目标人物的喜好来改变自己的言行或生活。这样就比较容易让人看到双方的相似性或互补性，从而掩盖双方之间的不和谐，进而使自己在比较短的时间内赢得对方的好感甚至爱情，使对方很快陷入对自己深深的迷恋当中。这种迷恋可能会让对方的一切都笼罩在光环当中：他的冷淡被理解为"酷"，他的奢侈被理解为阔气，他的缺少教养被理解为淳朴。而一旦从网络走向现实，面对双方"现实的自我"时，网恋的人就很可能会遭遇希望越大，失望就越大的尴尬。不仅如此，网恋也是一件费时、费钱、费心的事，同时也给那些怀有不良动机的人提供了可乘之机。陷入网恋的人，每天要花许多时间在网络上享受自己的二人世界，为了一个"虚幻"的恋爱对象浪费金钱、浪费时间。一旦网恋在现实中失去"光环"以后，双方心里的失落和懊恼往往会非常折磨人。

大学生要谨慎对待网恋，对网络交往的对象要抱有警惕、戒备的心理，不要轻易相信对方并建立恋爱关系，同时要注意保障自己的人身、财产安全。如果真的产生了爱情，恋

爱关系的建立也应当建立在这段感情能走入现实，且自己已融入对方现实生活的基础上。总之，网恋有风险，“奔现”需谨慎。

9.2.3 失恋及其心理调适

名言警句

> 生命因为有了爱才有意义，生命因为失去了爱才变得更为富有。
>
> ——泰戈尔

失恋常指一个痴情人被恋爱对象抛弃，失恋者常体验到悲伤、忧郁、失望等消极情绪及心理上的痛苦和压力。恋爱的过程是两个人相互了解和选择的过程，当一方提出中断恋爱关系时，另一方就会失恋。男女初涉爱河，都深信双方的爱是“命中注定”“千里有缘来相爱”。当爱情破灭时，我们要及时做出调整，长期“执迷不悟”于失恋是非常有害甚至危险的。例如，有的人难以排解失恋积累的负面情绪，并将这种情绪宣泄给昔日的恋爱对象，这就会导致可悲的后果，暴力、毁容甚至夺命行为都可能在这种情况下发生。有人则表现为自暴自弃、对一切事物都不感兴趣。也有人会寻求一种消极的逃避方式，如离家出走。

当然，绝大多数恋爱不成功的人，在经过一段时间的情绪波动后，都能够振奋起来，投入正常的学习与生活中，这就是所谓的“精神升华”。世界上有恋爱就会有失恋，大学生失恋后应及时找朋友或亲人倾诉，或找专业人员咨询。此外，大学生在失恋后还可以通过以下方法进行调整。

1. 时间疗养法

一般来说，失恋者要经过一段“昏天暗地”的危险期，这个危险期有长有短，因人而异。失恋者在危险期内，要做到冷处理，当对方提出分手时，不要冲动、焦急，而要宽容、大度、冷静。一般失恋者只要有朋友、亲人的陪伴和安慰，不做出冲动的事来，随着时间的推移，都会慢慢走出危险期，痛苦也会随之减轻。

2. 自我疗养法

面对失恋的打击，不同的人反应不同，那是因为每个人看待问题的方式不同。比如对于爱情，有人坚信它是“铁树开花，百年难遇”，有人则认为“天涯何处无芳草”。失恋后最重要的是排除一些不合理的推论，不要“以偏概全”，如“世上没有真正的爱情”“我很失败”。对于出现的这些不合理的推论，失恋者可以采用自我疗养法，不妨想想两人在一起时不愉快的事，多想想对方的缺点，也可以设想自己以后一定会找到一个更好的恋爱对象。

3. 宽容疗养法

恋爱是双方的自由选择，自己有选择的权利，对方也有选择的权利。恋爱双方都处于开放式的交往过程中，恋爱关系带有不稳定性，对这点双方都要有心理准备。失恋者对伤害自己的人会产生仇恨心理，这也是失恋者不能从痛苦中走出的重要原因，但仇恨并不能挽回已经失去的爱情，只能使自己的心态更加失衡，而宽容能让人释怀。尊重对方的决定并祝对方幸福，当试着宽容对方时，自己的心灵也会得到滋润。

4. 转移注意力法

在失恋的日子里，失恋者可以看看书，忙些自己的事。许多性格坚强的人将失恋的痛苦升华为力量并取得了许多成就。在专心于学业时，自己会觉得很充实、富有。自己不断提高时，就会站在新的起点，重新审视失恋和痛苦，到时就会觉得没有什么是承受不了的。

【阅读材料】

歌德与《少年维特之烦恼》

歌德是世界著名的文学巨匠，他的成功从某种意义上讲，正是由失恋挫折的升华所带来的。23岁的歌德在参加一次舞会的路上认识了19岁的夏洛蒂，并一见钟情地爱上了她。他们一起跳舞，一起游戏，他太爱她了。后来他知道了夏洛蒂原来是他好友凯士特南的未婚妻。歌德痛苦至极，这已经是他第5次失恋了，这次失恋几乎使他到了拔剑自杀的地步。然而，他没有这样做，而是带着极大的痛苦离开了夏洛蒂，以满腔激情写了《少年维特之烦恼》并一举成名，轰动了整个欧洲。

5. 环境转移法

失恋后最好不要总是一个人待在房间里思来想去，这样就会越发悲伤、苦闷，不能自拔。当然，大学生失恋后很难彻底转移环境，与能触动痛苦回忆的景、物、人隔离，但与其在熟悉的环境中触景伤情，不如短期外出旅游，调整交际圈，换一种环境，转换心情。换一种心情后，原来的痛苦情绪就可能得到极大缓解，使自己的心境开阔。

【阅读材料】

其实你不懂我的心

高某是某大学三年级学生，自幼喜欢运动，学习成绩优异，父母对他的管教不是特别严厉，更多的是任由他自由发展。他的性格外向，交友广泛，他很看重朋友，也很讲义气，为人处世大大咧咧、不拘小节。高某在认识了现在的女朋友后，双方感情起初进展得很顺利，但渐渐地，两人常常因朋友而吵架。女友不喜欢高某的两个朋友，有时就会批评抱怨两句，高某也会因辩解维护朋友而与她吵起来。高某朋友很多，人缘很好，几乎有求必应，因此也经常有女性朋友来寻求帮助，而女友看见总会“审问”一番，最后不可避免地演变为吵架。有时，女友还会说高某不关心她，但高某认为自己对她很好，经常帮她洗衣服、打开水，东西也随便她用，因此对女友的埋怨非常不理解。最近两人吵架越来越频繁，对方提出分手，高某觉得难以接受：“怎么能这么草率，这么突然，说分手就分手，如同儿戏呢？这两天她都不见我，也不接我电话，发信息也不回。我都快急死了，其实我很在乎她，我要怎么做，才能让她回心转意？”

心理辅导老师认为，高某和他女友的问题出在以下方面。（1）两个人的人生观、价值观存在差异，具体表现为如何对待高某的朋友。女友感觉到高某看重朋友，在乎朋友，而自己在高某的心中根本就不重要。女友不喜欢高某的某些朋友，这是很正常的事，许多恋人都会碰到这样的问题，女友当着高某的面批评他的朋友，一方面说明女友性格直率，另一方面也说明女友缺乏良好的沟通技巧，这样会伤害男友的自尊。高某在此时可以先站在女友的一边，说说自己朋友的缺点，让女友感到心理上的认同，然后再话锋一转，谈谈朋友的优点，让女友对其有全面的认识与了解，从而改变女友对高某朋友的不良印象。(2）两人对“好”的理解不同。对高某来说，帮女友洗衣服、打开水，进行物质上的帮助，就是对她好。女友却认为“好”更多是精神层面的相互理解、关怀、帮助、共同发展。爱情往往会在缺少精神内容和情感内容时贬值，如果没有这些结合在一起，就算再热烈的爱情也注定要消失。(3）高某和其他女同学的正常交往使女友产生了忌妒、猜疑。当忌妒心无法再被激起时，爱情之火也就熄灭了。忌妒是爱情的一个组成部分，是因为恋爱一方意识到可能失去爱人而感到潜在的忧虑，希望亲密关系永远存在而产生的，它表示男女双方关系深厚，只要不表现为互不信任、暗中监视、跟踪、侮辱就不会破坏双方的关系。面对女友的忌妒、猜疑，高某应坦然、大度地解释，想方设法消除双方的误解，如带女友认识女性朋友、熟悉女性朋友等，而高某的女友则应该多和高某沟通、交流，了解、理解高某，尽量与高某就此事达成一致。

通过以上分析，高某明白了自己恋爱的问题出在哪里，以前他总是埋怨女友的过错，现在他要努力去改变自己的不足之处，赢回女友的心。3个月以后，心理辅导老师碰到高某，他说和女友现在相处得很好。

9.3 培养健康的恋爱观

爱的能力是与生俱来的，同时也会在生活和成长中不断积累和获得。大学生需提高自身修养，培养健康的恋爱心理和能力。

9.3.1 提升爱与被爱的能力

在现实生活中，要拥有爱的能力，掌握爱的艺术，不仅要学习和掌握爱的理论，而且要理论与实践相结合。

1. 敢于说出爱

一个人心中有了爱，就会敢于表达、善于表达，这是一种爱的能力。一个人面对别人的示爱，能感受到对方的爱，并做出接受、谢绝或再观察的选择，这也是一种爱的能力。缺乏这些能力的人，都是心理不成熟、不健全的人。

2. 敢于接受爱

大学生想要具有接受爱的能力，有健康的恋爱价值观，知道自己喜欢什么、适合什么，就应对自己、对他人保持敏感和热情，就应主动关心他人、热爱他人。这样当别人向你表达爱时，你就能及时准确地对爱的信息做出判断和选择。

3. 敢于拒绝

大学生对自己不愿意接受的爱应有勇气拒绝。拒绝爱要注意以下两个方面。

（1）在自己并不希望得到的爱情到来时，要果断、勇敢地说“不”，因为爱情不能有半点勉强。千万不要优柔寡断或屈服于对方的穷追不舍，否则对双方都是不利的。

（2）要掌握恰当的拒绝方式。虽然每个人都有拒绝爱的权力，但珍惜每一份真挚的感情是对他人的尊重，同时也是一个人高尚道德情操的体现。不顾情面，处理方法简单轻率，甚至恶语相加，使对方的感情和自尊心受到伤害，这样的做法是很不妥当的。

4. 要有发展爱的能力

发展爱的能力，就是要培养无私的品格，培养处理矛盾的能力，从而有效地化解和消除恋爱中的矛盾纠纷，为恋人负责，创造出幸福美满的爱情。爱情是甜蜜的，犹如一朵娇嫩的鲜花，需要精心地培养，任何一方都有权利与另一方共享爱情，同时双方也都承担着维护和发展爱情的义务。爱情是一个人生活中十分重要的内容，甚至是恋人的精神支柱。因此，任何一方都要为对方负责，避免伤害对方的感情。

9.3.2 树立健康的爱情价值观

在大学校园中，大学生恋爱是很普遍的现象。好的爱情可以让人陶醉沉迷，让人更好地学习、生活，但不成熟的爱情也会给恋爱双方带来负面影响。所以，树立正确的恋爱观对大学生是很重要的。

1. 提倡志同道合的爱情

在恋人的选择上，最重要的条件应该是志同道合，即意识形态、事业理想和生活方式与经历等大体一致，应该是理想、事业和爱情的有机结合。一般情况下，爱情是沿着陌生朋友—熟人朋友—好朋友—知己—恋人这一路线发展的，当一个人成为另一个人心中任何人都不能代替的伴侣时，爱情就降临了。在分享快乐和共享痛苦的过程中，爱情就会产生和发展。

2. 摆正爱情与学业的关系

大学生要把学业放在首位，摆正爱情与学业的关系，不能把宝贵的时间都用于恋爱而放松了学业，因为学业是以后生存的基础，没有物质基础的爱是脆弱的。

3. 懂得爱情是理解、责任和奉献

理解对方可以为个人和对方营造一种轻松的氛围，没有人追逐爱情只是为了被约束。相互信任是自信的表现，自己都不相信自己值得别人去爱，别人会全心全意爱你吗？显然不会。责任和奉献则意味着个人较高水平的道德修养是获得崇高爱情的基础。

4. 在爱情中真诚、幽默、互相尊重

恋爱时要诚实、礼貌、谨慎、风趣，坦白地向对方说明自己各方面的情况，使对方对自己有一个全面的了解与认识。用隐瞒和欺骗的手段去博取对方的爱情终究是要失败的。一旦建立恋爱关系，不要三心二意，要尊重对方的人格和感情。

9.3.3 发展健康的恋爱行为

恋爱中的双方情感浓烈，自然会有一些属于恋人的肢体接触和语言行为习惯，这时候恋爱双方需要把握好行为的“度”，保证恋爱行为健康、正面。

1. 恋爱言谈要文雅、诚恳

言谈要诚恳坦率，不要为显示自己而装腔作势、矫揉造作，否则会使对方厌恶，破坏双方感情。

2. 恋爱行为要大方

恋爱中的男女会逐渐从一时的羞涩走向自然大方，不要畏畏缩缩，可以适当有一些亲密的举动，但不要有粗俗鲁莽的亲昵动作，否则既不利于恋爱的健康发展，也会对他人产生不好的影响。

3. 恋爱过程中要平等相待、相敬如宾

恋爱中不要拿自身的优点去比较对方的不足，以戏弄、压低对方，抬高自己；不要想方设法考验对方或摆架子，这些都会影响双方感情的发展，因为每个人都是有自尊心的。

4. 善于控制感情，理智行事

大学生面对恋爱中的性冲动，一方面要注意克制和调节，尽量避免婚前性行为；另一方面要注意转移和升华，参加各种文娱活动，把恋爱行为限制在社会规范内，不要因一时的冲动而悔恨终生，要使爱情沿着健康的道路发展。同时，切忌对恋人发泄负面情绪，否则将可能失去对方的爱情。

9.3.4 提升恋爱挫折承受能力

大学生的恋爱受多种因素的制约，因而在追求爱情的过程中不可避免地会遇到各种挫折。单相思、爱情错觉、失恋等恋爱心理挫折对大学生的心理承受能力是一种考验。大学生如果承受能力较强，就能较好地应对挫折，不然就有可能造成不良后果。所以，提升恋爱挫折承受能力对大学生的心理健康是很重要的。

当爱情受挫后，大学生要用理智来驾驭感情，通过增强理智感，总结经验教训，寻找解决问题的方法和途径，在新的追求中确认和实现自己的价值，从而提升自己的心理承受能力和认识水平；不能因为失恋而荒废所有，要做到失恋后不失志、不失德。因为恋爱双方都是平等自愿的，任何一方都不能强求，否则将激发错误行为的产生，从而害人害己。当爱情遇到挫折后，大学生要找到问题产生的根源，并寻找办法缓解或改善。如果爱情已经无法挽回，大学生面临失恋的局面，则可以通过适当的情绪调节、宣泄和转移，来减轻痛苦。对失恋的应对方式反映了一个人的心理成熟水平

和恋爱观。一个人能够理智地从失恋中解脱出来，往往会使自己变得更加成熟。

【阅读材料】

在执着追求事业的过程中赢得爱情

大学生小江在大三那年向同学小施表露了爱慕之心，并一直追求小施。小施虽然对小江的学业和为人都比较钦佩，但又感觉小江还不完全是自己“理想”中的“他”，因此也就控制着与小江之间感情的发展。毕业前一个月，情况发生了变化。在了解到大学生志愿服务西部计划后，小江和小施都主动申请了该计划，经院系领导、老师考察，条件较为优秀的小江被批准前往西部，而因为名额有限，小施未被批准，小施内心焦急万分。她其实已经对小江产生了感情，眼看即将分隔两地，长期一直在心底的情感顿时涌上心头。毕业时，小施出于工作意向的考虑，去了一个省会城市工作。

没多久，家中父母得知小施已与小江分隔两地，认为双方不适合继续发展，于是打算就近为小施介绍男朋友。同时，小江又经常联系小施表达自己的情意，面对父母的坚持，小施感到非常苦恼，不知怎么办才好，于是向原来在学校认识的心理辅导老师求助咨询。老师鼓励她勇敢地按自己心中所想的去做，并告诉她要能理解父母的心情，他们主要是怕女儿将来生活受苦，但她如果慎重考虑之后依然愿意和小江在一起，那么可以做做父母的工作，与父母多沟通，如果她自己觉得幸福，父母也会同意的。小施把自己的想法和决定告诉了父母。父母见女儿与小江的感情已深，也就同意了。

一年后，小江支援西部工作的期限已满，工作成绩显著且受到表彰，并经努力通过了硕士研究生的入学考试。又过了两年，小江与小施如愿结婚。同年，小施又在小江的鼓励下通过了硕士研究生的入学考试。

从小江和小施的恋爱经历中，我们可以看到，他们并没有因为自己的情感而放弃心中的理想，影响事业、学业的进程，也没有因分隔两地便轻易放弃彼此的感情，而是在执着追求各自的事业和学业的过程中赢得了爱情。他们较好地处理了爱情与事业、学业的关系，坚持事业、学业第一，感情第二。小江和小施追求事业、珍惜爱情的理念，值得大学生学习和思考。

9.4 性生理与性心理

名言警句

一切无知都是令人遗憾的，但是对性这样的事无知则是严重的危险。

——罗素

9.4.1 青春期性生理成熟特征

微课

大学生的性心理发展

性生理的发育为性心理的发展提供了生物学基础。青春期各种激素的相继增加，性器官、性功能迅速成长，个体逐步走向性成熟。性成熟后，个体从儿童状态转变为具有第二性征和生育能力的成人状态。所谓性征，即区别男女性别的特征。

1. 第一性征

男女生殖器官的差异称为第一性征，也叫主性征。女性的第一性征是卵巢、子宫和阴道。一般来说，女性性器官发育相对较早，月经来潮是女性性成熟的标志；男性的第一性征是睾丸、前列腺、阴茎和精囊，男性性成熟的标志是出现精子。

2. 第二性征

第二性征又叫副性征，是男女在外观和形体上的差异，它包括生理变化、声音变化、皮肤变化及阴毛、鬓须、腋毛等的变化。女性的第二性征有胸部隆起，阴毛、腋毛的生长，声音变得细而柔韧，音调较高，皮肤细腻、有光泽，皮下脂肪聚集增多，体形均匀，肩窄臀宽；男性的第二性征有外阴部长出阴毛，颈部喉结开始突出，说话声音变大变粗，长出腋毛、胡须。

3. 第三性征

男女两性在心理方面所表现的主要差异称为第三性征。美国心理学家麦考比和杰克林合编的《性别差异心理学》一书，评述了50多种前人认为男女有差异的心理特点。他们分析了前人从1966年到1973年的大量研究后指出，可以清晰地显示出男女确实存在心理差异的只有以下4项。

- 男性的视觉、平衡能力较强；
- 男性的数学能力较强；
- 男性更为好斗；
- 女性的语言表达能力较强。

9.4.2 青春期性心理发展与特点

随着生理发育的基本成熟，大学生也应对自己的性心理发展予以重视，正确认识性心理的发展。

1. 性心理的发展阶段

微课

青春期性心理发展的四个时期

性心理是指在性生理的基础上，与性征、性欲、性行为有关的心理状态与心理过程，也包括了与他人交往和婚恋等心理状态。

（1）异性疏远期

从青春发育开始的一段时期，男女对两性的一系列差别特别敏感。这主要与生理因素有关。第二性征的出现，使他们在与异性的接触或交往中，会产生一种茫然、忸怩、羞涩的感觉，会产生既相互吸引，行为上又相互疏远甚至反感的现象。

（2）异性接近期

由于性的渐趋成熟，青春期男女由开始的对异性的疏远，发展到对异性的好奇和有接近异性的渴望。但是这个时期对异性的好感仅是一种对性的朦胧的自然表现，他们一方面感到困惑和不安，另一方面又渴望接近异性。青年初期，情窦初开，异性之间的疏远在逐渐缩小，产生了彼此接近的情感需要。男女开始关注异性对自己的态度，他们常常以欣赏的心情和友好的态度来对待异性的言谈和行为。

（3）异性向往期

这一时期，男女往往以各种主动的方式对异性表示好感，希望得到对方的积极反应。女性会着意装扮，如果发现异性注视着自己，言谈举止就会显得紧张、腼腆；男性常常有意在异性面前展示自己的风度、才华和能力。这一时期的男女，性生理逐渐成熟，但正确的道德观和恋爱观一般还尚未形成，如果人为地遏制和反对他们正常的异性交往，他们就容易出现逆反心理，诱发追求异性的狂热性，过早地产生恋爱意识，进入恋爱角色。

这个时期有两个重要特点：一是感情隐秘，异性间接触时感情交流是隐晦、含蓄、不显露的，常常以试探的方式进行，缺乏真正的感情交流；二是对象广泛，交往的对象不是特定的异性，呈现出不确定性。

（4）两性恋爱期

两性恋爱期是指男女性意识发展成熟后出现的异性相爱行为。这一时期的异性交往具有以下4个特点。

① 爱情具有浓烈、理想、超然于现实的浪漫色彩。

② 有特定的恋爱对象，即男女按各自心目中的标准寻找自己特定的恋爱对象，喜欢与自己选择的异性单独在一起，出现不热衷参加集体活动的“离群”现象。

③ 感情趋向明朗化，即试图通过约会等方式一诉衷肠，交流内心感情，但在表达上往往出现欲言又止、语无伦次、窘态百出、词不达意等情况。

④ 产生了占有欲，即对恋爱对象产生了精神性、情绪性的占有欲，不希望自己恋爱的异性和其他与自己同性的同学、朋友接触，产生“嫉妒心理”。

从性心理由对异性的抵触、关心发展到爱慕、恋爱的动态变化和发展的过程中可知，随着年龄的增长，个体心理上表现出的对异性的渴望和求偶倾向亦随之增强。

2. 性心理发展的特点

性心理受自身生理因素、外在评价及社会规范等的影响，性心理的发展主要呈现以下特点。

（1）本能性和朦胧性。性心理不具备深刻的社会内容，性心理的产生基本上还是生理的急剧变化带来的本能反应。个体对性只是本能地感知、了解。然而，这种生理变化带来的性意识的觉醒和萌动，还披着一层朦胧的面纱，在朦胧纷乱的心理变化中，其性意识逐渐强烈和成熟起来。

（2）产生性焦虑。性焦虑包括对与自己性别相关的形体特征的焦虑，对自己的心理行为是否与性角色相吻合的焦虑等。对于大学生，应该树立健康的审美观，同时接受自身现实，不怨天尤人，注意扬长避短，如果对自身的性生理、性心理有疑惑，应及时寻求咨询和帮助。

（3）动荡性和压抑性。处于青春期的个体拥有人的一生中最旺盛的性能量，体内突然增加的性激素，会引发其强烈的生理感应和心理体验，尤其是面对外界各种渠道的刺激，容易诱发性的需求和冲动。然而，出于羞涩、担忧、恐惧、保守等心理，或受道德、规范、法律等方面因素的制约，有的个体会采用压抑的方式控制性冲动。

（4）男女性心理存在差异。性别不同，性心理亦有所差异。在感情流露上，男性往往表现得较为外显和热烈，女性则往往表现得比较含蓄和深沉；在内心体验上，男性更多的是感到新奇、喜悦和神秘，而女性则常感到茫然和不安，以及不知所措、惊慌、羞涩、喜悦、惧怕；在表达方式上，男性一般比较主动、热烈、外露，会主动表现自己和追求对方，女性往往较为被动、羞涩和含蓄，她们一般不会主动向对方表露心迹，更多是用暗示的方法；在情感上，男性比较注重感官满足，女性则更注重情感体验；在性冲动刺激上，男性更容易被视觉刺激唤起性冲动，女性则更多受听觉、触觉的刺激。

（5）重视个人魅力。例如，女性通常会注意展示与修饰自己的身材和容貌，而男性则着重展示和体现自己的魁梧或男子气概。

9.5 性道德与健康性观念

名言警句

夫妻的爱，使人类繁衍。朋友的爱，给人以帮助。但那荒淫纵欲的爱，却只会使人堕落毁灭。

——培根

9.5.1 性道德

拓展阅读

性心理健康的标准

对于大学生而言，性心理健康非常重要，在评定性心理健康的标准中，有一条提及性行为应符合社会伦理道德规范，这说明大学生应注重性道德，满足性道德原则。所谓性道德原则，即两性关系中所应遵循的道德原则，是指导人们性行为的最基本的原则，具体如下。

1. 爱的原则

对于性行为的评价，我们要问：是不是由于爱情、相互的爱而发生的？只有具有爱情的性行为，才符合性道德原则。

2. 隐秘原则

性生活具有隐秘性，且性道德具有明显的社会性，性行为需要受到社会道德的制约，这主要表现为不应在易被人发现的地方或公众场所发生性行为。

3. 自愿原则

性道德的标准之一就是应建立在自愿原则上，即双方自愿。在实际性行为中，所谓“自愿”多指女性自愿，因为无论从生物性还是从社会性来看，一般男性多处在主动和进攻的地位。所以，在性行为中，男性应顾及女性的意愿。

4. 无伤原则

假如只片面强调双方自愿原则，可能会触及社会道德问题，因此性行为还应满足无伤原则。无伤原则主要指两人之间的性行为不会伤害其他人的幸福，不会伤害后代的健康，不会伤害社会的安定发展，不会损害自己或对方的身心健康。

9.5.2 树立健康的性观念

要树立健康的性观念，大学生可以从以下方面入手。

1. 培养正确的性道德情感

大学生性道德情感的培养包括培养责任感、义务感、羞耻感，使其在与所爱的人在一起时也能做到自我监督，同时促使其满足恋爱关系中的道德规范，如保持爱情的纯洁性，保持高尚的情趣和健康的交往，爱情忠贞专一等。

2. 学会科学释放性冲动

性冲动是人的本能需求，但也要受到社会道德的制约。延缓性冲动的满足，科学释放性冲动，是大学生成熟和具有自制力的体现。大学生可以采取以下措施科学释放性冲动。

（1）通过劳动和体育活动发泄自己的精力，释放性能量。

（2）多和异性开展正常的人际交往，脱敏对异性的冲动。

（3）通过欣赏艺术的美去缓解自己的性冲动。例如，听音乐、读文学作品、欣赏美术作品等，从艺术的角度去欣赏美、欣赏爱情，陶冶心灵，从而升华自我。

3. 合理拒绝性要求

在恋爱过程中，大学生要注意不要将性误解为爱，或将爱缩减为性，也不要因为觉得没有满足对方的性要求而感到愧疚，因为你没有必要必须满足对方的私欲。如果自己不愿意，则要坚决拒绝对方。

拒绝性要求也有相应的技巧：一是拒绝的态度要坚决有力，不要给对方想入非非的机会；二是不能伤害对方的感情和自尊，你可以以爱为名拒绝对方，如“如果你爱我，就应该尊重我的选择”等；三是肢体语言与口头语言保持一致。如果是真的爱你的人，就会因为你的坚持而接受你的拒绝。

【阅读材料】

艾滋病，即获得性免疫缺陷综合征（AIDS），是一种危害性极大的慢性传染病，是艾滋病病毒（HIV）侵入人体后引起的免疫能力受损的严重传染病。若人体免疫功能丧失，人体将易于感染各种疾病，并发生恶性肿瘤，因此该病病死率较高。

艾滋病病毒主要存在于艾滋病病毒感染者的血液、精液、阴道分泌物、组织液、淋巴液、脑脊液、乳汁等体液中，可通过性传播、血液传播及母婴垂直传播3条途径传播。大学生可以通过以下方法阻断艾滋病病毒的传播途径，从而预防艾滋病：一是大学生保持洁身自爱，拒绝危险性行为；二是要避免与他人共用牙刷、剃须刀等可能损伤皮肤导致出血的生活用品，以避免血液途径的艾滋病病毒传播；三是如果不幸发生高危性行为，应在72小时内服用阻断药，时间越早越好。总之，为科学防艾，大学生要注意自尊自爱，养成健康的生活方式。

小结

（1）斯滕伯格的爱情理论是目前对爱情研究得较为完整的理论之一，他提出爱情三角理论，认为爱情包括激情、亲密、承诺3个基本元素，这3个基本元素分别属于动机维度、情感维度、认知维度。

（2）恋爱是一个过程，大致可分为感受阶段、注意阶段、求爱阶段、恋爱阶段。

（3）单恋、多角恋、失恋是大学生恋爱中常见的问题。

（4）失恋是恋爱过程的中断，在客观上表现为相爱的双方分离，在主观上表现为失恋者体验到悲伤、忧郁、失望等消极情绪及心理上的痛苦和压力。失恋时可以借助时间疗养法、自我疗养法、宽容疗养法、转移注意力法、环境转移法进行心理调整。

（5）大学生在恋爱中要不断提升爱与被爱的能力，树立健康的恋爱观，发展健康的恋爱行为，提升恋爱挫折承受能力。

（6）性征就是区别男女性别的特征。男女生殖器官的差异称为第一性征；也叫主性征；第二性征又叫副性征，是男女在外观和形体上的差异，它包括生理变化、声音变化、皮肤变化及阴毛、鬓须、腋毛等的变化；男女两性在心理方面所表现的主要差异称为第三性征。

（7）性心理的发展阶段：①异性疏远期；②异性接近期；③异性向往期；④两性恋爱期。

（8）性心理发展的特点：①本能性和朦胧性；②产生性焦虑；③动荡性和压抑性；④男女性心理存在差异；⑤重视个人魅力。

（9）性道德原则，即两性关系中所应遵循的道德原则，是指导人们性行为的最基本的原则：①爱的原则；②隐秘原则；③自愿原则；④无伤原则。

爱情是大学生活中很难避免的话题，在与人建立了恋爱关系的大学生中，有的大学生是因爱而在一起，有的却更注重功利性，看重金钱、享乐与虚荣心的满足，这是一种不健康的恋爱心态。良好的爱情应当是双方的相互给予与奉献，能相互尊重、关心并有强烈的责任心，能共担风雨、同舟共济，懂得担当、包容与忍耐，甚至促进双方共同进步，而太过功利的爱情会让恋爱的人非常注重在这段关系中自己的得失与利益，很难长久相处下去。因此，大学生要注意树立正确的恋爱观，培养高尚的恋爱操守，发展一段健康的恋爱关系。

思考与收获

通过对本章的学习，我的思考是____。

我的收获是____。

心理测试

大学生恋爱观测试

此测试共有16道题目，每道题目都有4个选项，请你选出最符合自己心理状态的选项，然后根据后面的评分表，算出自己的得分，从而大致判定自己的恋爱观是否符合时代和社会的要求。

1. 你对爱情的想法是：

   A. 具有令人神往的浪漫色彩　　B. 能满足自己的情欲

   C. 使人振奋向上　　D. 没想过

2. 你希望和恋人的结识是这样开始的：

   A. 在工作和学习中逐渐产生感情　　B. 从小青梅竹马

   C. 一见钟情，卿我难分　　D. 随便

3. 如果你是男性，你希望未来的妻子（如果你是女性，你希望自己）：

   A. 善于理家　　B. 十分美貌

   C. 顺从丈夫的意见　　D. 能在多方面帮助丈夫

4. 如果你是女性，你希望未来的丈夫（如果你是男性，你希望自己）：

   A. 有钱或有地位　　B. 为人正直，有上进心

   C. 不嗜烟酒，体贴妻子　　D. 英俊、有风度

5. 你认为巩固爱情的最好途径是：

   A. 满足对方的物质要求　　B. 用甜言蜜语讨好对方

   C. 对恋人言听计从　　D. 努力使自己变得更完美

6. 下列爱情格言中你最喜欢的是：

A. 生命诚可贵，爱情价更高
B. 爱情的意义在于帮助对方提高
C. 有福共享，有难同当
D. 爱情可以使我牺牲一切

7. 你希望恋人与你在兴趣爱好上：
A. 完全一致
B. 虽不一致，但能互相照应
C. 服从自己的兴趣
D. 没想过

8. 你对恋爱中的意外挫折是这样看的：
A. 最好不要出现
B. 自认倒霉
C. 想办法分手
D. 把它当作对爱情的考验

9. 当你发现恋人的缺点时：
A. 无所谓
B. 嫌弃对方
C. 内心十分痛苦
D. 帮助对方改进

10. 你对家庭的向往是：
A. 能与爱人天天在一起
B. 人生有个归宿
C. 能享受天伦之乐
D. 激励对生活的追求

11. 自己有一位异性朋友时，你会：
A. 告诉恋人，并经过对方的同意后才继续同异性朋友交往
B. 让恋人知道，但不允许对方干涉自己
C. 不告诉恋人，因为这是自己的权利
D. 可以告诉恋人，也可以不告诉恋人，要看恋人的态度

12. 当有一位比恋人条件更好的异性对自己有好感时，你会：
A. 讨好对方
B. 保持友谊
C. 十分冷淡
D. 听之任之

13. 当你迟迟找不到理想的恋人时，你会：
A. 反省自己的择偶标准是否切合实际
B. 一如既往
C. 心灰意冷，对恋爱感到绝望
D. 随便找一个算了

14. 当你所爱的人不爱你时，你会：
A. 愉快地同对方分手
B. 毁坏对方的名誉
C. 千方百计缠住对方
D. 不知所措

15. 当你的恋人对你变心时，你会：
A. 采取“你不仁，我不义”的报复措施
B. 到处诉说对方的不是
C. 只当自己看走了眼
D. 从中吸取教训

16. 你认为理想的婚礼是：
A. 能留下美好而有意义的回忆
B. 有排场，为别人所羡慕
C. 亲朋满座，热闹非凡
D. 双方父母满意

题目回答完后，参考表9-1进行评分。

表 9–1 评分表

选项	1	2	3	4	5	6	7	8	9	10	11	12	13	14	15	16
A	2	3	2	0	1	2	2	1	1	2	3	0	3	3	0	3
B	1	2	1	3	0	3	3	2	0	1	2	3	1	1	1	0
C	3	1	1	2	2	2	1	0	0	1	2	3	1	1	1	0
D	0	1	3	1	3	1	0	3	3	3	1	1	1	1	3	1

如果总分在40分以上，说明你的恋爱观十分正确；如果总分在32 ~ 40分，说明你的爱情观基本正确；如果总分在32分以下，说明你的恋爱观不够正确，应该注意改进。如果这16道题目中有一半左右的题目你不知如何选择，则表示你的恋爱观游移不定。

心理训练

剖析自己的爱情观

目的

引导大学生通过思考，产生对于爱情的反思，深化对于爱情的认识，探索与发现自己的爱情观。

操作

爱情是人类永恒的话题。提到爱情的时候，你在想什么？请依次回答以下关于爱情的问题。

（1）你最认可的关于爱情的说法是什么？

（2）你对自己的另一半有怎样的期望和要求？

（3）你对大学生谈恋爱有怎样的看法？

（4）与同学分享交流自己的回答后，你发现自己的恋爱观和择偶观在开展此次活动前后有怎样的变化？

第10章

大学生压力管理与挫折应对——勇敢迎接挑战

应对生活中各种问题的勇气，能说明一个人如何定义生活的意义。

——阿德勒

西汉时，汉武帝派遣苏武等人出使西域，与匈奴单于修好，然而因汉朝降将的背叛，单于大怒，扣下苏武等人，并要求对方归降，苏武宁死不屈，单于将其流放至北海没有人的地方，告诉他“羝乳始得归”，最终苏武牧羊19年才得以归汉。这就是“苏武牧羊”的历史典故，体现了一种在磨难之中仍坚韧不屈的精神。在人生的经历中，我们总会面临各种压力和挫折，有的人是迎难而上，而有的人则是“知难而退”，甚至被压力和挫折打击得一蹶不振。事实上，压力与挫折是与人共行的“同伴”。学会应对压力与挫折，我们能收获成长，变得更加坚强、勇敢和强大。

知识目标： 了解压力与大学生的压力管理方法；认识挫折与大学生的挫折应对方法。

素养目标： 能够辩证地认识压力和挫折，看到压力、挫折的积极因素，变压力和挫折为动力，同时提升自己的心理承受能力，以理性、积极、乐观的态度面对生活。

10.1 应对压力

名言警句

人们最出色的工作往往在处于逆境的情况下做出。思想上的压力，甚至肉体上的痛苦都可能成为精神上的兴奋。

——贝弗里奇

10.1.1 什么是压力

压力通常指外界环境的变化和机体内部的状态所造成的人的生理变化和情绪波动。该概念首先由加拿大心理学家谢尔耶提出，他认为压力是产生于个体无能力、无资源应对“外在需求”时的一种非特定的生理反应。

当代心理学认为，压力至少有以下3种含义。

一是指那些使人感到紧张的事件或环境刺激，如失业、贫困、天灾等。

二是指某种具有威胁性的刺激引起的生理或心理反应。

三是指刺激与反应的交互关系。

一般压力并不直接导致我们的感受体验，人们对压力的反应由其对压力的认识和评价决定。当压力产生时，人们会出现一定的生理和心理反应：生理上表现为人体神经系统、内分泌系统、消化系统等的改变和反应，如心律不齐、呼吸短促、肌肉刺痛、健忘失眠、思维混乱等症状；心理上的表现则可以分为知（认知）、情（情绪）、意（行为）3个层面。

（1）认知。注意力、工作能力和逻辑思考能力的降低。

（2）情绪。因压力而生的情绪，如焦虑、恐惧、怨恨、抑郁、无助、不安等，情绪波动较大。

（3）行为。压力行为涉及表情、姿态、动作、声调、语速等，如行为慌乱失措、身体协调性和灵活性下降，表现出运动性不安等。

压力的生理和心理反应因主体的性别和个体差异而有着显著的区别。例如男性面对压力多以生理疾病的形式表现，女性则更多表现为情绪上的沮丧、焦躁等；女性对待压力想要分享、倾诉，男性则更愿意独处或者做一些具有挑战性的事去舒缓情绪。不同的个体在具体的行为表现上也存在差别，如有些人会把压力当成挑战，享受压力，有些人则持悲观态度，自暴自弃。

10.1.2 常见的大学生压力源

微课

大学生压力的来源

压力源是指导致个体产生压力反应的情境、刺激、活动和事件。大学生的压力多来源于情感、学业、经济、人际交往、健康、家庭、环境、活动调节、不良习惯、就业等方面。例如，失恋，付出许多努力成绩却不见提升，总怀疑得了某种疾病，父母对自己有诸多要求或过高的期望等。

总之，压力源多种多样，而个体本身的抗压能力对某事件是否足以成为压力源有重大影响。如果个体抗压能力强，对失败承受能力强，那么许多问题都能迎刃而解，不足以动摇其精神，这也是大学生需要具备的。

10.1.3 压力对大学生心理健康的影响

对于大学生而言，有些短暂、愉悦的心理压力可以成为驱使其前进的动力，但如果压力过大或持续时间过长，就会损害大学生心理健康。总体来说，压力的影响有积极和消极两个方面。

1. 压力的积极影响

心理学的研究表明，早年的心理压力是促进儿童成长和发展的必要条件。经受过生活压力的青少年在以后的生活和工作中更容易适应环境、取得成功；反之，早年没有经受过压力的人，则抗压能力较弱，难以经受住生活的风吹雨打。有时候，压力会让我们的注意力更加集中，记忆力、积极性更强。同时，适度的压力可以让我们在面对困难时，能以坚韧不拔的精神去应对，促进自信的建立。压力太小或过大，都会影响做事积极性和效率，图10-1所示为压力水平与绩效的关系。对于大学生而言，适度的压力是维持正常身心功能活动，激发积极性和主动性，锻炼和培养良好意志力品质的必要条件。

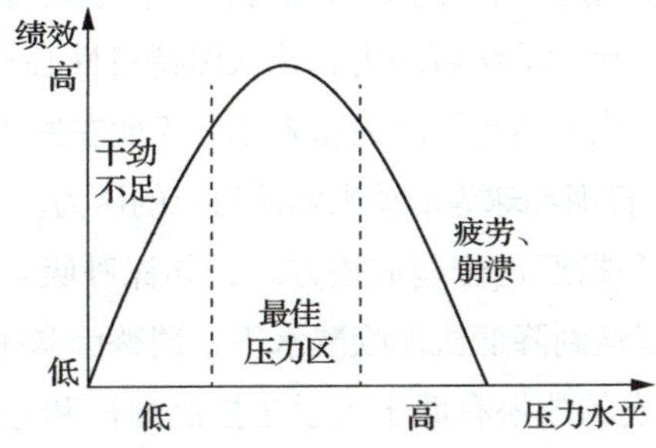

图10-1 压力水平与绩效关系图

2. 压力的消极影响

压力也容易成为人们健康的杀手，给人们带来不利影响。例如，在现代社会，许多人身心出现问题很大一部分原因就在于压力过大。

压力过小，可能让人自满，产生得过且过的想法，变得惫懒、易厌倦，影响其积极性。如果压力过大，超过了人的心理承受范围，时间一长便容易引发一系列的不良症状，如呼吸困难、易疲劳、心悸和胸痛等，并影响免疫系统的活性；此外，还可能伴有失眠、紧张性头痛、焦虑、抑郁、强迫行为等心理症状。例如战争、地震、绑架、被攻击等破坏性压力就容易对人造成消极影响。有些人在受到创伤后产生应激障碍，也是因为压力失调严重，心理压力过大。

10.1.4 大学生的压力管理方法

压力管理是指对可预见的压力源进行必要的干预，以维护大学生的身心健康，提高其工作效率。

在生活与学习中，大学生免不了产生各式各样的压力，因此掌握科学的压力管理方法，提升压力适应能力对大学生来说非常重要。

1. 端正面对压力的态度

许多大学生一想到压力，就会觉得有负担，很害怕自己会失败。实际压力并不总是坏事，它能对人的行动产生积极力量。有研究表明，只有在一定的压力之下，人们才能充分、有效地调动体内的积极因素。这意味着大学生应当客观认识压力，乐观看待压力，刨除思想中的消极因素，如夸大后果的严重性、忽略事件的积极面等，剔除多余的压力；同时要学会调整认知，接受现状，从而充分发挥压力对自己的积极作用。

2. 直面压力事件

要消除压力负担，大学生需要直面压力事件，增加对压力的把控。这要求大学生能够直面压力事件，并能对其做客观、理性的剖析，能够针对压力事件评估自己是否有解决问题的能力和资源，能否提出切实有效的解决方案，而不是自暴自弃，盲目陷入焦虑或绝望的情绪当中。一旦大学生对压力事件能做到心中有数，就可以增强控制感，减轻对压力情境的负面认识，从而避免过多压力的产生。

3. 学会转移或释放压力

面对压力时，大学生也可以通过一些科学的减压方法来释放或转移压力，从而获得身心的放松。

（1）运动减压。专家认为，运动能缓解压力，让人保持良性心态，且当运动达到一定量时，身体产生的腓肽效应能愉悦神经，让人感觉到高兴和满足。因此在感受到压力的时候，大学生不妨通过慢跑、跳操、踢足球、跳绳、打羽毛球等活动来释放自己的压力。

（2）放松减压。放松减压是指通过一些放松方式，如深呼吸、自我按摩、冥想等，有意识地控制和调节自己的身心活动，以达到降低机体唤醒水平，调整因紧张而紊乱的身心功能，从而使机体内环境保持平衡与稳定。适当的放松有助于大学生控制血压和心率，缓解因压力过大产生的问题。此外，发展兴趣爱好，如绘画、书法等，有助于大学生舒缓压力过大产生的负面情绪，使心绪趋于平静。

【阅读材料】

舒缓压力

大二时，刘某报名参与了“挑战杯”中国大学生创业计划竞赛。由于刘某在项目筹备过程中表现得非常好，因此在省赛时，大家推选刘某上台做项目演示。刘某虽然很高兴大家对她的信任，但又觉得很有压力，怕辜负了大家的期望。项目演示的前两周，刘某总是控制不住地忧心在台上可能出现的意外状况，害怕自己出错被别人比下去；晚上觉都睡不好，梦里都想着比赛的事，精神越来越不济，老是心事重重的。

刘某觉得这样不是办法，后来经过心理辅导老师的指导，在觉得压力很大、胡思乱想的时候，她便和室友出去打羽毛球，或者做一些冥想进行放松，或者通过阅读、看剧放松。比赛时，她果然镇定自若、谈吐自如，保持了自己一贯的水平，最后凭借精妙的创意和生动详细的演示，赢得了二等奖。

应对压力时，刘某选择合理的方法去及时排解压力的做法是值得借鉴的，因为压力过大，如果放任不管，就很容易使我们沉浸在假想的困境中，造成不良的身心反应，影响心理健康水平。科学减压，会让我们以更好的状态面对生活。

（3）构建社会支持系统。社会支持是他人提供的一种资源，告诉我们是被爱、被关心、被尊重的。大学生的社会支持系统包括亲人、朋友、同学、老师。一个人面对压力时难免觉得孤独无助，但通过亲人、朋友等的关心与指导，大学生可以获得情感安慰、有形帮助、信息支持、行动建议等，这些能使大学生从压力的困境中走出来，恢复自己的信心和勇气，从而更好地应对压力与挑战。

10.2 面对挫折

爱默生说："每一种挫折或不利的突变，是带着同样或较大的有利的种子。"人难免会经历失败，而面对挫折的态度，往往最能考验一个人的品质。事实上，正是因为挫折，我们才能收获成长，变得坚韧。

微课

挫折的三层含义

10.2.1 什么是挫折

名言警句

挫折和不幸，是天才的晋升之阶、信徒的洗礼之水、能人的无价之宝、弱者的无底深渊。

——巴尔扎克

大学生活不可能一帆风顺，大学生或多或少都会遇到一些挫折，在日常生活中，我们常把挫折视作失败、失利和阻碍。在心理学上，挫折是指个体在实现个体目标的活动过程中，因客观或主观原因受到阻碍或干扰，导致目标不能完成、需要不能满足时产生的消极情绪体验。挫折包括3个成分，分别是挫折情境、挫折认知和挫折反应。

（1）挫折情境。挫折情境是指对个体的目的活动和需要满足造成阻碍或干扰的情境状态或条件。构成挫折情境的可能是人或物，也可能是自然环境、社会环境。

（2）挫折认知。挫折认知是指个体对挫折情境的知觉、认识和评价。挫折认知包括对实际遭遇的挫折情境和想象中可能出现的挫折情境的认知，且具有个体差异性。

（3）挫折反应。挫折反应是指个体在挫折情境下所产生的烦恼、困惑、焦虑、愤怒等负面情绪交织而成的心理感受，即挫折感。

在这3个成分中，挫折认知是核心因素。一般来说，挫折情境越严重，挫折反应就越严重，但只有挫折情境被个体认知到，个体才会在心理上产生挫折反应；反之个体可能只有较弱的挫折反应，甚至不会产生挫折反应。总体来说，个体受挫与否是根据个体对目标、结果、障碍之间的关系来定的。因此，挫折反应的性质及程度主要取决于挫折认知。

个体遭受挫折后，在生理、心理和行为上会出现一定的反应。生理反应是指个体遭受挫折后，在强烈或持续的负面情绪的作用下，会出现一些由精神状态紊乱导致的生理失调现象，这是由于人体内部的自我调节机制在调动机体的内在能量来应付外来环境的变化，这同时也会导致某些器官因缺乏能量无法维持正常功能，如消化道蠕动减慢、胃肠液分泌减少等。如果挫折情境得不到解决，还可能引发面白心悸、四肢乏力等进一步的生理反应。心理反应主要是由挫折引起的情绪反应和防御心理，如敌意、焦虑、升华、向下比较等。行为反应则包括习得性无助、报复与攻击、退行、幽默、宣泄等。这些行为反应有时是很好的应对挫折的方式，如以幽默、积极的态度看待挫折，会使个体尽快走出不良情绪，变得豁达或超然。

10.2.2 大学生产生挫折的原因

挫折主要源于主观愿望和客观现实之间的矛盾，且受挫程度也因主观感受不同而有所不同。从总体层面来讲，大学生产生挫折的原因可概括为主观原因和客观原因。

1. 主观原因

挫折产生的主观原因包括心理素质、生理特征、人格特点、经验阅历、动机冲突及个体对挫折的承受能力等。个体的主观差异性使得同一情境下的个体在面对同一强度的挫折时会产生不同的反应。例如，小王和小李一同去面试，两人都失败了，但小王在失败后低落几天，便以“此处不留人，自有留人处”的心态将此事淡忘，重新振奋精神；小李则认为自己太差了，从而备受打击，萎靡不振，在后续面试中表现得越来越差。挫败感的强弱与自身主观体验的联系非常紧密，需要大学生注意。

【阅读材料】

不同的态度

钱某最近心情欠佳，感到十分挫败：她发现她的英语四级成绩居然才将近500分，这离她的目标还有一点距离，她想要得到一个高分。同宿舍的杨某却没有这样的心理，虽然她的英语四级成绩只有430分，属于刚及格的水平，但她已经很满足了。

个体是否感到挫败与自己对成功所定的标准有密切关系。一般抱负较高的人比抱负较低的人更易产生挫折感。相较于杨某，钱某更易感到挫败的原因是她对自己有更高的要求，这一点导致她们的受挫程度不同。

2. 客观原因

客观原因是指导致人们的动机或目标不能实现的各种外部因素，包括不以主观愿望、意志或能力为转移的自然事件和社会环境。自然事件包括人们无法预料和克服的某些自然灾害、伤残疾病、意外变故等。例如，因为生病而缺席重要的考试。社会环境则相对复杂，包括社会生活中的政治、经济、道德、文化、风俗习惯、成长背景等因素。例如，随着社会变革和市场需求的变化，用人单位对大学生就业能力的要求不断提高，这使得有些大学生在毕业后产生了比较强烈的挫折心理。

10.2.3 常见的大学生挫折应对方法

“咬定青山不放松，立根原在破岩中。千磨万击还坚劲，任尔东西南北风。”一首《竹石》生动描述了竹石坚定强劲的生活姿态。在生活中，大学生总会遇到各种挫折，但不要害怕面对挫折，重要的是掌握正确应对挫折的方法，在挫折中得到收获与成长。

1. 正确认识挫折

名言警句

通向荣誉的路上，并不铺满鲜花。

——但丁

挫折对人的影响是双面的。大学生在生活中难以避免挫折，因此要学会客观、辩证地看待挫折，认识挫折对于人生的意义，尤其是积极作用，这样能促使挫折往积极的方面转化。同时，大学生要注意提升对挫折的认知水平，如认识挫折承受能力的必要性和重要性，建立“失败”的正确观念，勇敢面对和了解挫折情境，等等。心理学研究表明，一个人越能够获得与挫折事件相关的信息，就越能够有效地处理它；越能够进入挫折情境中去，就越能够有效地对付这种情境。可见，个体认知对挫折的解决无疑有着重大意义。

2. 建立心理防御机制

微课

挫折防御机制分类

心理防御机制是指个体在遭受压力和挫折后，自觉或不自觉地把主体与客观现实之间发生的问题，用较能接受的方式加以解释和处理，以减轻挫败感，达到心理平衡的反应形式。大学生可以通过建立心理防御机制，消除遭遇挫折或困难后产生的焦虑或其他不利情绪，减轻心理矛盾，恢复平静。心理防御机制有许多种，可大致分为消极心理防御机制、中性心理防御机制和积极心理防御机制3类。

（1）消极心理防御机制。消极心理防御机制是指个体在遭受挫折后表现出来的带有强烈情绪色彩的非理性行为，包括攻击、压抑、潜抑、否认、隔离、退行、投射等。

（2）中性心理防御机制。中性心理防御机制是指个体在受挫后能帮助其摆脱心理压力，恢复正常情绪和心理平衡的应对方法。这类心理防御机制虽然持续时间短暂，可能对于解决问题无实质作用，但基本不会有不良后果，包括转移、合理化、仪式与抵消、幻想、反向形成、理想化等。

拓展阅读

心理防御机制介绍

（3）积极心理防御机制。积极心理防御机制是指个体正视挫折、承认挫折，正确分析挫折产生的主客观原因，总结经验教训，采取积极的行为方式，包括补偿、认同、幽默和升华，能帮助个体战胜挫折。

例如，攻击可表现为受到挫折打击的个体将情绪发泄到其他人或物身上，如摔椅子、对别人发脾气；仪式与抵消可表现为个体打碎了珍爱的东西，安慰自己“碎碎（岁岁）平安”；补偿可表现为个体虽然不善于文艺表演，但通过出众的创意和好点子获得了同学的喜欢。

3. 提升挫折承受能力

名言警句

> 累累的创伤，是生命给你的最好的东西，因为在每个创伤上都标示着前进的一步。
>
> ——罗曼·罗兰

挫折承受能力是指个体在遭遇挫折时对挫折的忍受程度，是一种能否经得起打击和压力，能否摆脱和排解困境使自己避免心理与行为失常的耐受力，也是个体适应挫折、抵御挫折和应对挫折的一种能力。挫折承受能力弱的人，往往难以克服障碍，一经挫折便一蹶不振。因此提升挫折承受能力很有必要，常见的措施有：树立辩证的挫折观；学会自我了解、自我接纳；分析挫折产生的原因，积极寻找解决办法；寻找志同道合的伙伴，建立和谐的人际关系，相互支持、安慰；等等。一般挫折承受能力强的人，逆商也高，这样的人更能摆脱困境，收获成功。

拓展阅读

逆商

4. 学会正确归因

归因是指个体依照主观感受或经验对自己或他人的行为及结果发生的原因予以解释与推测的心理活动过程。归因方式也会影响个体对待挫折的态度，倾向于内部归因的人常体现出较强的责任感和自责心理，容易陷入自怨自艾；倾向于外部归因的人则容易将挫折的原因归结于外部情境，产生推脱心理。归因方式的不同导致大学生在面对挫折时，心理承受能力的强弱也有所不同。因此大学生要学会正确合理地归因，找到挫折产生的根据，避免因片面归因造成心态失衡。

小结

（1）当代心理学认为，压力至少有3层含义：一是指那些使人感到紧张的事件或环境刺激；二是指某种具有威胁性的刺激引起的生理或心理反应；三是指刺激与反应的交互关系。

（2）压力源是指导致个体产生压力反应的情境、刺激、活动和事件。

（3）大学生可通过端正面对压力的态度、直面压力事件、学会转移或释放压力来管理压力。

（4）挫折包括挫折情境、挫折认知和挫折反应3个成分。

（5）挫折产生的原因包括主观原因和客观原因。

（6）面对挫折，大学生要能够正确认识挫折、建立心理防御机制、提升挫折承受能力、学会正确归因。

不管是面对压力还是挫折，重要的是个体应有正确的认知，认清人的一生不可能事事顺利，任何事都有积极的一面，我们都应以积极的眼光看待问题，常言道“自古英雄多磨难”，越王勾践卧薪尝胆，最终“三千越甲可吞吴”；司马迁受宫刑后，仍著出《史记》；中国在经历多次磨难、战争后，成长为全球第二大经济体。遇到压力，我们要调整心态、重振信心、勇敢面对；面对挫折，我们更要迎难而上、奋起反击、勇往直前。在生活中，大学生应保持乐观、积极的态度，勇于面对、敢于挑战，这样才能变得坚韧，获得真正的成长。

思考与收获

通过对本章的学习，我的思考是____

____

____。

我的收获是____

____

____

____。

心理测试

心理承受能力测试

作为个体重要的个性心理品质，心理承受能力的强弱往往决定了个体对待挫折与压力的态度。下面这些题目可用于测试你的心理承受能力，请你根据自己的实际情况，做出“是”或“否”的回答。

1. 你认为自己是弱者吗？
2. 你是否喜欢冒险和刺激？
3. 你生活在使你感到快乐和温暖的班级吗？
4. 如果现在就去睡觉，你担心自己会睡不着吗？
5. 生病时你依旧乐观吗？
6. 你是否认为家人需要你？
7. 晚睡两个小时会使你第二天明显精神不振吗？
8. 看完惊悚片很长一段时间内，你会一直觉得心有余悸吗？
9. 你常常觉得生活很累吗？
10. 你是否有一些无话不谈的知心朋友？
11. 当考试成绩不理想时，你会感到非常沮丧吗？
12. 你认为自己健壮吗？
13. 当你与某个同学闹意见后，你一直无法消除与他相处时的尴尬吗？
14. 在大部分时间里，你对未来充满信心吗？
15. 你有一个关心、爱护你的家吗？
16. 当你在课堂上回答不出问题时，你在课后还会久久地感到烦恼吗？
17. 每到一个新地方，你是否常常会出现吃不下饭、睡不着觉、拉肚子、头晕等问题？
18. 即使在困难时，你还是相信困难终将过去吗？
19. 你明显偏食吗？
20. 当你与父母发生不愉快时，你是否想过离家出走？
21. 你是否每周至少进行一次喜欢的体育运动？

22. 你觉得自己有些神经衰弱吗？

23. 你认为你的老师喜欢你吗？

24. 心情不痛快时，你的饭量与平时差不多吗？

25. 看到苍蝇、蟑螂等讨厌的东西，你感到害怕吗？

26. 你相信自己能够战胜任何挫折吗？

27. 你是否常常与同学们交流看法？

28. 你常常因为想心事而躺在床上久久不能入睡吗？

29. 在人多的场合或在陌生人面前说话，你是否会感到窘迫？

30. 你是否认为你受到的挫折与其他人相比，根本算不了什么？

上述题目中，第2，3，5，6，10，12，14，15，18，21，23，24，26，27，30题答“是”记1分，答“否”记0分；其余各题答“是”记0分，答“否”记1分。各题得分相加得出的总分即为你的测验得分。

若总分为0 ~ 9分，说明你的心理承受能力较弱，遇到困难易灰心，常有挫败感。

若总分为10 ~ 20分，说明你的心理承受能力一般，你能轻松地承受一些小的压力，但遇到大的打击时，还是容易产生心理危机。

若总分为21 ~ 30分，说明你的心理承受能力较强，你能在各种艰难困苦面前保持旺盛的斗志。

心理训练

你的压力是威胁吗

目的

引导大学生认识其当前的压力状态，并有效地排解压力。

操作

请你拿出纸笔，在上面将你面临的核心问题写下来，并思考如下问题。

（1）这个让我压力十足的问题是如何产生的？

（2）这个问题真的与我有关吗？它真的就是一种威胁吗？

（3）这个问题可以解决吗？我应该怎么做？

这种分析思考的方法可以改变你对压力情景的模糊认知，缓解因夸大威胁性而产生的焦虑心理。通过这样一层层的思考，相信你对面临的问题已经有了清楚的认识，能看清问题的症结所在。

第11章

大学生网络依赖——纵横交错谈“网”事

最好的东西都不是独来的，它伴了所有的东西同来。

——泰戈尔

随着科学技术的发展及移动互联网与智能设备的普及，人们的生活已经难以脱离网络，大家都开始借助网络进行日常生活的各项活动，如支付、联络、浏览新闻资讯、获取百科知识、浏览万千世界等。网络仍是一把“双刃剑”，网络固然方便了人们的生活，但也使一些人养成了网络依赖的心理。就大学生而言，他们也存在沉迷网络游戏、网络交友的现象。因此健康利用网络非常重要。

知识目标： 了解网络带来的良好改变；认识网络成瘾；掌握培养健康的网络心理的方法。

素养目标： 减少网络依赖，培养健康的网络心理。

11.1 网络对大学生的影响

在网络世界里，我们可以徜徉在广阔的知识的海洋里；可以享受智能化的生活；可以认识更多天南地北的朋友，畅享快乐，分担寂寞；可以了解更多元的文化、媒体形式，领略丰富多彩的文娱世界……回顾网络诞生之前的世界，可以发现网络为我们的生活带来的巨大的改变。那么，网络究竟给大学生带来了什么呢?

11.1.1 教学模式的变革

随着网络时代的到来，一种新的以学生“学”为中心的教学模式正在形成和发展。传统的教学模式是教学大纲—教师—教学用具—学生，即在教学大纲的统筹安排下，教师确立教学任务，在规定的教学课时中，通过使用某些教学用具，比如黑板与粉笔、幻灯机与投影仪，将教学内容传达给学生。

在这种教学模式下，教师是中心，影响教学质量的因素有教师的教学水平、教学用具的媒介作用、学生的接受意愿和接受能力。我们都清楚，如果一位教师的教学水平欠佳，对于知识的传播不够有吸引力，学生的接受意愿不够强烈，接受能力过于低下，教学任务就难以顺利完成，学生的学习能力、知识储备就难以提升。因此，无论其中哪一个环节出现问题，传统的教学模式的效果都将大打折扣；而网络的兴起，无疑引发了教学模式的一场新变革。

（1）网络对教师而言，也是一种学习途径。网络上有各种教学视频、教学指导及各种教学经验交流论坛，教师通过这些可以相互交流，不断提升自身的教学水平及讲解能力，不断丰富自己的教学内容，增加讲解内容的趣味性，逐渐增强学生听讲与学习的积极性。

（2）网络丰富了教学用具的媒介作用。网络可以通过提供图文并茂的幻灯片、丰富多彩的例证等方式，将教学信息更好地传递给学生。

（3）网络增强学生学习的主动性、灵活性，这也是教学模式变革的核心机制。学习不是被动地接受信息刺激的过程，而是主动地构建知识的过程。它要求学习者根据自己的知识背景，对外部信息进行主动选择、加工和处理，从而获得知识的意义。由于大学生自由学习能力较强，学习的目标与需要较为明确，而网络又具备开放、便捷、丰富、广博的特性，为大学生提供了网络课程、学习网站、学习论坛等资源，这让大学生足以成为学习的主人，主动利用网络灵活搜索、学习自己需要的各类知识，这无疑大大增强了大学生学习的积极性和学习主体意识，极大地提高了其学习效率。

【阅读材料】

一个学生关于网上论坛学习的自述

如果有人问你：“什么是网络学习？”相信很多人会跟我一样回答：“网络学习就是通过上网查阅资料，然后进行自学。”这样的回答对，但不全面。仅仅通过上网查阅资料来进行自学，无异于传统意义上的自学形式，依然摆脱不了孤军奋战的困境。只有在查阅资料的基础上，利用互联网进行师生之间、同学之间的知识、经验交流，把个体学习行为扩展为群体交互学习，这样才能够真正体现网络学习的优越性。这一点，我是在参加了电大远程教育学习以后才逐步体会到的。

我是北京广播电视大学英语专业专升本学生，现在已经上了一个学期的课。在进行入学教育的时候，老师告诉我们：电大远程教育与传统教育的不同之处在于，电大远程教育的教与学之间采用的是多种媒体手段，不仅有老师面授，有书本、音像材料，还有网络学习。学生通过网络可以查阅所学全部课程的资料，还可以通过“网上论坛”与老师、同学交流，获得经验及学习技巧。学生如果想学到真正的知识，通过最后的测试，就必须学会如何在网络上学习。

刚听完老师的网课时，我觉得在网络上学习就是学校将学习材料放到网络上，学生到网络上去查找相关的资料自行消化，只不过是一种变相的自学考试而已；而我有参加自考的经历，有计算机网络的相关知识，网络学习应该不会很困难。然而，我忽略了网络学习中一个很重要的部分，就是“网上论坛”。“网上论坛”实际上给了我们与老师、同学交流的机会，使自学过程变得有趣。“网上论坛”与网络查找资料相结合，才是一个完整的网络学习过程。我刚开始进行网络学习时，没有意识到“网上论坛”的重要性，因此给自己的学习带来不少困难。

第一门课程是入学教育，学习后需要完成作业。我在做题的时候发现，其中有几道填空题在所发的资料中找不到确切的答案。于是，我就在网上查询相关的内容，也没有找到确切的答案。电大远程教育学习的作业十分重要，作业成绩直接影响最后的学科总成绩。我情急之下，突然想到了“网上论坛”。我就抱着试试看的想法，在网上发了一个帖子，询问这几道题的答案。没过多久，我就收到不少同学的回帖，与他们经过一番网上讨论，综合了他们的意见，终于得出了这几道题目的正确答案。

从那以后，我在学习中经常使用“网上论坛”与老师、同学交流，解决了很多问题，学习成绩也有了很大的进步。

初次参加电大远程教育学习，如何应对学习效果的检验是个问题。期末考试的时候，我对试题的题型心中无数，而面授老师和同班同学也都没有这方面的经验。万般无奈，我又试着在“网上论坛”求救，结果得到了一个学长的帮助，增加了考试的信心。

现在，我最深的体会是在传统形式的自学中，你面临的是艰苦的自主学习，经常需要应对的是孤立无援的困境，尤其是遇到问题、难题，不是很容易就能够得到及时解决的。网络学习提供了一个广阔的学习空间，在其中，你既是学生，又是老师。你可能有许多困难需要别人帮助，同时你也可以帮助别人解决问题，与你的同学在网络上互相帮助，共同进步，把自学过程变得生动、有趣。

“网上论坛”使我尝到了网络学习的甜头，我真的十分喜欢它。

11.1.2 享受交流，享受进步

提起网络，不能不说网络交友。网络为大学生提供了平等、轻松的交流环境。大学生在网上交流的同时，往往也会把自己的情感赋予对方，比如“你好”在现实生活中，是普通得不能再普通的一句问候语，可在网络聊天室说“你好”的时候，我们也许就会想象对方说这话时灿烂的笑容、动听的语气。在现实中我们用理智体验生活，在网络中我们却用感性幻想生活，把情感和友谊看得无比细腻和完美。

网络环境大大拓展了大学生人际交往的范围，促进了大学生人际交往能力的提升与心理健康的成长。网络聊天即兴而来，打开聊天软件便可进行，没有空间和时间的限制，不用朝等暮盼、望眼欲穿，无须长途跋涉、风尘仆仆；同时，天涯海角、素不相识的人也可“零距离”接触，在相互咨询、交谈、讨论、倾诉、请教的过程中，极大地满足了大学生旺盛的表达欲、表现欲和社交欲，同时也为大学生的社会化提供了角色的练兵场，有助于促进其心理健康的成长。

而微信、微博、知乎、豆瓣等网络社交媒体的存在，更赋予了大学生一种更高层次的文字与精神的交流方式。在那里，他们可以尽情地激扬文字，谈笑风生。与此同时，绚丽的文字、丰富的思想，也利于大学生敞开自己丰富多彩的内心世界，从自我封闭的牢笼中获得解脱，加深自我关注，增强自我意识，增加对人生的思考、对世界的认识等，甚至促进了一批批大学生走进网络文学的队伍。

11.1.3 信息沟通的无极限

有人说，网络的存在让整个世界都成了邻居，事实确实如此。随着网络新闻资讯传播与更新技术的进步，生活在世界各地的人得以连成地球村这样一个集体。

网络的资讯环境有助于大学生全球意识的形成，强化他们对国家、民族、全人类的责任感。通过网络窗口，他们关注“家事、国事、天下事”，使视野开阔起来；他们增强了全球意识，更好地适应了我国融入世界的新形势。网络使大学生可以在倾听“风声、雨声”之时，“家事、国事、天下事”也能不绝于耳。

与此同时，网络还为大学生提供了诸多便利，比如网上求职。时下，随着各种招聘网站的出现，各种各样的就业指导信息丰富多彩，无论是各行各业的求职动态，各地大小招聘会的信息，还是求职简历的书写技巧、面试指导等，网上一应俱全，为大学生求职提供了巨大的技术与信息支持。

此外，各地各级劳动、人事部门及其所属人才机构也已纷纷开通官网，这让求职的大学生对工作岗位有了更直接的认识，也为其提供了更多的应聘机会。各大院校也设立了毕业生就业信息网，提供大学生就业的具体信息，大大方便了招聘单位与毕业生的信息交流。

综上所述，网络作为丰富生活、畅享交流的平台，深深地影响着大学生的学习、生活、求职就业，乃至大学生的世界观、人生观和价值观。

11.2 预防网络成瘾

任何事物都有两面性，网络也一样。大学生如果不能科学地利用网络，而是过度地依赖、迷恋网络，就会患上网络成瘾。

11.2.1 网络成瘾

名言警句

一个人越知道时间的价值，越倍觉失时的痛苦。

——但丁

人们在享受网络所带来的丰富信息和便捷生活的同时，也免不了因网络而诱发一些不合理的网络心理，如网络成瘾等。截至2021年12月，我国网民规模达10.32亿，网络成瘾已成为严重的公共卫生问题，大学生已成为网络成瘾的易感人群。

1. 网络成瘾的表现

网络成瘾指在无成瘾物质作用下对互联网使用的失控行为，表现为过度使用互联网后导致明显的学业、职业和社会功能损伤。其中，持续时间是诊断网络成瘾障碍的重要标准，一般情况下，相关行为需要至少持续12个月才能确诊。与其他成瘾病症相似，网络成瘾也是一种心理依赖行为，也会产生渴求、耐受性、强迫行为和戒断反应，并导致健康和生活等方面受到影响。

网络成瘾的最大特点是对网络的极度依赖和迷恋，网络成瘾经常表现为：不断增加上网的时间，并且对于上网时间难以控制，形成一种心理依赖；除了网络对其他事物不感兴趣，与他人交往减少，不愿意参加社会活动；通过上网逃避现实中未解决的问题或发泄不良情绪；日常生活中、头脑中都是网络相关的情景，期待上网；突然减少或中断上网，会感到失落、无所事事、烦躁、易冲动等。

一般大学生产生如下行为，就代表其在网络使用上已经出现问题，例如，强烈迷恋上网，无法上网时有强烈的渴求感；知道该停止上网去休息或学习，却停止不了；被迫停用网络就会生气，甚至出现暴力行为；上网时间越来越多，花费更多时间上网才能感到满足；时间管理出现问题，因使用网络耽误学业、工作；无视身心问题或人际问题。

网络成瘾对健康有直接影响，伴随着成瘾行为可出现躯体依赖性、生物钟紊乱、神经衰弱、视力减退以及关节炎症和戒断症状等问题。

2. 网络成瘾的原因

网络成瘾的原因与网络的特性和大学生的个性与需求有关。网络的虚拟性使得爱幻想的大学生在网络里产生了虚幻感，幻想自己可以在这个虚拟世界中做自己想做的事，并得到在现实中得不到的东西。

林以正教授在对网络成瘾的研究中指出：具有不同特质的网络使用者，会被不同的网络功能所吸引，会产生不同的网络成瘾形态，网络成瘾现象是网络使用者的个人特质与网络功能相互作用的结果。

小赵说：“在现实中，我是个敏感的人，有时候跟同学聊天，总觉得她们说的一些话是针对我的，慢慢地我就不愿意跟她们交往了。跟男同学……”她停顿了一下，接着说，“我觉得男同学都喜欢开朗活泼的女生，我想跟他们说话，但又觉得不好意思。所以在网络上我会主动与我不认识的男生聊天，获取他们的好感，这是在现实中我绝对做不到的。”

【阅读材料】

网络成瘾案例

王华是一所院校的大学生，性格内向，虽说已经是成年人，但他的个头仍停留在1.60米左右，他很苦恼，也很无助。看着身边的同学一个个谈起了恋爱，王华很自卑，他觉得没有女孩子喜欢他，甚至没有人喜欢与他说话。在一次上网时，王华遇到了一位“漂亮”的女孩，两人开始了“网恋”。不用见面，也不会让家人、老师知道，王华在现实中缺失的交往能力，在网络的世界里得到了补偿。从此，计算机的屏幕掩盖了他的不足，他在网络中成了一位侃侃而谈、风流潇洒的小伙，网络上的平等弥补了他深深的自卑，他不再在乎同学的眼光，疯狂地迷恋上了网络，将自己的空闲时间都消耗在网络上，不再关注现实中的人际交往，这就是一个典型的沉迷网络案例。

另外，网络还能帮助大学生逃避现实的压力，如专升本、考研的压力，人际交往无力的无奈，家庭关系的不和谐等。研究表明，某些大学生由于早期父母不当的养育方式、家庭变故等，人格受到了一定的负面影响，更具有网络成瘾倾向。

【阅读材料】

沉溺网络游戏案例

王朋是一位沉溺于网络的大学生。在他小的时候，由于父母关系不好，经常吵架，对王朋关心较少，所以王朋在家从来不敢多说话，压抑的家庭环境让王朋渐渐变得内向敏感。上大学后，王朋接触了网络游戏，并且成了很多人的“老大”，因“战绩辉煌”，每次比赛都被同学拉去网吧。一个学期过后，王朋各门功课都亮了红灯。“我也很想戒掉网瘾，可试了很多次都没有用”，王朋这样说。学校的心理老师说，王朋从小缺少父母的关爱，得不到亲情的安慰，这让王朋比较敏感、自控力差，遇到网络的温床后便不可自拔。

网络中存在的精彩好玩的游戏、有相似经历和爱好的人的聊天群、趣味性的短视频、看之不尽的电视剧等，很容易让大学生沉溺其中，以发泄自己的不满，收获他人的友谊，放松自己的心情。这些来自网络的吸引力，对于还没有完全形成正确价值观、自制力和判断力都不健全的大学生而言很难抵挡，因此大学生很容易在不知不觉中产生网络依赖。

虽然网络具有虚拟性、随意性的特点，使大学生不自觉地去包装、粉饰自己，或者在网络中放大自己的欲望，但任何行为都应有所限制。大学生应当遵守现实和网络中的法律法规、伦理道德规范，防止自己的行为越轨，如在网络中恶意发泄情绪、伤害他人，为了攻击他人泄露他人隐私等。大学生应当提升自己在网络中的自制力，健康上网。

11.2.2 培养健康的网络心理

名言警句

在今天和明天之间，有一段很长的时间；趁你还有精神的时候，学习迅速办事。

——歌德

网络给我们带来了巨大的便利，也带来了一些隐患，我们应正确地认识网络，针对出现的问题及其原因，探索培养健康的网络心理的方法。

想要培养健康的网络心理，大学生应了解网络的相关知识，明确网络的利与弊，了解网络成瘾是什么及其具体原因和类型，以便在以后的生活中养成良好的上网习惯，避免网络成瘾。

大学生在上网前，要明确上网的目的，限制上网的时间。网络信息丰富多样，如果没有目的，很容易陷入网络游戏、网络交友等虚拟世界。网络信息量大，如果不限定时间，那么本可以20分钟解决的问题，可能2个小时也完不成，这会极大地浪费时间。

大学生应培养正确的世界观、人生观、价值观，增强自己明辨是非的能力；培养健全的人格，增强自己的自制力；树立牢固的专业思想，努力学习专业知识；加强体育锻炼，培养健康的体魄；丰富自己的课余生活，拓展兴趣，多参加学校活动和社会实践；学会与人相处的方法，建立良好的人际关系，用宽容和欣赏的眼光看待同学和周围的事物，从而减少不健康的心理问题。

此外，大学生不要把网络游戏或网上聊天作为发泄内心不满或逃避现实的工具，否则会形成一种习惯，下次如果再遇到不顺心的事情，还会上网寻求麻痹自己的感觉，这样不仅不能解决问题，而且在离开网络之后会更加烦恼和焦虑。所以大学生在遇到学习、人际交往等方面的问题时，应学会调整自己的不良情绪，鼓励自己将内心的苦恼讲出来，可以讲给他人，也可以讲给自己，或者写成日记；可以向老师或同学倾诉，也可以求助学校的心理咨询老师，寻找合适的解决方法。

大学生如果出现前面所说的网络成瘾的症状，应及时进行反省，寻找原因。如果战胜不了自己，应求助他人，避免越陷越深。只有通过努力，加强对网络的正确认识，大学生才能处理好学习、生活和网络的关系，建立健康的网络心理。

【阅读材料】

网络成瘾案例分析

臧某是某大学一年级学生，生活在一个四口之家，家里虽不富裕，但是生活得很幸福。臧某读高三时，臧母查出患有卵巢癌，且到了晚期，已不能手术，只能在家吃药治疗。家里人怕臧母受不了这样的打击，就一直隐瞒她，将她的药用另外的瓶子装好给她。臧某因为住校，只能每个月回家一次，并且因为高考在即也被隐瞒了母亲的病情。结果臧某有一次回家却无意发现家中有治疗癌症的药瓶并去询问臧母，导致臧母患病一事隐瞒不住。臧母很快因受不了打击而病情恶化，几个月后就去世了。臧某却因为住校和高考之事连母亲最后一面都没见到，并因自己导致母亲病情恶化且不能在病床前尽孝而万分自责：“我想他们一定恨死我了，从小到大母亲是最疼我的，而我却害死了母亲。”

之后，臧父与臧某的姐姐因为要还为臧母治病借的钱，到外地打工，连过年都不回家，臧某只能一人过年。

上了大学以后，臧某接触到网络，经常在网上和一些女孩聊天，每天都在上面花费大量的时间和精力。不到一年的时间里，他经历了4次网恋，每一次失恋都很痛苦，痛苦之后又开始下一次网恋。他认为这个世界上没有什么人是可以信任的，没有什么感情是可靠的。

"我很喜欢她们。我把所有的课余时间都用来和她们聊天了。可是每当我感到她们喜欢我时就不敢与她们再好下去了，我连亲生母亲都给害死了，谁跟我在一起能幸福呢？所以，我失恋是活该，这份痛苦是我该受的。"

经过多次交谈，根据网络成瘾的诊断标准，臧某被心理咨询老师确诊为网络交友成瘾。心理咨询老师认为他的网络成瘾只是表面现象，其深层原因一方面在于臧某存在一个错误的认知理念，认为母亲的死是自己造成的，是自己害死了母亲，"要是母亲不知道自己患的是癌症，她还能活很久"；另一方面，未能尽孝的遗憾造成的"未完成情结"使臧某采用了一种自我惩罚的方式，在不断经历痛苦的体验过程中寻求良心的平衡，以一种近乎自虐的方式求得对自己的原谅。经过上述分析，心理咨询老师认为治疗的关键是要纠正臧某的错误认知理念，并帮助他完成"未完成情结"，只有这样才能彻底使他摆脱对网络的依赖。为此心理咨询老师采取了以下几项措施。

（1）帮助臧某正确地认识母亲的死因。臧母当时已经是癌症晚期了，已经无法医治，所以母亲真正的死因是癌症，是病魔夺走了母亲的生命，而不是臧某。而且臧某当时说漏了嘴，是无心的，其实他是爱母亲的，作为最爱他的母亲，一定是了解的。

（2）采用"空椅子技术"，让臧某将母亲的照片放在一把椅子上，假想自己面对着母亲，把自己想对母亲说的话都说出来，将自己压抑的情感释放出来，把自己满腹的委屈也都倾诉出来。

（3）学会正确、合理地使用网络。给母亲写一封信放在社交网络上，一方面将自己对母亲的思念和自责宣泄出来，另一方面也可以得到良好的回应，借助大众的力量完成自己的转变。

（4）抽时间去福利院做志愿者，帮助那些与自己母亲年龄相仿的人，使母子关系得到代偿，将对母亲未尽的孝心转移到这些人身上，既帮助了别人，又安慰了自己。

小结

（1）网络给大学生带来了巨大的影响，无论是在学习方面，还是在人际交往、信息沟通方面，他们一直享受着网络带来的巨大便利。

（2）网络也将部分心智尚未完全成熟的大学生引入误区，使其陷入网络成瘾的痛苦。网络成瘾的原因在于网络的虚拟性和平等性有助于大学生满足自己的需求，逃避现实压力。

（3）大学生要通过自身的努力，如培养正确的世界观、人生观、价值观，增强自己明辨是非的能力，培养健全的人格，增强自己的自制力等，尽量避免网络依赖，建立健康的网络心理。

网络的发展本质上是社会进步、科技进步的表现之一。受益于网络的发展，人们的生活变得更加智能化与便捷化，例如“互联网+”、万物互联、智能物流、无人机、无人车、数字化书籍资源、网课资源等，都是网络技术下的产物。大学生应当充分认识到网络对自身发展和社会进步有利的层面，取其精华，去其糟粕，利用网络去提升自己，去发明创新，以实现个人价值和社会价值，而不是只沉溺于其浮华娱乐之中。

思考与收获

通过对本章的学习，我的思考是____
____
____。

我的收获是____
____
____
____
____。

心理测试

网络成瘾自测

对于下列20种症状发生的频率，请根据自身实际情况用0 ～ 5分进行评分。

0分为没有，1分为罕见，2分为偶尔，3分为较常，4分为经常，5分为总是。

1. 你发现你在网上逗留的时间比你原来打算的时间要长。
2. 由于上网的时间太多，以至于你忘记了要做的事情。
3. 你觉得网络带给你的愉悦超过了亲朋密友之间的亲昵。
4. 你会与网上的人建立各种新的关系。
5. 你的亲友会抱怨你花太多的时间在网上。
6. 由于你花太多的时间在网上，以至于耽误学业和工作。
7. 你宁愿去查收电子邮件，也不愿去完成必须做的工作。
8. 上网影响了你的学习或工作业绩和效果。
9. 你尽量隐瞒你在网上的所作所为。
10. 你会同时想起网上的快乐和生活的烦恼。
11. 在你准备开始上网时，你会觉得自己早就渴望上网了。
12. 没了网络，你的生活变得枯燥、空虚和无聊。
13. 当有人打扰你上网时，你会恼怒或吵闹。
14. 你会在深夜上网而不睡觉。

15. 在无法上网时，你仍全身心地想着上网或幻想着上网。

16. 你总想着延长上网时间。

17. 你尝试减少上网时间却失败了。

18. 你企图掩饰自己上网的时间。

19. 你选择花更多时间上网，而不是和别人出去玩。

20. 当外出不能上网时，你会感到沮丧、忧郁或焦虑，而一旦上网，这些感觉就消失了。

将得分相加，总分说明如下。

20 ~ 49分：你是个一般上网者，只是有时会上网多一些，但总体上是能够自我控制的，尚未沉溺于此。

50 ~ 79分：你由于上网开始出现了一些问题，应该谨慎对待上网给你带来的影响，以及对家庭和其他成员带来的影响。

80 ~ 100分：上网已经给你和你的家庭带来了很多问题，你必须马上正视并解决这些问题。

当对照总分查阅相关说明后，请再看一下得4分和5分的症状。你是否意识到这些症状是急需关注的症结所在呢？

例如，如果第2种症状得了4分，与之相对，你是否忽视了自己必须做的事情，例如要洗的脏衣服是否堆成了山？如果第14题得了5分，你是否经常感到每天早起是件非常困难的事？你是否觉得学习、工作提不起精神来？而这种作息方式是否已经开始使你的身体状况糟糕起来？

心理训练

你的网络使用现状

目的

引导大学生了解自己的网络使用现状或网络成瘾现状，体会充实生活的重要价值。

操作

思考自己自从沉迷互联网或频繁使用手机后，日常活动或习惯的改变。按照1 ~ 3的重要程度将你的日常活动或习惯的前后变化填写在表11-1中。反思自己的网络使用行为对生活的改变。

表11-1 活动和习惯的改变

重要程度	以前的活动和习惯	现在的活动和习惯
1. 非常重要	例如：阅读，和父母打电话	例如：看网剧；打游戏
2. 重要		
3. 不太重要		

下面是几项网络成瘾者最容易忽略的活动，供你参考：和家人沟通交流，睡觉，阅读，看电视，和同学、朋友在一起玩儿，运动。

评价一下你忽略的活动，回想一下你以前的生活，你那时是怎样对待这些活动的？你对它们的感觉真的变了吗？然后看一看对你而言非常重要的活动是什么，想一想你由于放弃这些活动而失去了什么。

第12章 大学生生命教育与心理危机预防——心灵的“保卫战”

生命是珍贵之物，死是最大的罪恶。

——海涅

人的生理和心理一旦生了病，就会面临心理危机的威胁，有的人精神强大，意志坚定，对待心理危机，可以通过强大的自愈能力免除干扰；而有的人却可能会由于各种原因滋生不健康的心态，甚至自毁。每个人的生命只有一次，它是如此短暂、脆弱，一场意外、一场疾病，就可能让生命消散；而一次救援、一次捐献，就可能使它重获活力。人活在世上，应该重视生命，珍爱生命，同时关爱自己的心理危机，及时采取积极的自助或求助方法，呵护自己的心灵，从而达到身心的健康。

知识目标： 认识生命的价值；熟悉抑郁症；了解心理危机及其应对方法；掌握尊重生命和树立正确幸福观的做法。

素养目标： 体会生命的价值，学会珍爱生命；在面对心理危机时，既能自助，又能助人。

12.1 生命教育

近年来，生命教育引起了一些教育者的关注。2008年9月1日，教育部号召全国中小学师生和家长观看以“知识守护生命”为主题的学校安全教育节目，同年秋季，云南省率先开展“三生教育”，范围涉及幼儿园、中小学、中职学校和大学。“三生”是指生命、生存、生活，“三生教育”的目的是培养学生珍爱生命、学会生存、幸福生活的能力和价值观。2010年，国务院常务会议审议通过的《国家中长期教育改革和发展规划纲要（2010—2020年）》明确提出了要“重视安全教育、生命教育、国防教育、可持续发展教育”，这标志着生命教育正式成为我国国民教育的重要组成部分。2022年3月，教育部办公厅发布《关于开展2022年“师生健康 中国健康”主题健康教育活动的通知》，也提出要“积极开展生命教育”。随着高等教育改革的深入，生命教育也成为高校学生教育的重要组成部分。

12.1.1 什么是生命

微课

发现生命意义的途径

从小到大，我们都会听到这样的话：“小花小草都是生命，我们要爱护它们；小猫小狗也是生命，我们也要呵护它们。”众所周知，人是生命体，花草动物也是生命体，那么生命到底是什么？我们把有机生命体简称为生命，但由于无法排除未知生命体的存在，所以对于生命，学界目前并没有一个科学的、统一的定义。生物学上的生命泛指有机物和水构成的，一个或多个细胞组成的，具有稳定的物质和能量代谢现象（能够稳定地从外界获取物质和能量并将体内产生的废物和多余的热量排放到外界），能回应刺激，能进行自我复制（繁殖）的半开放物质系统。从宏观角度来看，生命是一个依靠能量维持的过程，每个生命体都会经历出生、成长和死亡。人类是目前已知的最复杂的生命体。在生命过程中，人类可以通过自觉的目的性行为进行一系列生命活动，而这些活动决定了人类的生命质量。

相较于其他生物，人类因为具有思想性而具有多重生命属性。马克思的人性观认为，人具有两种属性：一种是自然属性，一种是社会属性。人的社会属性最为根本，它是人之所以为人的关键所在，因为人与动物的本质区别就在于社会劳动。

一般心理学则认为人的属性主要有3种，分别是生物属性、精神属性和社会属性，这3种属性与人的生命形态也是相互对应的。

（1）生物属性。人是作为自然生理性的肉体生命而存在的，这是自然界的广大生物都必须具有的基本属性。

（2）精神属性。人与动物显著的区别就在于人有高于动物的意识活动，有超越生物性生命的精神世界。人只要存在于世界上一天，就不会停下思考的脚步，如思考如何生存、如何活得更好。

（3）社会属性。马克思曾经说过，人的本质并不是单个人所固有的抽象物，在其现实性上，人是一切社会关系的总和。生命存在于社会关系中，与父母、亲人、同学、朋友等有着密切的关系，人不仅要为自己活着，还要为别人而活着。

12.1.2 生命的价值思考

名言警句

假如生活欺骗了你，不要悲伤，不要心急！忧郁的日子里需要镇静：相信吧，快乐的日子将会来临！

——普希金

生命教育就是要让人感悟到生命的有限性、难得性，从而思考个体生命的存在价值，并在人生实践中实现其生命价值。生命的意义到底是什么？相信许多大学生都有过这样的思考，事实上，很早以前，先哲就已开始了关于生命意义的探索。

古希腊思想家、哲学家柏拉图提出了经典的哲学三问：我是谁？我从哪里来？我要到哪里去？这3个问题可以引发人们对生命意义的思考。孔子所言“未知生，焉知死”也强调要先懂活着的道理。我们每个人的生命都得来不易，人都是由受精卵孕育而成，在3亿个左右的精子中，只有100个左右的精子可以经过白血球等重重阻碍到达子宫内的卵细胞附近，而只有一个精子能够突破卵细胞的壁膜与其结合，形成受精卵。受精卵需要在母体孕育40周左右，经历流产的风险和母体分娩的阵痛等种种波折，才能生长为胎儿成功诞生。我们又有什么道理不让自己的生命更有价值呢？

莎士比亚曾说：“生命苦短，只是美德能将它传到遥远的后世。”雷锋不就是这样的一种人吗？雷锋只活到了22岁，但是在今天，他仍然活在我们的心里。又如我们的革命先烈为了新中国前仆后继；也如在各种灾难疾病中穿梭的白衣天使，用生命守护我们的健康。季羡林先生在《漫谈人生的意义与价值》一文中写道：“如果人生真有意义与价值的话，其意义与价值就在于对人类发展的承上启下、承前启后的责任感。”在人类社会发展的长河中，我们每一代人都有自己的任务，而且绝非是可有可无的。大学生要有对生命的思考，找到自己生命的意义，知道自己为什么活着，这样才能在有限的生命中创造无限的可能，不枉此生。

微课

积极心理学幸福生活的五要素

12.1.3 生命教育的终极目标——幸福观教育

名言警句

> 幸福越与人共享，它的价值越增加。
>
> ——森村诚一

幸福是人类追求的永恒话题。作为社会和国家的一分子，作为社会经济建设、推动社会进步的栋梁之材，大学生的幸福不仅是促进其思想动态良性发展的重要因素之一，也是国家繁荣发展的内部动因之一。当代人都以追求幸福为目标，幸福观教育是人们提升生活品位和精神境界的必要选择，也是建立幸福社会的基本要求。大学生要想健康发展，也要注重自己幸福感的获得及幸福观教育。

教育的本质在于为个体创造幸福，为社会创造幸福。那幸福是什么？有学者指出：“幸福是人们在社会生活实践过程中，由于感受到人生价值的实现而形成的一种精神上的满足。”人作为自然属性和社会属性的有机统一体，在物质和精神上都有需求，因此，幸福也可以看作是内在满足与外在感受的统一。而幸福观就是人们对幸福的认识和看法，即对什么是幸福，如何获得幸福和追求幸福过程中所抱持的态度和整体观念，包括对幸福的认知观、追求观、享有观。幸福观教育是对大学生认知幸福、体验幸福、创造幸福及传递幸福能力的教育，直接决定大学生对幸福的感受。

在建立幸福观的过程中，大学生要认识到幸福观教育对个体及社会的重要意义，了解幸福感与国民生产总值的关系，以及自身应如何在多元化的价值观中确定主导，谋得共识，通过榜样学习了解幸福观教育中以人为本的教育理念，从榜样、模范身上汲取前进的力量，从而树立科学合理、健康积极的幸福观。

大学生对幸福的认知与幸福感获得与否会直接影响自身的价值追求和心理发展状况，不同的幸福感体验也会对大学生产生不同的行为导向，因此，幸福观教育非常重要。幸福观教育的作用主要体现为以下几点。

（1）幸福观教育能让大学生正确认识幸福、客观评价幸福、积极追求幸福，削减、调和不良情绪，促进大学生的心理健康发展。

（2）幸福观教育可以让大学生明确自己的追求，约束自己的行为，以符合社会规范，提高思想品德修养。

（3）幸福观教育可以让大学生更深刻地感悟幸福、感悟人生，积极参与社会活动，在良好的人际氛围和情感体验中促进个性的良好发展。

（4）幸福观教育可以促使大学生形成正确的幸福观，帮助其重塑三观，使其更适应社会生活，并实现自己的理想。

中国梦是中华民族百年来的美好夙愿，中国梦是全国人民的共同梦想，也是个体的个人梦想，需要我们每个人长期地追求与付出。加强大学生的幸福观教育，不仅有助于大学生正确树立理想信念，将个体幸福与社会幸福相结合，也有助于将幸福观教育融入其思想政治的方方面面，让其为中国梦的实现添砖加瓦。

12.2 抑郁症的识别

抑郁症是威胁当前大学生的重要心理障碍之一，也被划入精神疾病的范畴，属于神经症的一种。有数据研究显示，我国大学生抑郁症患者人数占其总人数的两成。据科学杂志《自然》数据统计，全球有3.5亿多抑郁症患者，每天至少有3000人因重度抑郁症自杀。可以说，抑郁症是精神疾病中自杀率最高的一种。我国2020版“心理健康蓝皮书”《中国国民心理健康发展报告（2019—2020）》显示，大学生中有18.5%的人有抑郁倾向，4.2%的人有抑郁高风险，因此大学生要正确识别和看待抑郁症，同时也要正确应对抑郁症。

12.2.1 抑郁症是“心理感冒”

抑郁症又称抑郁障碍，在当代社会已成为常见病，是一种常见的精神障碍。

许多研究者都将抑郁症视作“心理感冒”，所谓“心理感冒”，其实就是各种程度的焦虑或抑郁情绪，其常由外界环境气候及人际关系的变化而引发，是一种多发且常见的症状。轻度“心理感冒”就像普通感冒一样，很多人都会得，只是症状、表现形式不同而已。如果大学生在抑郁症初期不加以重视，不积极治疗而任其发展的话，那么抑郁症对身心造成的伤害无疑是比较大的。

12.2.2 抑郁症的成因

目前抑郁症的病因和发病机制并不非常清楚，但可以肯定的是，其与生物学、心理与社会环境等多方面因素有关。抑郁症的成因比较复杂，可能是多种因素相互作用的结果。

1. 生物因素

生物因素主要涉及遗传、神经生化、神经内分泌等方面。现代脑生物化学研究表明，抑郁症与神经递质去甲肾上腺素（有调节情绪、维持睡眠状态的功能）和五羟色胺（有调节情绪、产生睡眠的功能）的含量有关。人处于抑郁状态时，去甲肾上腺素和五羟色胺的含量明显不足，而缓解抑郁的药物会提高它们的含量。药物治疗是中度以上抑郁症的主要治疗措施。所以，一旦发现自己出现持续时间超过两周的先兆抑郁症状，务必及时去正规的专业医院接受药物治疗。从遗传的角度来讲，与抑郁症患者的血缘关系愈近，患抑郁症的概率越高。

2. 心理因素

与抑郁症关系密切的心理因素，有性格因素和抑郁气质。如个体狭隘的思想意识和歪曲的认知方式，如非黑即白、以偏概全、过分夸大或者缩小、过度引申等，易引发抑郁症。因此，对于抑郁症在药物治疗的同时进行心理治疗，可取得更佳的效果。

心理治疗可以减轻或缓解症状，矫正不良的认知偏见，改善行为应对能力，改善不良人际关系，增强社会适应能力，改善对药物的依赖。

3. 社会因素

成年期遭遇的应激性生活事件和人际关系问题，如社会应激、人际创伤、生活压力等，是抑郁症发作的重要触发条件。在接受药物治疗和心理治疗的同时，患者要重新认识疾病，重新了解生活和自己的性格，学会正确应对症状，合理安排学习和生活，调整对各项事物的认知，缓解心理应激因素。有大量研究表明，缺乏亲密可信关系和社会支持的人，如果遭遇严重应激事件，更有可能变得抑郁。因此，提升社交技能，获得来自家人和朋友的关怀也可以缓解抑郁症状。

12.2.3 抑郁症的表现

医学上，抑郁症的识别通常以国际疾病分类第十一次修订本（ICD-11）、中国精神障碍分类与诊断标准第3版（CCMD-3）为标准。大学生可以通过3个指标来识别抑郁症，一是心境低落，二是兴趣和愉悦感丧失，三是精力不济或疲劳感；且症状持续两周及以上。抑郁症常见症状如下。

（1）情绪低落且波动较大。例如，晚上还能与他人谈笑风生，第二天早晨却无缘由地感到抑郁，不想说话，少言寡语。

（2）思维缓慢，大脑反应迟钝，联想困难，不能集中注意力，记忆力减退。

（3）有饮食睡眠障碍，食欲减退，体重减轻，检查又无消化性疾病等存在。常伴有失眠，且易早醒，早醒后不能再次入睡。

（4）持续悲伤，整日忧心忡忡、郁郁寡欢、愁眉苦脸，缺乏情感，对之前喜欢的活动失去兴趣。

（5）感到“心里有压抑感”“高兴不起来”，疏远朋友，回避社交。

（6）无端地自责、自罪，消极评价自己，夸大自己的缺点，缩小自己的优点。

（7）出现反复发作的躯体症状，如肠胃不适、头痛、头晕胸闷、肢体麻木、腰痛等，这些症状又很难用药物控制。

严重的抑郁症患者会感到悲观绝望，度日如年，生不如死，随之出现自伤或自杀行为。通常，这些症状会持续发作至少两周，且没有明显诱发心境低落的现实事件发生，这些症状不能归因于某种物质的生理效应或者其他躯体疾病，患者在近期体检中也没有发现器质性的病变，这些症状发作时常为患者带来痛苦，或导致其在社交、职业或者其他功能方面的损害。

12.2.4 抑郁症的治疗

抑郁症是一种可治疗、可预防的疾病，绝大多数抑郁症患者可以通过治疗缓解症状，甚至得以康复，有些轻度的抑郁症常不需要治疗即可缓解。但如果把抑郁症误诊为单纯的生理疾病或思想问题，忽视抑郁症对个体身心健康的影响，贻误最佳的治疗时机，就可能导致抑郁症的加重，甚至会导致严重的后果。大学生应正确认识抑郁症的治疗，一般来说，药物治疗是比较有效的，但也需要配合心理治疗以缓解症状和根治，这需要在专业医生的指导下进行。

拓展阅读

抑郁症与抑郁情绪的判别方法

【阅读材料】

我该怎么办

梁某大三以来特别颓废，她不知道自己应该做什么。虽然其他人都觉得她的生活非常正常，但她知道自己出了问题：做作业的时候会突然冲自己发火，继而大哭；晚上躺在床上盯着天花板，一看就是一整夜；开始觉得很讨厌自己；刻意疏远周围所有人……连续的失眠和繁重的学业内外夹击，让梁某觉得自己的生活一团糟，她甚至不想出门，有些时候半夜醒来会想到自杀，甚至还准备好了遗书。她想要通过沉浸在某件事中来调节自己的情绪却做不到，心里特别难受。

后来梁某去看了心理医生，心理医生通过对她的症状的分析，发现她有抑郁和焦虑的症状。心理医生告诉她，大三阶段确实是大学生抑郁症的高发期，希望梁某能重视自身的心理状态，及早接受治疗。

梁某的家人也十分担心她的精神状态，梁某深知自己不能再这样下去了，于是在医生的建议下，开始通过家庭旅行、听音乐、药物治疗等方式调节自己的情绪，同时也督促自己与周围的人多接触、交流，积极参与集体活动，让自己充实起来。梁某说："经过一系列的治疗，我感觉我的情况真的好了许多，我现在很少会有轻生的想法了。在现在的日子里，我感觉到了开心与快乐。"

抑郁心理是大学生群体中一种比较普遍的心理，严重的抑郁情绪引发的抑郁症会危害大学生的身心健康。大学生要注意警惕这种心理，关注自己的心理健康，创造好心境，学会快乐生活，这样就能远离"心灵感冒"。

12.3 心理危机与应对

大学阶段是人生发展的特殊时期，由于心理成熟度和生理成熟度不同步，所以容易导致身心失衡，并且社会的迅速发展，激烈的竞争，复杂的人际关系，沉重的就业压力，甚至情感问题，都会加大大学生的心理压力。人生中的挫折、磨难可以锤炼大学生的意志，然而当大学生的能力并不足以应对这些挫折的时候，就可能陷入心理危机，甚至有时还会丧失人生的斗志。

12.3.1 什么是心理危机

名言警句

谁有历经千辛万苦的意志，谁就能达到任何目的。

——米南德

国内外关于心理危机的概念有很多，学术界在界定这个概念时普遍引用美国心理学家卡普兰提出的概念：当一个人面对困难情境，而他先前处理问题的方式及其惯常的支持系统不足以应对眼前的处境，即他必须面对的困难情境超过了他的能力时，这个人就会产生暂时的心理困扰，这种暂时性的失衡状态就是心理危机。

心理危机一般要符合3个标准：一是存在重大的影响心理的事件；二是事件发生后会伴随一些急剧的认知、情绪和身体行为上的反应；三是个人无法应对或应对无效。

【阅读材料】

心理危机案例

从某是大二学生，受邀参与一个竞赛，该竞赛赛制紧张，规则“残酷”，一旦表现失当，就面临淘汰。从某虽然在校能力出众，但在该活动中却只是一般的水平，且在小组赛的预演中表现也不是特别好。这让她对之后的考核充满担忧，压力很大，再加上她本身就是个比较敏感、多思的人，导致她在私下练习中经常由于对自己缺乏信心而情绪崩溃。当从某在小组赛考核中出现失误之后，她的心里特别难受，她觉得这次比赛自己必输无疑，于是在考核完成后便打车离校，没有跟任何人打招呼，也没有去参加下午的个人考核，在此之后负责老师也无法通过电话联系上她，后来得知，她离校后一个人在某短途渡轮中往返，直到晚上集合点名时才返回宿舍。

在从某的案例中我们可以发现，这次比赛的淘汰机制、她的自我认识及考核中的失误都对其造成了较大的心理压力，其中可能即将到来的淘汰更是为其带来了负面刺激，这就可能引发其心理危机。但如果从某能从这次的事件中认识自己，给予自己一个成长的机会，那么说不定危机事件也能成为好事，变成其自我挑战与成长的契机。

12.3.2 大学生产生心理危机的原因

大学生心理危机的产生往往是多方因素作用的结果，大学生正处于心理发展的转变时期，对于各种刺激，自己可能无力应对而无法恢复常态。一般来讲，大学生产生心理危机的原因有以下5种。

1. 外部事件刺激

外部事件刺激有多种，例如，情感纠纷或恋爱挫折，适应问题，突然的身体疾病或慢性长期疾病，家庭突发变故，身边有亲人、好友离世，有一些心理障碍或心理问题，等等。由于大学生的自控力和自我调整能力还有待提升，他们面对此类问题时很可能情绪不稳，产生极端心理。

2. 缺乏社会支持

人是社会性动物，社会支持是人获取帮助、应对压力的重要心理支持，大学生可以从亲人、朋友、同学、老师和其他各级组织处汲取能量或获取帮助。大学生一旦缺乏社会支持或社会支持失当，在面对压力时就会变得无比脆弱，容易心理失衡，进而产生心理危机。

3. 个体认知消极

个体认知方式也会影响大学生对问题的反应，如果消极地看待问题，人就很容易被困难和挫折打倒，陷入危机状况。但如果个体对事件的认知是客观的、合乎逻辑的，则问题解决的可能性会大大增强。

4. 应付机制不恰当

应付机制亦称“应付策略”，人们在日常生活中通过利用各种手段去应付焦虑和减少紧张，而其中行之有效的那部分会被人们纳入生活模式中，成为其解决压力时的一套有效的应付机制。如果缺乏恰当、有效的应付机制，个体的压力或紧张就会持续存在，进而滋生心理危机。

5. 个体人格特征

危机人格理论认为，心理危机的产生还受个体人格特征的影响。有些大学生采取极端行为去应对问题就是因为其人格特征表现出某些不良倾向，如忌妒、暴躁、易怒；做事冲动，情绪化，易受暗示等。从气质类型和性格来讲，抑郁质的人更容易出现心理危机。

12.3.3 大学生心理危机的识别

为了提升生命质量，预防抑郁症、自杀事件或其他心理障碍的产生，大学生有必要了解心理危机，识别心理危机。在这一阶段，大学生需要重点了解容易发生心理危机的群体，以及心理危机的症状表现。

1. 容易发生心理危机的群体

容易发生心理危机的群体其实与容易诱发心理危机的应激源之间息息相关，一般来说，心理危机比较容易在以下群体中发生。

（1）有情感问题的人，如陷入失恋及情感纠结，或受到感情伤害的人。

（2）人际关系紧张的人，如被孤立、与人有矛盾、孤僻且缺乏人际交往的人。

微课

如何预防心理危机

（3）有成绩不理想、考试不及格、论文不能通过等学业问题的人。

（4）受到校纪校规处分而影响毕业、就业、择业的人。

（5）有精神障碍或精神疾病的人，如患有抑郁症、焦虑症、神经症等的人。

（6）有就业困扰的人，如就业压力大、没有明确生涯规划、求职屡屡受挫的人。

（7）过度使用网络，甚至网络成瘾，严重影响学习和生活的人。

（8）受家庭问题困扰的人，如家庭经济困难，家庭条件突然转变，父母离异或关系不融洽，父母失业、病重或失去至亲等。

（9）因遗传或其他原因有重大身体缺陷和疾病，受到重大打击和意外刺激的人。

（10）自身心理承受能力较差，比较自卑、敏感的人。

2. 心理危机的症状表现

通常情况下，当个体出现心理危机时，总会不经意表现出一些症状，需要引起重视。一是出现失眠、过度疲劳、易惊吓、肠胃不适、饮食或体重明显增加、体质或个人卫生状况下降等生理反应；二是出现注意力不集中、健忘、无法做决定、缺乏自信等认知问题；三是出现情绪持续低落、常常流泪、烦躁不安、易发脾气、过分敏感、表现为无望或无价值等情绪反应；四是出现社交退缩、逃避、无故生气和与人敌对、不易信任他人、自责，甚至自伤或自杀行为。

有的大学生出现心理危机时会流露出语言方面的直接征兆，如“我希望我已经死了”“没有我，别人会生活得更好”“活着好累”“我的生活一点意义也没有”等。当身边朋友出现以下这些行为时，大学生也需要有警惕心理。例如，个性发生明显变化，出现不符合逻辑的言行，谈论与自杀有关的事，学习成绩无原因地急剧下降，生活习惯和生活规律突然改变，突然与亲友告别，将自己珍贵的东西送人等。准确识别心理危机的症状表现是大学生提升心理危机意识的标志之一。大学生应当了解心理危机的症状表现，及时采取积极的干预措施，以维护自己和身边朋友的心理健康。

12.3.4 大学生心理危机的应对

微课

如何面对心理危机的人群

一般心理危机的产生往往是因为问题未能得到解决，个体由此产生心理困扰之后，又不能得到及时的帮助、疏导与干预，最终造成心理受创。图12-1所示为心理危机的发生、发展与结果。从心理危机的产生机制来看，干预是其中非常重要的一环。

心理危机的应对主要是指在出现心理危机后的干预行为，即对出现心理危机的人给予适当的心理援助，以帮助其摆脱心理危机。心理危机的主体对象有两种，一种是自己，另一种是别人。针对不同的主体对象，大学生需采取不同的应对办法。

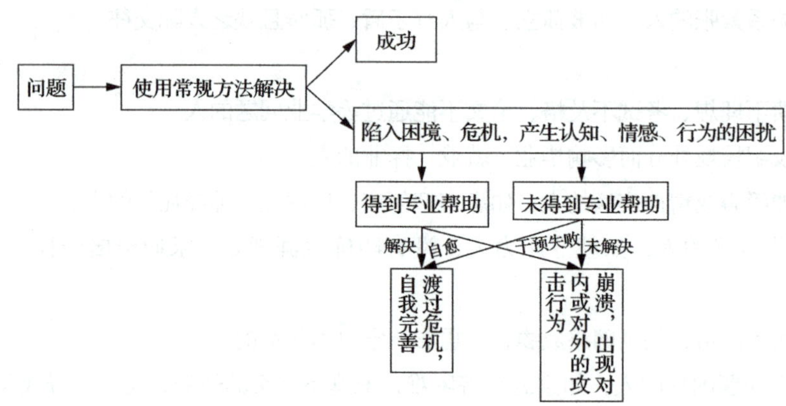

图 12-1　心理危机的发生、发展与结果

1. 当自己遭遇心理危机时

大学生在出现心理危机时，会相应地出现一系列症状，如失眠、持续情绪低落等，通常情况下，若一周以后相关症状无减弱或消失的迹象，大学生就应当对自身情况予以重视，学会自助，这一点非常重要。

大学生遇到自己难以解决的问题或面对可能诱发自己心理危机的事件，如家庭变故、失恋、遭遇重大打击或灾害时，可充分利用老师、同学、家人、朋友等社会支持系统，从中寻求鼓励、安慰或解决问题的方法。如果问题不能得到解决，而心理反应愈加严重，如失眠、胃口不好、持续情绪低落等症状持续两个星期以上，则需要寻求专业的帮助，如寻求心理咨询师或精神科医生的帮助。

2. 发现别人遭遇心理危机时

在大学生活中，大学生有可能会面临身边人遭遇心理危机的情况，这时大学生应当尽量予以支持与帮助，要做到这一点，大学生应掌握如下知识。

（1）识别心理危机信号

个体产生心理危机后可能会有一些外显的、可以观察到的信号。大学生可通过这些信号发现身边人的“求助信息”。

① 言语。体现为对方直接或间接的充满消极、绝望，对生活丧失信心等意味的话语。

② 情绪。由内心绝望引起的悲观失望、无故哭泣、喜怒无常、无价值感等情绪。

③ 行为。对方异常的行为都值得被关注，例如：疏远家人和朋友，孤僻独行；饮食、睡眠反常；分发财物；无缘由地道别；滥用酒精与药物；自我伤害等。

④ 情境。各种会对人造成重大打击的事情的发生都可能导致个体出现心理危机，如痛失所爱、患重疾、发生重大经济问题、家庭出现重大变故、多次考试失败等。

一旦身边有同学出现这些信号，大学生一定要予以重视，及时与老师沟通或寻求专业人员的帮助，也可带领该同学一起寻求专业的社会支持。

（2）应对正在发生的心理危机

大学生如果收到对方的异常短信、电话等，可以灵活采取以下措施给予对方帮助。

① 保证对方的安全。了解对方在哪里，打算做什么，评估对方身体与心理安全的致死性、危险程度、失去能动性的情况或严重性。如果对方处在不安全的环境中，要尽量通过言语诱导对方到安全的地方。

② 提供支持。通过与对方的沟通及交流，让对方认识到你是能够给予其关心帮助的人，让对方相信“这里有一个人确实很关心我”。

③ 提出应对的方式。大多数求助者会认为自己已经无路可走，因此你要使用建设性的思维方式，帮助对方了解更多解决问题的方式和途径以供对方选择。

④ 寻求外界帮助。及时联系其他同学、老师或专业人士，一起想办法帮助处于危机中的求助者，集思广益，这样可以提高解决问题的成功率。

危机解除之后，还可以帮助求助者启动社会支持系统，与求助者的家人、朋友、社区工作人员等建立联系，让其从中获得支持。

3. 面对危机后的同学

大学生在生活中要对发生过心理危机的同学提供力所能及的支持，例如，表达对对方真诚的关心，关心对方的生活与学习，表达可以倾听对方心声的意图，主动跟踪观察对方的后续生活状况，等等。其中要注意避免过度同情对方，或者讨论其之前危险行为的是非对错等，不要责备与说教对方，以免使其产生不适情绪。

12.4 珍视生命 追求幸福

生命教育与心理危机教育是大学生心理健康教育的一大重点，大学生可能会产生各种心理问题，严重的心理问题甚至会威胁生命，因此大学生需要树立正确的生命观与幸福观，提高对生命的敬畏感，做到珍视生命，学会追求幸福。

12.4.1 尊重生命

名言警句

> 一生复能几，倏如流电惊。
>
> ——陶渊明

生命是不可逆的，只会向前，无法倒行；生命是有限的，人类只有约3万天的寿命；生命是不可互换的，彼此之间不可替代转换；生命是不可再来的，正所谓“人死不能复生”。正是这些特点，显示出了生命的珍重与宝贵。

1. 尊重生命的存在性

任何生命都有存在的价值，人类的生命尤其特殊：一方面，人类具有其他生物没有的认识和改造世界的功能；另一方面，人类个体具有显著的唯一性、独特性和不可取代性。所以大学生应当尊重生命，正视自己的存在价值，不要有轻生或伤害他人生命等不尊重生命存在性的做法。

2. 尊重生命的创造性

生命的价值不仅在于存在，更重要的是实现。有些人沉迷网络、浑噩度日，不知今夕何夕，就是在浪费宝贵的生命。相对于与其他动物没有区别的存在性价值来讲，生命的创造性价值要求大学生以珍惜生命为基础，通过社会实践实现生命的价值，这也是生命更高层面的价值。

3. 尊重生命的超越性

人的生命具有通过自身的实践活动去超越生命本身的能力。生命正是在不断超越自身的过程中实现价值的，这也是人不同于动物的地方。有些人会忽视生命的超越性价值，陷入重复消费生命的活动中，或以经验方式重复生命的其他活动，这种行为不仅会使个人无法超越自己，还会影响社会的发展。

大学生正处于情绪波动较大、对生命充满好奇和进行探索的阶段。不管是出于保障身心健康还是实现自我发展的目的，大学生都应该接受与认识生命的意义，珍爱、敬畏生命，尊重与珍惜生命的价值，热爱每个人独特的生命，并将自己的生命融入社会中，树立起积极、健康、正确的生命观。这样可以让大学生的生活更加丰富，有利于大学生培养坚定的理想信念，以博大的胸怀和坚韧的毅力去适应生活，实现成功。

【阅读材料】

“这条小鱼在乎”

暴风雨后的一个清晨，一个男人在海边散步时注意到沙滩的水洼里有许多被昨夜的暴风雨卷上岸的小鱼。但他知道，即便大海近在咫尺，这些被困在水洼里的小鱼也难以回去。因为用不了多久，水洼里的水就会因为沙粒的吸水性和太阳的烘烤而消失，小鱼面对的结局只有一个——死。于是男人继续朝前走。

这时，他忽然看见前面有一个小男孩正在一边慢慢走，一边不停地在一个个水洼旁弯下腰去——他在捡起水洼里的小鱼，并用力地把它们扔回大海。看了一会儿，这个男人忍不住走过去说：“孩子，水洼里有几百上千条小鱼，你救不过来的。”“我知道。”小男孩头也不抬地回答。“哦？那你为什么还在扔？谁在乎呢？！”“这条小鱼在乎！”男孩一边回答，一边将拾起的小鱼扔回大海，“这条小鱼也在乎！”

任何生命都是独特且值得尊重的。不管是面对小鱼还是其他生物，我们都应该明白珍爱和敬畏生命的重要性。对生命怀有敬畏之心是大学生完善生命观的体现，也是大学生应有的素质。

12.4.2 树立正确的幸福观

拓展阅读

综合幸福问卷

大众对幸福的理解见仁见智，而关于幸福的共识则是其为一种需要得到满足后的愉悦的情感体现，是一种快乐的感受。树立正确的幸福观有利于大学生以更积极健康的态度面对生活，具体而言，大学生需要做到以下事项。

1. 建立幸福观

当代有不少年轻人，终日忙忙碌碌，在各种事务间奔波。例如，大学生有些忙于学习，有些则忙于社交，时而快乐，时而惆怅，对自己的心理状态难以给予太多的关注，甚至忽略幸福观的存在，这就让大学生很难产生真切的幸福感，因此大学生要注重建立幸福观。

幸福观因人而异，但和谐社会的幸福观往往也体现了当前的时代特点，大学生可以通过以下准则建立幸福观：一是坚持个人幸福、家庭幸福与社会幸福的和谐统一；二是坚持眼前幸福与长远幸福的统一；三是坚持幸福的目标与手段的统一，要用劳动去创造幸福，要靠自己的奋斗追求去获取幸福，这样才能给人带来真正的幸福感。

2. 摆正物质享受与幸福的关系

在市场经济、商品大潮等背景下，大学生的幸福观受到了不小的影响。有一些大学生将物质享受视作一种幸福，但追求物质，一门心思赚钱很容易陷入不良情绪，如焦虑钱挣得不够，或自认“难有出头之日”，这容易使人走上物质至上的道路，错失人生中真正美丽的“风景”。因此大学生应注重物质与精神的统一，有相当的物质条件，又有充实愉悦的精神体现才是幸福的精髓所在。

3. 掌握追寻幸福的原则

皮尔斯于20世纪60年代创立了格式塔心理疗法。该疗法是一种修身养性的自我治疗方法，可以帮助大学生更好地认识生活、放松心情，对于大学生追求幸福也同样适用。

（1）生活在现在。既不为明天而忧愁，也不为昨日而悔恨，关注现在，过好当下。

（2）生活在这里。不为远方发生的事而烦忧。

（3）停止猜想、面向实际。很多心理上的困扰、烦恼，可能来源于无端的猜测，这是没有意义的。

（4）暂停思考、多去感受。想得太多往往会让人忽视身边的美景，因此，比起思考，有时候去感受更重要，感受也能丰富思考。

（5）接受不愉快的情感。愉快与不愉快是可以相互转化的，因此，要做好接受不愉快的思想准备，这样能让自己的胸襟更加开阔，而不会一有失意就耿耿于怀。

（6）不要随意地判断。这能帮助减少摩擦，避免不必要的纠纷和苦闷。

（7）不要盲目崇拜偶像与权威。无条件地屈从他人，会丧失独立思考的能力，自然就难以真正达到精神上的自我成就与愉悦。

（8）我就是我，对自己负责。从自己做起，做好想做的事，才能更快达到成功。

（9）正确地进行自我评价。把自己放到正确的位置，可以得到他人的认可，反之，偏离社会规范和正确的幸福观，就容易招致反对。

4. 从追求幸福的小事做起

树立正确的幸福观不仅在于了解如何追求幸福，更在于有追求幸福的积极意识与行动。尽管追求幸福是每个人的本能，但并不是每个人都知道如何去做，大学生还应付出合理、追求幸福的行动，让幸福感的充盈，从当下开始。

（1）每天写感恩日记

为了更确切地感受幸福，大学生可以每天写感恩日记，感恩每天发生在你身边好的或不好的事，这种做法可以帮助大学生调整心态，使其思想和情绪朝积极的方向发展，让人被美好的情绪，如幸福、幸运、开心等所包围。

（2）感受日常生活的“小确幸”

“小确幸”指心中隐约期待的小事刚好发生在自己身上的那种微小而确实的幸福与满足，例如想买的东西刚好打折；逛街选到自己很喜欢的衣服；用餐时吃到很符合自己口味的菜；接电话得知意外的惊喜；突然放假；去看一场不抱期望的电影却意外发现很好看；等等。在日常生活中，有些人难以感受幸福，但事实上，我们的生活中有许多人、事、物都能为我们带来难以言喻的满足感与充实感。大学生不妨通过体味小事带来的快乐去感受幸福。

（3）树立目标并完成

爱因斯坦说：“只要你有一件合理的事去做，你的生活就会显得特别美好。”因此，确立目标并为之不懈努力，也是一件会让人感到幸福的事。大学生正处于追梦的年纪，理应确立自己的理想并为之奋斗。在理想实现的过程中，大学生往往需要确定并完成多个小目标，例如，成绩排名前进至专业前五、参与老师的项目、学会Photoshop等，这些目标的实现往往会让大学生获得成就感与满足感，从中收获积极的情绪，体会幸福。

小结

（1）人的生命属性有3种，即生物属性、精神属性和社会属性。

（2）生命教育就是要让人感悟到生命的有限性、难得性，从而思考个体生命的存在价值，并在人生实践中实现其生命价值。

（3）生命教育的终极目标是幸福观教育，目的在于引导大学生了解生命的价值并能以追求幸福为目标，幸福观教育是对大学生认知幸福、体验幸福、创造幸福及传递幸福能力的教育，直接决定大学生对幸福的感受。

（4）抑郁症是“心理感冒”。

（5）抑郁症的成因涉及生物因素、心理因素和社会因素的综合作用。

（6）大学生可以通过3个指标来识别抑郁症，一是心境低落，二是兴趣和愉悦感丧失，三是精力不济或疲劳感；且症状持续两周及以上。

（7）治疗抑郁症，一般药物治疗比较有效，但也需要配合心理治疗以缓解症状和根治，这需要在专业医生的指导下进行。

（8）心理危机一般要符合3个标准：一是存在重大的影响心理的事件；二是事件发生后会伴随一些急剧的认知、情绪和身体行为上的反应；三是个人无法应对或应对无效。

（9）大学生产生心理危机的原因包括外部事件刺激、缺乏社会支持、个体认知消极、应付机制不恰当和个体人格特征。

（10）为有效识别心理危机，大学生应了解容易发生心理危机的群体和心理危机的症状表现。

（11）识别心理危机的信号包括言语、情绪、行为和情境。

（12）处理他人正在发生的心理危机的步骤包括保证对方的安全、提供支持、提出应对的方式、寻求外界帮助。

（13）大学生要学会尊重生命，尊重生命的存在性、创造性与超越性。

（14）大学生应树立正确的幸福观，包括建立幸福观、摆正物质享受与幸福的关系和掌握追寻幸福的原则。

生命教育的意义在于教导大学生正确应对心理危机，珍爱生命，实现生命的价值。如何实现生命价值呢？有的人梦想着创下壮举，流芳百世；有的人则在平凡中创造伟大，实现生命的价值。革命先烈为国家的建设付出生命，这是伟大的壮举，也是有价值的牺牲。在自己的岗位上兢兢业业工作的医生、消防员、工人等，也在创造生命的价值，为社会付出与奉献。生命的意义不在于时间的长短，而在于付出和奉献。正如泰戈尔曾说：“那些把灯背在背上的人，把他们的影子投到了自己面前。”那些掌灯的人在照亮他人前进道路的时候，也照亮了自己人生的路。大学生要认识到生命中奉献的可贵性，同时也要感恩他人的付出。

思考与收获

通过对本章的学习，我的思考是____

____

____

____。

我的收获是____

____

____

____

____。

心理测试

抑郁自评量表测试

抑郁自评量表（Self-Rating Depression Scale，SDS）由威廉·庄于1965年编制，是目前国际上常用的标准抑郁症心理测试表。抑郁自评量表主要用于衡量抑郁状态的轻重程度及其在治疗中的变化。本测试有助于你进一步了解抑郁症的知识，通过自我评估了解自己是否存在抑郁情况，以及严重程度如何。

该量表共计20道题目，分别列出了有些人可能存在的问题。在测试之前，一定要把整个量表的填写方法及每个问题的含义都弄明白，然后做出独立的、不受他人影响的自我评定。

该量表采用1 ~ 4分制计分，每道题目对应4个选项，分别为没有或很少时间、小部分时间、相当多时间、绝大部分或全部时间。请你务必仔细阅读每一道题目，然后根据最近一星期以内的实际情况，选择与你自身情况最符合的选项。该量表如表12-1所示。

表12–1 抑郁自评量表测试

题目	没有或很少时间	小部分时间	相当多时间	绝大部分或全部时间
1. 我觉得闷闷不乐，情绪低沉				
2. 我觉得一天中早晨最好				
3. 我一阵阵哭出来或觉得想哭				
4. 我晚上睡眠不好				
5. 我吃得跟平常一样多				
6. 我与异性密切接触时和以往一样感到愉快				
7. 我发现我的体重在下降				
8. 我有便秘的苦恼				
9. 我心跳比平常快				
10. 我无缘无故地感到疲乏				
11. 我的头脑跟平常一样清楚				
12. 我觉得经常做的事情并没有困难				
13. 我觉得不安而平静不下来				
14. 我对将来抱有希望				
15. 我比平常容易生气激动				
16. 我觉得做出决定是容易的				
17. 我觉得自己是个有用的人，有人需要我				
18. 我的生活过得很有意思				
19. 我认为如果我死了，别人会生活得好些				
20. 平常感兴趣的事我仍然照样感兴趣				

本量表包含10道反向计分题，分别为题目2、5、6、11、12、14、16、17、18、20。正向计分题分别按1分、2分、3分、4分计；反向计分题分别按4分、3分、2分、1分计。

将20道题目的各个得分相加，即得粗分。粗分乘1.25后取整数部分即为标准分。按中国常模结果，抑郁评定的分界值标准分为53分。标准分低于53分，说明你心理状况正常，标准分超过53分说明你有抑郁症状。分值越高，说明你的抑郁症状越严重，需要接受心理咨询甚至需要在医生指导下服药。其中标准分分值为53 ~ 62的为轻度抑郁，63 ~ 72的为中度抑郁，大于72的为重度抑郁。

心理训练

生与死

目的

引导大学生客观认识生与死，体会生命的意义，发现生命的真谛。

操作

提到生与死，你会想到什么？你对生命与死亡有怎样的认识？带着这样的思考，回答下列问题。

① 提到死亡时，你会想到什么？请写出3个形容死亡的词。

② 假如你的生命还剩3个月，那么在这剩下的3个月里，你想做什么？将你想做的事写在纸上。

③ 如果你的生命其实还有一年半的时间，那么在这剩下的一年半里，你想做哪些事？将你想做的事写在纸上。

④ 通过这个活动，你可能会对生命有新的认识，请你分享自己当下的感受与想法，最后由指导老师进行总结。

许多时候，我们都认为自己还有很多时间，所以对自己的时间、生命不够重视，可能虚度光阴，可能透支身体，可能为一些小小的烦恼而唉声叹气，觉得生活不易，这些大都会对我们的健康带来损害。生命短暂而宝贵，希望你能借由这个活动，发现生命的重要性，探索自己生命的价值与意义。

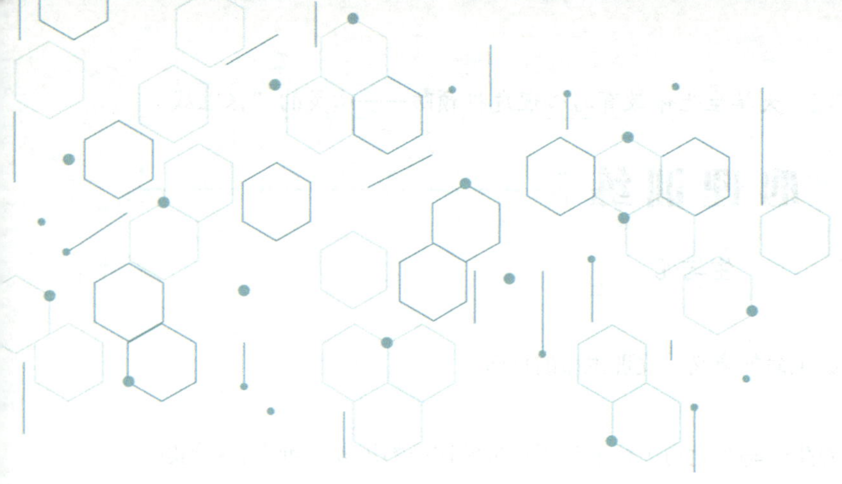

第 13 章

大学生职业生涯规划——描绘职业生涯的彩虹

假如你希望在你的生活中也获得那样的机遇，你必须播种，而且最好多播种，因为你尚不清楚哪一粒种子会发芽。

——坎贝尔

每个大学生都会面临就业的问题，都希望自己有可期的职业生涯。大学生职业生涯的成功与否，与前期是否规划好自己的职业道路密切相关，这一方面要求学校和老师要对大学生就业给予有效的指导和帮助；另一方面要求大学生必须对自己的未来有科学的规划，最好在大学一开始就找到自己的职业目标和奋斗方向，做出切合实际的职业生涯规划，并为其实现而付出努力。

知识目标：了解职业生涯规划的步骤，并掌握获取和选择就业信息的方法。

素养目标：能够更好地在职业生涯探索过程中把握职业方向，探寻人生价值，并能根据职业目标合理安排大学学习与生活。

13.1 职业生涯规划概述

名言警句

路是脚踏出来的，历史是人写出来的。人的每一步行动都在书写自己的历史。

——吉鸿昌

13.1.1 什么是职业生涯规划

职业生涯规划又称职业生涯设计，是指个人对职业生涯和人生的发展进行系统而持续的计划。职业生涯规划可表述为个人通过与外部环境相结合，对职业环境等外在因素进行测定、分析和总结，再结合个人的兴趣、爱好、能力和个性等内在因素进行综合分析与权衡，然后根据个人的职业倾向和时代特点，确定最佳的职业定位和人生目标，并为实现这一目标做出行之有效的安排和策划。正如管理学家诺斯威尔所说："职业生涯设计就是个人结合自身情况及眼前制约因素，为自己实现职业目标而确定行动方向、行动时间和行动方案。"

职业生涯规划的主要目的是通过全面了解自己，分析权衡自己的兴趣、特长、能力和环境因素，找到未来的发展目标，并为达到目标而制订细致、合理的方案。但不少大学生直到毕业都不知道职业生涯规划的含义，不了解职业生涯规划的程序和内容，甚至没有认识到职业生涯规划的重要性，认为那是空想、幻想，进行职业生涯规划只是为了完成学校的任务，没有任何实际意义。这些大学生在毕业后往往慌了手脚，不考虑目标，毫无针对性地到处投简历，浪费了人、财、物，简历还是石沉大海、杳无音信，不仅没有找到如意的工作，而且大大挫伤了自己的热情和信心；或者是找到了一份差强人意的工作，就得过且过，不考虑晋升空间和发展方向，之后对现状不满意又不思进取或不知如何改进等。这些都是没有进行职业生涯规划的缘故。

【阅读材料】

哈佛的跟踪调查

有一年，一群意气风发的学生刚刚从美国哈佛大学毕业，他们的智力、学历、环境条件都相差无几。在临出校门之前，哈佛对他们进行了一次关于人生目标的调查。调查结果显示：27%的人没有目标，60%的人目标模糊，10%的人有清晰但比较短期的目标，3%的人有清晰且长远的目标。

转眼25年过去了，哈佛再次对这群学生进行了跟踪调查。结果是这样的：有清晰且长远的目标的3%的人，25年间他们朝着一个方向不懈努力，几乎都成为社会各界的成功人士，其中不乏行业领袖、社会精英。

有清晰但比较短期的目标的10%的人，他们的短期目标不断实现，这使他们成为各个领域中的专业人士，大多生活得较好。

目标模糊的60%的人，他们安稳地生活与工作，但都没有什么特别的成绩。

没有目标的27%的人则过得很不如意，并且常常抱怨他人、抱怨社会。

其实，他们之间的重要差别之一就在于：25年前，他们中的一些人清楚地知道自己的人生目标，而另一些人却不清楚或不是很清楚。

事实上，职业生涯规划对于大学生的职业发展和人生道路的选择具有重要意义。凡事预则立，不预则废，职业生涯规划是对未来事业的设计，是对人生道路的选择。当今社会人才济济，大学生如果没有明确的职业生涯规划，没有与之相匹配的杰出才能，就很难在市场竞争中占据一席之地，因此大学生要提前进行职业生涯规划，抓住重点，有针对性地汲取知识，进行相关能力训练，从而为未来职业发展储备好技能，做好就业准备。

按照时间的长短，职业生涯规划可分为短期规划、中期规划、长期规划和人生规划4种类型，如表13-1所示。

表13-1 职业生涯规划的分类

类型	定义及任务
短期规划	3年内的规划，主要是明确近期目标，制定3年内要完成的任务。如专业技能的掌握，人际沟通能力和组织管理能力的培养，就业岗位的确定等
中期规划	3～5年的规划，这是最常见的一种职业生涯规划。如3年后要成为单位部门的业务骨干或部门负责人，创造不错的业绩，以及为实现此目标而参加的教育与培训
长期规划	5～10年的规划，主要设定较长远的目标。如35岁要成为单位高层的主要负责人或技术、业务负责人，以及为实现此目标而制订的具体措施
人生规划	整个职业生涯的规划，时间最长，设定整个人生的发展目标和方向。如规划成为一个拥有一定资产的公司董事或总经理，或总工程师、总经济师、总会计师等

一位毕业生在简历中写道：我是一位勇于挑战、敢于创新的应届毕业生，我的职业生涯规划是从基层做起，积累经验，两年之内在自己的岗位上做出成绩，3～5年内争取成为部门骨干。他给自己制订的明确目标和善于规划的品格深深地打动了用人单位，尽管笔试成绩一般，他却成功地进入了这家企业。

大学生有确切的职业生涯规划，并能按规划去努力，才能一步步地完成目标。通常，职业生涯前期规划是后续规划的基础，只有前期规划顺利实现才能进行后续规划。然而，职业生涯规划的实现不仅要靠自己的努力，还要有外界的支持和机遇；如果情况有变，个人就要根据实际的反馈对其进行调整。

13.1.2 大学生职业生涯规划的步骤

名言警句

先相信你自己，然后别人才会相信你。

——屠格涅夫

当问及一些大学毕业生为什么在学校没有进行职业生涯规划时，他们可能会说，我不知道职业生涯规划怎么进行，规划未来应该会很麻烦。其实按照下面的步骤，进行职业生涯规划并不难。

1. 客观认识自己

在制订职业生涯规划之前，每一个大学生都应明确“我是一个什么样的人？我将来想做什么？我能干什么？”等一系列问题的答案。自我评估的目的是认识自己、了解自己，因为只有认识了自己，才能对自己的职业做出正确的选择，才能选定适合自己发展的职业生涯路线。自我评估包括对自己的兴趣、特长、性格、学识、技能、智商、情商、思维方式及社会中的自我等进行评估。

在这一阶段，大学生可以通过回答以下问题来认识自己。

（1）我想在身体、头脑、特长、思想方面获得怎样的发展？想达到什么目标？在家庭、朋友、社会、职业方面又想达到怎样的目标？

（2）我懂得什么，又能够做什么？

（3）我的性格是什么？我具有怎样的人格特质？

（4）我的兴趣是什么？

（5）哪些东西是我生命中不能缺少的？

（6）我最看重什么？

（7）我掌握了哪些知识和技能？其中有哪些是与众不同、能够赖以为生的？

（8）我具有怎样的职业价值观？

（9）我人生中的闪光时刻是什么时候？

（10）使我开心、难过、生气、成熟、意志消沉、意识得到激励的事分别是什么？

（11）我渴望从工作中获得什么？

（12）我面临怎样的机遇与挑战？

例如，大学生如果细心、对数字敏感，就可以做财务人员；如果生性稳重、考虑问题比较全面，就可以做行政人员；如果内向、不爱说话，那么可以选择做与人交往较少的工作等。

2. 评估职业环境

评估职业环境主要是评估各种环境因素对自己职业生涯发展的影响。每个个体都处在一定的社会环境中，或多或少都会与社会这个大环境发生关联，因此在制订个人职业生涯规划时，要分析环境的发展变化情况、自己与环境的关系、自己在这个环境中的地位及环境对自己提出的要求等。只有充分了解这些环境因素，才能做到在复杂的环境中趋利避害，使自己的职业生涯规划具有实际意义。评估职业环境的内容一般包括以下几个部分。

（1）我国有哪些产业、哪些行业，当下哪些行业比较热门。

（2）各行业的领头企业，企业的业务范围、类型、文化与风格等。

（3）能够提供哪些岗位，岗位的职责和要求、相关学习培训渠道与发展前景等。

（4）国家颁布的相关就业与创业政策等。

3. 设定职业生涯目标

设定职业生涯目标是职业生涯规划的核心。个体事业的成功与否，很大程度上取决于有无正确、适当的职业生涯目标。没有目标就不知道自己应走向何方，只有树立了目标，才能明确奋斗的方向。大学生设定职业生涯目标时应依层次进行，首先确定愿景目标，再依次确定表现目标、长期目标与行动目标。这就要求大学生厘清不同层次目标之间的内容逻辑关系并对其进行分解组合，确定先完成什么、后完成什么。

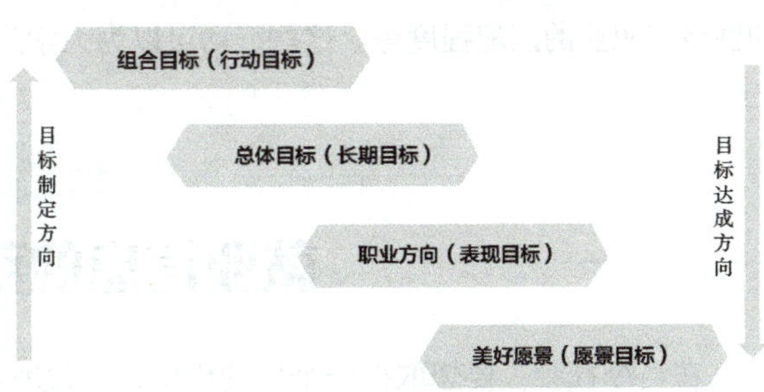

图 13-1 设定目标的层次

在实现目标的过程中要由近至远，先完成行动目标，这样一层层下去，其他层次的目标自然就实现了（见图13-1）。

赵孟是一名大学生，他给自己设定的职业生涯目标如表13-2所示。赵孟根据自身的情况设定了切合实际的职业生涯目标，这些目标会激励他不断努力学习和进步。

表13–2 个人职业生涯目标

年龄段	目标及措施
18 ~ 19岁	进行兴趣测评、人格测评、能力倾向测评等职业测评，加强自我认识，通过参与专业教育和课程了解人力资源管理的基本知识
20 ~ 21岁	参加社团活动，锻炼人际交往能力、团队协作精神；参加兼职活动，训练知识技能和适应社会的能力，增强自己的责任意识
22 ~ 23岁	联系实习单位，聆听就业讲座，收集就业信息，制作简历和求职信，参加招聘会，掌握应聘和面试的技巧，找到自己满意的职位
24 ~ 29岁	积累工作经验、职场人际关系，提高职场素养，多交朋友，学习先进的管理模式，提高专业知识水平，达到人力资源管理师的水平
30 ~ 60岁	以实现自我价值为主，成为公司高层领导

4. 制订行动计划

大学生一旦确定了职业生涯目标，行动便成了关键的环节。没有达成目标的行动，目标就成了一句空话，更谈不上获得事业的成功。这里所说的行动是指落实目标的具体措施，主要包括工作、训练、教育、轮岗等方面的措施。用人单位在选择毕业生的时候不仅会考核其专业知识，而且会考核其运用知识进行实际操作的能力、团结协作的能力及与人沟通交流的能力等。所以大学生在进行职业生涯规划时，要有具体的培养实践能力的措施，如积极竞选学生干部，组织并参加学校的各类文体活动，多与老师、同学交流思想等。在某种程度上，实践能力比专业知识更重要。

5. 反馈修正

职业生涯规划需要在实践中检验。社会变化日新月异，为保证职业生涯规划的有效性，我们应及时发现各个环节中出现的与现实错位的问题，并结合实际进行修正。各阶段目标的设定、采取的措施等都应该符合社会发展的规律。

此外，大学生还应多进行职业训练，有针对性地加重自己的就业砝码，如参加暑期实践活动、大学生创业活动等；还可以通过邀请事业成功的学长与学姐，举办专业讲座或座谈会等互动性强的活动，从而更加透彻地了解今后的工作；或者进行相关的职业测评，如通过MBTI性格测试了解自己的性格与职业的匹配程度等。这些行动可以为大学生的职业生涯规划提供反馈，便于及时修正。

13.2 就业信息的获取和选择

在当今社会，要想取得一个好的岗位，不仅取决于一个人的能力、素质等因素，就业信息也越来越显示出在毕业生求职过程中的重要性，大学生如果不能掌握可靠的就业信息，就难以把握择业就业的主动权，难以在激烈的人才竞争中取胜。

13.2.1 大学生就业信息的来源与收集

名言警句

> 一个人的价值，应当看他贡献什么，而不应当看他取得什么。
>
> ——爱因斯坦

在信息社会，大学生就业信息的来源十分广泛，总体来说，大学生可通过以下途径收集就业信息。

1. 供需见面会

“今年我已经参加了3场招聘会，每一场都是人山人海，甚至有些热门摊位前面要排几个小时的队才能递上一份简历。”一位参加了供需见面会的应届毕业生说。

供需见面会通常是高校、当地就业主管部门或各级人才市场举办的，能让毕业生和招聘单位直接交流、接触。在供需见面会上，毕业生可以投简历，双方如果同意，就可以当场签订就业协议。供需见面会因成功率较高而受到求职者和用人单位的欢迎。供需见面会形式多样，包括校园招聘会、人才市场等，一般定期举行，这类招聘会通常规模较大、信息量丰富，但有时难免鱼龙混杂，大学生需认真考察用人单位。

2. 学校就业中心

学校就业中心专门负责毕业生就业指导，一些用人单位会直接联系就业中心的老师，甚至会与学校建立长期稳定的合作关系。他们以电话、邮件或其他形式告知学校每年的招聘需求，并通过就业中心架起的桥梁联系符合要求的毕业生。例如某些机电院校，每年都要向很多用人单位批量输送钳工、电工等专业人才。

3. 网络招聘

网络招聘是当前主流的招聘形式之一，主要是借助招聘网站满足用人单位的招聘需求和求职者的求职需求。招聘网站通常涵盖了海量的用人单位岗位需求，同时具有完备的搜索功能。通过招聘网站，大学生可以快速准确地查找到需要的信息。找到适合自己的职位后，大学生可先查看招聘单位的资质情况，再决定是否发出简历。若大学生在招聘网站上设定了自己要求的条件，如行业、职位、薪水等，招聘网站就会定期向该大学生发送符合设定条件的就业信息。鉴于此，网上求职也越来越受到大学生的青睐。

4. 实习部门

在谈到自己毕业后就成为××企业的一员时，宋阳说“这要归功于我的实习经历”。原来，在毕业前一年，宋阳到一家外贸企业兼职做处理订单的工作，他优秀的表现使得领导推荐宋阳到××企业实习。在实习期间，他虚心好学、勤勤恳恳，得到了同事和经理的一致好评；得知这家企业的招人计划后，宋阳又积极地递交简历，最终留在该企业工作。

有的大学生通过实习提前熟悉社会工作，通过自己的努力得到单位领导和同事的认可，从而获得工作职位。因此，大学生在实习单位培养工作技能的同时，还可以有意识地关注一下行业的发展、人才的需求及与就业相关的问题，注意收集信息、认真表现，以获得签约的机会。

5. 社会关系

大学生生活在校园里，人际交往圈子较窄，能够收集到的就业信息有限，所以要充分利用社会关系，拓宽信息来源。如通过家长和亲友，因为他们来自不同的行业，都有各自的工作圈和人际交往圈，能够获取一些真实可靠的关于就业的信息，并且他们对用人单位的要求、行业情况及周围的招聘信息也比较了解，所以大学生也应抓住这一重要信息来源。

6. 大众媒体

当今社会是信息社会，人们会通过多种媒体渠道，如报纸、杂志、电视、社交App（如微信）等，发布有关就业政策、职业分析及用人需求等各种各样的信息，毕业生应留意这些媒介渠道，并将其作为自己获取就业信息的重要渠道之一。

总之，大学生要通过多种途径积极主动地收集就业信息，这样才能尽可能多地增加就业机会，选择最适合自己的工作岗位。

13.2.2 大学生就业信息的选择与决策

名言警句

社会犹如一条船，每个人都要有掌舵的准备。

——易卜生

大学生通过各种途径获取的很多就业信息中，既存在机会，也可能有陷阱。大学生在做出决策前，应去伪存真，筛选出真实有效的就业信息。

刚从招聘会现场出来，应届毕业生刘云就忍不住抱怨道：“不是说要招行政助理吗，怎么招推销？”一些公司为了完成招聘任务或完成面试人数的业绩，“挂羊头卖狗肉”；一些公司为了让职位显得好听些，将其改成大家不太熟悉的名字；一些公司为了吸引求职者的眼球，故意夸大公司的实力和待遇；还有些公司为了招人才，做虚假广告、恶意招聘，或故意模糊甚至忽略某些重要细节。面对成千上万的就业信息，大学生如果没有擦亮眼睛，深入了解，就可能上当受骗。

微课

决策风格的五种类型

大学生在获得就业信息后，要注意主动对有疑问的地方进行询问，或通过老师、家人对公司信息进行核实。如果不先进行筛选，而是被它们华丽的外表所迷惑，不仅会对大学生心理产生影响，而且可能使大学生丧失其他的选择机会。大学生还应结合自身优势，选择与自己的特长、性格、兴趣更为匹配的，符合自己职业生涯规划的工作。“尺有所短，寸有所长”，不适合自己的工作将会使大学生在工作时付出更多的努力，甚至还可能导致工作一败涂地。

【阅读材料】

马克·吐温的“长”与“短”

马克·吐温年轻时曾投资开发打字机，不仅一无所获，还赔掉5万美元；看到出版商因为发行他的作品赚了大钱，他心里很不服气，也想发这笔财，于是开办了一家出版公司，但很快陷入了债务危机，最终以破产告终。后来，马克·吐温在全美巡回演讲，风趣幽默、才思敏捷的他完全没有了商场中的狼狈，重新找回了感觉。帕森斯指出，每个人都有自己独特的人格模式，每种人格模式都有其相适应的职业类型，人人都有职业选择的机会，但不同的职业要求不同个性的人来做。

当然，大学生也不能片面强调职业必须与专业对口，只筛选与自身专业相符的就业信息。大学生还要学会用长远的眼光看待就业信息，充分了解国内人才的需求及国家对于不同产业的政策，关注市场的变化，不能简单地看用人单位的现状。有些单位现在生意兴隆，但由于这样或那样的原因，可能不会走得很远；而有些单位虽然目前规模小、条件差一些，但有一套先进的管理理念和创新模式，给员工提供持续的培训和学习机会，能够给员工带来较大的发展空间。所以求职时大学生不能将眼光局限在工资和福利上，更应该关注工作后用人单位能给自己提供的个人发展空间。

经过层层筛选和考虑，最终进入大学生视野的可能只有一两家用人单位，这时大学生需调查清楚这一两家用人单位的背景、发展前景、用人计划，有针对性地做简历，以提高应聘成功率。

【阅读材料】

专业不对口如何择业

张芸是某院校医疗美容技术专业的应届毕业生，她的目标是毕业后在医疗美容机构从事皮肤护理、化妆技术等工作。为此，张芸还利用假期做过与美容相关的兼职。一转眼就到毕业季了，张芸也陆陆续续向一些医疗美容机构投递了个人简历，并参加了各种招聘会，有两家公司虽然通知了她面试，但最后都没有录用她。虽然有几家其他单位愿意录用她，但她觉得这几家单位提供的工作与自己所学专业完全不对口，因此她都一一谢绝了。张芸心想，毕竟学了几年的医疗美容知识，到头来放弃本专业知识，岂不浪费了这几年所投入的人力、物力和财力？其实张芸就是走入了专业对口的误区，专业对口固然好，但大学生应结合市场需求和个人专长、个人兴趣来择业。

13.3 大学生职业生涯规划的制订

职业生涯规划是大学生在大学阶段的重要任务，也是大学生为适应未来社会生活应提前做好的计划，大学生在制订职业生涯规划时应注意以下几个方面。

名言警句

人生的价值，并不是用时间，而是用深度去衡量的。

——列夫·托尔斯泰

1. 职业生涯规划不能止于规划

许多学校设置了职业生涯规划课程，也要求每位大学生制订一份自己的职业生涯规划，然而我们不应该止于规划。职业生涯规划不在于上了多少节课，也不在于在纸上写了多少字，而在于你是否有内心深层次的认同，是否有具体的行动。随着人和社会的变化，职业生涯规划也需要调整和改进。

例如，你在大学生活刚开始时制订了职业生涯规划，后来随着对专业知识的熟悉和对职业体验的了解，会发现实际情况可能跟自己原来的设想不一样，很难按照原来的步骤实现自己的理想。所以，职业生涯规划不能止于规划，最重要的是将规划化为行动，并且要随着现实的发展不断调整自己的规划。

2. 职业生涯规划要切实可行

追求卓越是成功的动力，但超出自己能力范围的职业生涯规划是没有任何意义的。有些大学生虽有明确的职业目标，但没有切实可行的实施计划；虽有非常美好的职业理想，但没有考虑自身的条件，这样的职业生涯规划无疑是不切实际的。

3. 职业测评不是万能的

有些大学生一味迷信职业测评，认为它是万能的，只要按照测评的结果去做就一定能获得成功。其实职业测评只是一种辅助手段，它是根据一定的行为投射反映内在的心理，是通过外在表现来分析内心的想法。进行职业测评的目的是更好地了解自己、拓宽思路，以便进行职业生涯规划，但职业测评的结果并不是绝对的，况且大部分测评工具都来源于国外，不一定适合我国大学生。所以职业测评报告只能作为了解自我、选择职业的一种参考，仅凭职业测评报告来决策自己的职业生涯规划是不科学、不理智的。

总之，职业生涯规划将伴随人的一生，对于还在学校的大学生来说，需要在学校老师的指导下科学地制订职业生涯规划，并通过反馈和探索不断地修正，这样才能找到正确的职业定位和发展目标。

【阅读材料】

调整职业生涯规划

谭勤以优异的成绩考上了大学，学的是生物学专业。谭勤对学术研究很感兴趣，职业生涯规划是留在科研机构做生物学方面的科研工作。谭勤在毕业时，也是按照当初的设想寻找相关的工作单位，可是他的父亲病倒了，家庭的重担一下子就压在了谭勤的身上。谭勤现在面临两个选择：一是继续按照自己职业生涯规划中确定的方向前进，可是这样自己就无法照顾生病的父亲；二是回乡发展，在工作的同时还能兼顾家人。在反复思考过后，谭勤利用自己所学的学科知识，向乡政府申请了一笔创业贷款，在村子里搞生物农业。这样谭勤不仅能照顾生病的父亲，承担起家庭的责任和重担，而且能从事自己感兴趣的职业，利用自己所学的知识带领同村乡亲共同富裕，可谓一举多得。

案例中的谭勤就是在家庭出现意外之后，重新调整了职业生涯规划，确定了乡村生物农业的职业目标，并通过申请创业贷款、在家乡创业等切实行动来重新实现自己的职业生涯规划。大学生在进行职业生涯规划的过程中会遇到各种各样的问题，及时地评估与调整职业生涯规划，使其切实可行，是确保职业生涯良好发展的必要保障。

小结

（1）职业生涯规划又称职业生涯设计，是指个人对职业生涯和人生的发展进行系统而持续的计划。职业生涯规划可表述为个人通过与外部环境相结合，对职业环境等外在因素进行测定、分析和总结，再结合个人的兴趣、爱好、能力和个性等内在因素进行综合分析与权衡，然后根据个人的职业倾向和时代特点，确定最佳的职业定位和人生目标，并为实现这一目标做出行之有效的安排和策划。

（2）大学生职业生涯规划可以分为客观认识自己、评估职业环境、设定职业生涯目标、制订行动计划和反馈修正5个步骤。

（3）大学生可以通过供需见面会、学校就业中心、网络招聘、实习部门、社会关系、大众媒体等途径收集就业信息，并通过去伪存真、去粗取精的过程筛选自己需要的信息，结合自身实际情况对就业信息进行选择。

（4）科学地制订职业生涯规划，要注意职业生涯规划不能止于规划，要切实可行，而且职业测评不是万能的。

制订职业生涯规划，需要大学生有正确的价值追求与价值理念。职业没有高低贵贱之分，社会上的众多职业，都是为社会做贡献的整体事业的一部分，大学生应当在公正、合理看待每一种职业的基础上确定自己理想的职业目标。“三百六十行，行行出状元”，任何职业都不会埋没人才，束缚个体创造的潜能，关键在于个体如何对待自己的职业。大学生如果能够以平常心对待每一种职业，并能够做到爱岗敬业，人无我有、人有我优，不断开拓进取，不管在什么岗位，都能创造价值，成为一个对企业、对社会有用的人。

思考与收获

通过对本章的学习，我的思考是____

____

____。

我的收获是____

____

____

____

____。

心理测试

职业兴趣测试

岗位的细化使得人们在就业时的选择越发多样化，我们在选择岗位时，不仅要考虑个人的能力、性格，还要考虑自己的兴趣特点。

下面的测试是关于职业兴趣的测试。请仔细阅读下面的题目，对于每道题目，如果自己的回答是肯定，则在“是”一栏打“√”。最后把每一组中“是”一栏中“√”的数量填入每一组“总计次数”的“是”一栏中。这套测试题适用于在校大学生。

第一组　　是

1. 你想学会使用钳子、扳手、钢锯等器具或学会使用工具制作工艺品、装饰品或衣服吗？（ ）
2. 你对收音机、缝纫机、钟表、电线开关一类器具的构造和性能感兴趣吗？（ ）
3. 你想动手做小型的模型（诸如滑翔机、汽车、轮船、建筑模型等）吗？（ ）
4. 你喜欢在校办工厂参加劳动吗？（ ）
5. 你喜欢自己动手修理收音机、自行车、缝纫机、电线开关、钟表一类的器具吗？（ ）
6. 你喜欢中学开设的劳动技术课吗？（ ）

第一组总计次数（ ）

第二组　　是

1. 你喜欢学校组织的各种社会服务活动吗？（ ）
2. 你喜欢给别人买东西吗？（ ）
3. 你喜欢接触不同类型的人吗？（ ）
4. 你喜欢与人谈论各种问题吗？（ ）
5. 你热衷于参加集体活动吗？（ ）
6. 你喜欢与人交往吗？（ ）

第二组总计次数（ ）

第三组　　是

1. 你喜欢处理统计数据吗？（ ）
2. 你愿意做班级的收发工作吗？（ ）
3. 你善于查对细节（如发现别人不易察觉的文字或数字错误）吗？（ ）
4. 你愿意长时间做单调的计算、账目、表格类的工作吗？（ ）
5. 你做事井井有条（如整理图书、报纸、杂志等），并善于做琐碎的事吗？（ ）
6. 你能细致而不厌其烦地校对长篇材料吗？（ ）

第三组总计次数（ ）

第四组　　是

1. 如果学校组织地理考察小组，你会积极报名参加吗？（ ）

2. 你喜欢收集矿物，积累矿物方面的知识吗？ （ ）
3. 你在外出旅行中，喜欢观察地形地貌吗？ （ ）
4. 你喜欢地理吗？ （ ）
5. 你喜欢阅读地质勘探方面的文艺作品或科普读物吗？ （ ）
6. 你希望学校组织地形测查小组吗？ （ ）

第四组总计次数 （ ）

第五组 是

1. 你很喜欢做化学实验吗？ （ ）
2. 你喜欢通过实验培育农作物新品种吗？ （ ）
3. 你喜欢观察花、农作物的生长变化吗？ （ ）
4. 你喜欢收集植物或生物标本吗？ （ ）
5. 你喜欢参加学校的生物小组或化学小组吗？ （ ）
6. 你喜欢饲养并精心照料小动物吗？ （ ）

第五组总计次数 （ ）

第六组 是

1. 你喜欢倾听别人的难处并乐于帮助别人解决困难吗？ （ ）
2. 你喜欢讨论教育问题吗？ （ ）
3. 你喜欢阅读有关医生生活或教师生活方面的文章吗？ （ ）
4. 你想了解有关疾病的起因、治疗和病人护理方面的知识吗？ （ ）
5. 在日常生活中，你乐于给别人提供各种帮助吗？ （ ）
6. 你愿意为残疾人服务吗？ （ ）

第六组总计次数 （ ）

第七组 是

1. 你喜欢主持班级集体活动吗？ （ ）
2. 你喜欢接近老师，团结同学吗？ （ ）
3. 你喜欢在人多时当众发表自己的观点和意见吗？ （ ）
4. 如果老师不在时，你能主动维持班级里学习的正常秩序吗？ （ ）
5. 你具有强烈的工作责任感和工作魄力吗？ （ ）
6. 你喜欢并善于担任班级或学生会的干部工作吗？ （ ）

第七组总计次数 （ ）

第八组 是

1. 你特别爱读文学作品中对人物内心世界的细致描写吗？ （ ）
2. 你喜欢听人们谈论他们的活动和想法吗？ （ ）
3. 你喜欢观察和研究人的心理和行为吗？ （ ）
4. 你善于理解别人的观点和思想方法吗？ （ ）
5. 你喜欢阅读有关领导人物、科学家等名人的传记吗？ （ ）

6. 你喜欢在日记中分析自己生活中的事件，并详细阐述自己当时的心情吗？ （　）

第八组总计次数 （　）

第九组 是

1. 你喜欢参观技术展览会或收听（收看）有关技术新消息的节目吗？ （　）
2. 你喜欢阅读科技杂志吗？ （　）
3. 你喜欢使用科学精密仪器和电子仪器的工作吗？ （　）
4. 你喜欢复杂的绘画和设计工作吗？ （　）
5. 你特别喜欢上物理课吗？ （　）
6. 你喜欢介绍牛顿、爱因斯坦、普朗克、薛定谔等科学家的文章和书籍吗？ （　）

第九组总计次数 （　）

第十组 是

1. 你对美术、舞蹈、戏剧、写作等活动很感兴趣吗？ （　）
2. 你喜欢做一些考验智力的习题吗？ （　）
3. 你很想设计一种新的发型或服装吗？ （　）
4. 你喜欢绘画和欣赏风景吗？ （　）
5. 你喜欢一些需要想象力和创造力的课外活动吗？ （　）
6. 你喜欢设计房间，并善于将其布置得别具一格吗？ （　）

第十组总计次数 （　）

第十一组 是

1. 你很羡慕机械类工程师的工作吗？ （　）
2. 你喜欢操作机器吗？ （　）
3. 你喜欢长途汽车司机的工作吗？ （　）
4. 你喜欢参观和研究新的机器设备吗？ （　）
5. 你喜欢了解机器的构造和工作性能吗？ （　）
6. 你很想了解海员和飞行员的生活和工作情况吗？ （　）

第十一组总计次数 （　）

第十二组 是

1. 你喜欢烹饪或纺织一类的活动吗？ （　）
2. 你喜欢做很快就看到产品的工作吗？ （　）
3. 你喜欢料理家务吗？ （　）
4. 你喜欢做别人能看到效果的工作吗？ （　）
5. 你喜欢做非常具体的工作吗？ （　）
6. 你喜欢种花和在果园里劳动吗？ （　）

第十二组总计次数 （　）

将每组问题回答“是”的总计次数填入表13-3。每组“是”的总计次数越多，则相应的职业兴趣类型与你的兴趣更为一致。

表 13-3 评价表

"是"的总计次数	相应的职业兴趣	特点
第一组（ ）	喜欢与工具打交道	这类人喜欢使用工具、器具进行劳动的活动，而不喜欢从事与人打交道的工作，相应的职业如修理工、建筑工、木匠、裁缝等
第二组（ ）	喜欢与人接触	这类人喜欢与他人接触的工作，他们喜欢销售、采访、传递信息一类的活动，相应的职业如记者、营业员、邮递员、推销员等
第三组（ ）	喜欢从事文字符号类工作	这类人喜欢与文字、数字、表格等打交道的工作，相应的职业如会计、出纳、校对员、打字员、档案管理员、图书管理员等
第四组（ ）	喜欢地理地质类工作	这类人喜欢在野外进行的工作，如地形考察、地质勘探等。相应的职业如勘探工、钻井工、地质勘探人员
第五组（ ）	喜欢生物、化学和农业类工作	这类人喜欢实验性的工作。相应的职业如农技员、化验员、饲养员等
第六组（ ）	喜欢从事社会福利和助人工作	这类人乐意帮助别人，他们试图改善他人的状况，喜欢独自与人接触。相应的职业如医生、律师、护士、咨询人员
第七组（ ）	喜欢行政和管理的工作	这类人喜欢管理类工作，喜欢做别人的思想工作，他们在各行业中起着重要的作用。相应的职业如辅导员、行政人员等
第八组（ ）	喜欢研究人的行为	这类人喜欢谈论涉及人的主题，他们爱研究人的行为举止和心理状态。相应的职业如心理学工作者，哲学、人文科学、人类学研究者
第九组（ ）	喜欢从事科学技术工作	这类人喜欢科学、技术、机械、工程类活动。相应的职业如建筑师、工程技术人员
第十组（ ）	喜欢从事需要想象的创造性的工作	这类人喜欢需要有想象力和创造力的工作，爱创造新的式样和概念。相应的职业如演员、作家、设计人员、画家等
第十一组（ ）	喜欢做操作机器的技术工作	这类人喜欢运用一定的技术，操作各种机器，制造产品或完成其他任务。相应的职业如驾驶员、飞行员、海员、机床工
第十二组（ ）	喜欢从事具体的工作	这类人喜欢制作能看得见、摸得着的产品，希望很快看到自己的劳动成果，他们从完成的产品中得到自我满足。相应的职业如厨师、园林工、农民、理发师等

心理训练

职业生涯规划明细表

目的

引导大学生探讨自己的职业生涯规划是否清晰明确，是否具有可行性。

操作

下面提供给你的是一张职业生涯规划明细表，如表13-4所示。表格中先示范性地给出了一些关于职业生涯规划的目标项，你可以根据自己的具体情况在空格中做更多的补充，越具体、越明确、越量化越好。记住，你是很独特的，因此你的职业生涯规划一定是你自己真心想要达成并且迫切希望达成的。

值得注意的是，表格必须从左至右填写，你还要留意表格中每个目标之间的逻辑关系；而且，环境在变化，你也在成长，因此这张表格的内容也需要不断地进行积极修正。

表13–4 职业生涯规划明细表

序号	目标项	当年	次年	3年	5年	10年	梦想
1	学业						
2	学历						
3	职位						
4	薪水						
5	奖项						
6	社交圈						
7	业务范围						
8	活动区域						
9	社会名声						
10	住房						
11	交通						
12							
13							
14							
15							
16							
17							
18							
19							
20							